Presentación

La serie *Aprende gramática y vocabulario* presenta al estudiante de español todos los temas de gramática explicados de forma muy clara y con la práctica correspondiente para conseguir su asimilación.

Se trata de una serie de libros de teoría y práctica que se inscriben dentro de las directrices del *Marco común europeo de referencia*. Sus cuatro tomos, cuidadosamente graduados, corresponden a los niveles de referencia A1, A2, B1 y B2. La idea que subyace en la obra que presentamos es que la competencia gramatical resulta indispensable para lograr la competencia comunicativa, es decir, para que los usuarios de español sean capaces de comunicarse en contextos socialmente significativos. Por tanto, el fin principal que se persigue es ayudar a los estudiantes de español a conseguir una buena base gramatical y léxica que les permita desenvolverse en diferentes situaciones de comunicación.

Aprende gramática y vocabulario 4 se compone de 26 temas de gramática, 5 unidades de repaso y 10 de vocabulario, y presenta la materia necesaria para alcanzar los objetivos descritos en el *Marco común europeo de referencia* para el nivel B2.

Cada unidad de la parte de **Gramática** está estructurada en varias secciones:

Situaciones. Se describen con un lenguaje claro y accesible las funciones esenciales de la estructura, y se ejemplifican con el fin de proporcionar al estudiante claves para el uso de dicha estructura.

Hay, además, una tarea de reconocimiento de la situación con el ejemplo, a fin de estimular la búsqueda del significado de las formas.

¿Cómo es? Se presentan los paradigmas lingüísticos de forma clara y estructurada, para facilitar su asimilación y consulta.

Práctica. Las actividades se presentan escalonadas metodológicamente, de tal manera que las primeras se centran en el reconocimiento y la práctica de la forma, y las últimas llevan al alumno a la producción lingüística en contextos cada vez más amplios, a medida que progresa el aprendizaje.

La parte de **Vocabulario** consta de una primera actividad que sirve de presentación y reconocimiento del léxico concreto de un campo, presentado en contexto, seguido de actividades variadas para lograr la asimilación de las palabras.

Por último, se incluyen un índice de conjunciones y nexos, una tabla con los verbos regulares e irregulares más frecuentes y una clave de las actividades.

Aprende gramática y vocabulario puede utilizarse como material complementario para la clase o para el autoaprendizaje, ya que la inclusión de la clave de las actividades al final de los libros permitirá al estudiante comprobar su propio aprendizaje.

LA AUTORA

Aprende gramática y vocabulario 4

Francisca Castro Viúde

SOCIEDAD GENERAL ESPAÑOLA DE LIBRERÍA, S. A.

SGEL

Primera edición, 2007

Produce SGEL – Educación
Avda. Valdelaparra, 29
28108 Alcobendas (Madrid)

© Francisca Castro Viúdez, 2007
© Sociedad General Española de Librería, S. A., 2007
  Avda. Valdelaparra, 29, 28108 Alcobendas (Madrid).

ISBN: 978-84-9778-251-7
Depósito legal: M-35.050-2007
Printed in Spain – Impreso en España

Diseño de cubierta: Cadigrafía, S. L.
Diseño y maquetación: Paula Álvarez Rubiera
Ilustraciones: Javier Carbajo

Impresión: Gráficas Rógar, S.A.
Encuadernación: Encuadernaciones AGA, S. L.

Contenido

Gramática

1. *Había una vez una niña que se llamaba…*
Tiempos del pasado

Situaciones

1. Pretérito indefinido

▶ Con esta forma se expresan acciones realizadas y acabadas en un momento determinado del pasado.

*El sábado pasado **vi** una película buenísima en la tele.*

▶ También se utiliza para hablar de acontecimientos o actividades que duraron un tiempo o se repitieron. El hablante utiliza este tiempo cuando sabe que la actividad terminó.

*Ernesto **trabajó** en la empresa de su padre durante muchos años.*
*El año pasado Lucía **fue** tres veces a ver el Museo del Prado.*

2. Pretérito perfecto

▶ Se utiliza para hablar de acciones que han ocurrido dentro de un período de tiempo que todavía no ha acabado.

*Esta semana no **he tenido** tiempo de ir a la compra* (= Hoy es sábado).

▶ También para hablar de un pasado reciente. Abarca un tiempo que llega hasta el presente.
A. *¿Sabes dónde está Pepe?*
B. *Sí, lo **he visto** ahora mismo en la escalera.*
*Últimamente no **he salido** mucho, no tengo ganas.*

▶ También se utiliza para hablar de eventos o experiencias que pertenecen a un tiempo del pasado no determinado. Puede referirse a un hecho puntual o a toda una vida.

*¿Te has enterado? A María Rosa le **han dado** el premio de la Crítica por su novela.*
*Mi tío Ernesto **ha ganado** muchos premios de poesía, le gusta mucho escribir.*
*Nunca **he visto** un chico tan tacaño como Fernando.*

▶ Con el adverbio *siempre* alude a una actividad que no está acabada.

*Yo siempre **he estado** muy unido a mi hermano mayor (y lo sigo estando).*

▶ Estos usos se refieren al español hablado en España. En el español de Hispanoamérica se observan usos diferentes para el pretérito perfecto.

■ Subraya el verbo adecuado y relaciónalo con las imágenes:

1. *Mi tío Ernesto* **ha ganado / ganó** *muchos premios de poesía, le gusta mucho escribir.* _____

2. *Mi tío Ernesto, el que murió el año pasado,* **ha ganado / ganó** *muchos premios de poesía.* _____

3. Pretérito imperfecto

▶ Como en el resto de las lenguas románicas, el pretérito imperfecto indica fundamentalmente una actividad o un estado inacabado. Además tiene otros valores:

▶ Habitual. Se expresan hábitos en el pasado.
Comían *a las tres. / Nunca* **bebían** *cerveza.*

▶ Descriptivo. En la narración, el imperfecto explica las circunstancias en las que se desarrolla la acción principal.
La noche **era** *oscura y* **llovía** *sin parar. El viento* **arrastraba** *las hojas de los árboles. Asomada a la ventana, Elena se estremeció.*

▶ Con el imperfecto expresamos que la acción está en desarrollo.
Cuando **venía** *por la calle de la panadería, he visto a Ana que* **salía** *del banco.*

▶ Imperfecto de estilo indirecto. Cuando queremos repetir una información (o una pregunta) que nos dio otra persona, utilizamos el imperfecto.
Roberto me dijo que esta película **era** *muy buena. / El profesor nos preguntó si* **teníamos** *prisa.*

▶ Imperfecto en lugar de condicional. En la lengua hablada, en muchas ocasiones se sustituye la forma condicional por el pretérito imperfecto.
Me encanta esta moto, si tuviera dinero me la **compraba/compraría.**

4. Pretérito imperfecto / Pretérito indefinido

▶ Generalmente, si no hay marcadores temporales, con el pretérito indefinido hablamos de acciones puntuales y acabadas, y con el imperfecto expresamos actividades inacabadas, habituales y repetidas.
Joana **cantaba** *bien.*
Joana **cantó** *bien.*

▶ En la narración, el pretérito imperfecto explica y describe las circunstancias y la causa de la acción principal.
No **comí** *más porque no* **podía.**

▶ Con algunos verbos, el uso de uno u otro tiempo indica que la acción se realizó (pretérito indefinido) o no se sabe si se realizó (pretérito imperfecto).

*Yo **tenía** que ir a llevar unos papeles a Juan (pero al final no se los llevé).*
*Yo **tuve** que llevarle unos papeles a Juan (y se los llevé).*

■ Completa con el verbo adecuado:

Hace muchos años, en un país lejano vivía ⁽¹⁾ *un matrimonio que _____ ⁽²⁾ un hijo tan pequeño que todo el mundo lo _____ ⁽³⁾ Garbancito. Un día la mamá de Garbancito _____ ⁽²⁾ patatas para la comida y él _____ ⁽⁵⁾ ir a comprarlas, pero la madre le _____ ⁽⁶⁾ que _____ ⁽⁷⁾ demasiado pequeño.*

5. Pretérito pluscuamperfecto

▶ Con este tiempo hablamos de acciones pasadas anteriores a otras también pasadas.

*La profesora se enfadó con nosotros porque no **habíamos hecho** los deberes.*

▶ En el estilo indirecto.

*Alicia me contó que **había encontrado** trabajo.*

▶ En el marco temporal "antes de ahora", referido especialmente a experiencias.

*¡Qué piso tan impresionante! Nunca en mi vida **había visto** un piso tan suntuoso como ese.*

Práctica

A Elige la forma más adecuada.

1. El viernes por la noche me *robaron / robaban* el bolso cuando *salía / he salido* de la discoteca. Un joven se *acercó / acercaba* corriendo, me *agarraba / agarró* el bolso que *llevé / llevaba* colgado del hombro y *salió / salía* corriendo otra vez.

2. Tania *quería / quiso* comprarse unos zapatos nuevos para la fiesta, pero no encontró ninguno de su número. Al final *fue / iba* a la fiesta con unos zapatos viejos.

3. El verano pasado, Celia se *equivocaba / equivocó* de tren y *cogió / cogía* uno que *fue / iba* al sur, en lugar del suyo.

4. Cuando me *casé / casaba* con Sara, *hacía / hizo* poco tiempo que me *separé / había separado* de mi anterior mujer, Lola.

5. Ayer *llamó / ha llamado* Ernesto y *dijo / decía* que no *pudo / podía* venir a comer con nosotros porque *estuvo / estaba* muy ocupado.

6. En la televisión *han dicho / decían* que *ha habido / había* un accidente de tráfico en la carretera de Burgos en el que *han muerto / murieron* tres personas.

7. Este año *ha habido / hubo* más accidentes que el año pasado.

8. A. ¿Cuántas veces *ibas / has ido* a la semana al gimnasio cuando *practicabas / has practicado* aeróbic?

   B. Sólo tres: lunes, miércoles y viernes.

9. Andrés y yo nos *hemos comprado / compramos* un piso hace dos meses porque antes *vivíamos / vivimos* de alquiler y no *ahorrábamos / hemos ahorrado* nada.

10. Luisa *ha salido / salía* del trabajo una hora antes porque *quería / ha querido* ver a una amiga que está en el hospital.

11. Mis hijos siempre *han ido / fueron* a la enseñanza pública, Juan está estudiando Bachillerato, y Elena, primero de Derecho en la Universidad.

B Escribe un cuestionario dirigido a jóvenes de veinte años sobre sus experiencias vitales. Incluye preguntas sobre las actividades del recuadro.

| escribir un poema   subir en avión   tener novio/a   beber alcohol   montar en moto |
| conducir un coche   salir al extranjero   tener un hijo   salir en la televisión   ganar un premio |

1. ¿Has escrito un poema alguna vez?   6. _____
2. _____   7. _____
3. _____   8. _____
4. _____   9. _____
5. _____   10. _____

Aquí están las respuestas de Miguel. Completa sus afirmaciones con el verbo en pretérito perfecto o indefinido.

1. No, nunca _____ ningún poema, no soy nada romántico.

2. Sí, pero sólo una vez. _____ al avión para ir a la boda de mi primo en Canarias.

3. Claro, hasta ahora _____ tres novias.

4. Sí, pero sólo _____ dos veces el año pasado: en mi cumpleaños y en Navidad.

5. No, nunca _____ en moto.

6. Sí, _____ el coche de mi padre varias veces últimamente.

7. No, nunca _____ al extranjero.

8. Claro que no _____ ningún hijo, soy muy joven.

9. Sí, _____ en la televisión hace dos años en un concurso.

10. Sí, _____ muchos premios en mi colegio, en atletismo. Es que corro mucho.

C Elige la opción más adecuada. Alguna vez sirven las dos.

1. A. ¿*Has probado / Habías probado* alguna vez el gazpacho andaluz?
   B. No, ¿qué es exactamente?

2. A. ¿*Habías estado / Has estado* alguna vez en París?
   B. No, esta es la primera vez que vengo.

3. Marifeli nunca *había visto / ha visto* leones marinos.

4. ¡Qué puesta de sol tan increíble! Nunca *he visto / había visto* algo tan bonito.

5. A. ¿Qué te parece Mallorca? ¿*Habías estado / Has estado* antes aquí?
   B. Sí, *había venido / vine* en 2002 con mis padres.

6. Hoy me *he encontrado / había encontrado* con Leonor en el mercado y me *había dicho / ha dicho* que su marido *ha tenido / había tenido* un accidente de coche.

7. Antes de conocer a Javier, nunca me *he enamorado / había enamorado* de verdad.

8. Cuando la policía *ha llegado / había llegado* al banco, los ladrones ya *han escapado / habían escapado*.

D Completa las frases con el verbo adecuado (pretérito perfecto, pretérito indefinido, pretérito imperfecto o pretérito pluscuamperfecto).

1. El policía le *preguntó* a María si _____ al presunto asesino y María respondió que _____ vecino suyo y que lo _____ varias veces en la escalera. (preguntar, conocer, ser, ver)

2. Un turista _____ el viernes pasado en un accidente, al volcar la barca en la que _____ con otras treinta y cuatro personas en aguas del océano Atlántico. (morir, viajar)

3. Elena ya ha _____ varias veces en Brasil. (estar)

4. Cuando _____ en la universidad de Roma, me _____ ir todos los días a la plaza de España, a ver a la gente. (estudiar, gustar)

5. Ernesto _____ dos novelas en los últimos años pero no _____ éxito, nunca _____ dinero con ellas. (escribir, tener, ganar)

6. Cuando Laura _____, mi hijo no _____ en casa. (llamar, estar)

7. Cuando Lucía _____ a Mario, éste todavía no _____ los estudios. (conocer, terminar)

E Completa la biografía de Charles Chaplin, "Charlot", con los verbos del recuadro en pretérito indefinido o pretérito imperfecto.

conquistar hacer nacer ser (2) embarcar ocurrir (2) ver olvidar actuar salir reír estar

Con su sombrero, su bastón, sus zapatos enormes y estropeados y su bigote, Charles Chaplin *conquistó* ⁽¹⁾ el mundo entero. Sus aventuras y desgracias _____ ⁽²⁾ reír a personas de todos los países. Es uno de los artistas más populares.

_____ ⁽³⁾ el 16 de abril de 1889 en un barrio pobre de Londres. Sus padres _____ ⁽⁴⁾ artistas en modestas salas de fiestas. Al morir su padre, su madre se _____ ⁽⁵⁾ obligada a ingresar a sus hijos (Charlie y su hermano Sydney) en un asilo de huérfanos. Charlot no _____ ⁽⁶⁾ nunca los malos momentos que pasó allí. Cuando _____ ⁽⁷⁾, hizo varios trabajos para mantenerse: vendedor de periódicos, fabricante de juguetes, soplador de vidrios.

El día que _____ ⁽⁸⁾ en el Coliseum de Londres, el público se _____ ⁽⁹⁾ a carcajada limpia, y desde entonces su carrera _____ ⁽¹⁰⁾ meteórica. En 1919 _____ ⁽¹¹⁾ para América y el cine mudo, que entonces _____ ⁽¹²⁾ empezando lo convirtió en la estrella más importante. Continuamente se le _____ ⁽¹³⁾ nuevos trucos para hacer reír y lo conseguía. El disfraz que le ha hecho famoso en todo el mundo se le _____ ⁽¹⁴⁾ en París, en 1915: de cintura para arriba va vestido de caballero y de cintura para abajo como un vagabundo.

rodar morir declinar trasladarse estar (2) hacer
haber llegar conocer tener (3) casarse

Su principal talento _____ ⁽¹⁵⁾ en la mímica: la manera de coger el sombrero para saludar, sus andares de payaso cansado, sus ojos redondos e ingenuos y, sobre todo, su bigote.

En 1921 _____ ⁽¹⁶⁾ su primera gran película (*El chico*). De esta época son también, *La quimera del oro*, *Tiempos modernos*, *El vagabundo*.

Cuando _____ ⁽¹⁷⁾ el cine hablado la estrella de Charlot _____ ⁽¹⁸⁾ un poco, porque su arte _____ ⁽¹⁹⁾ basado en la ausencia de palabras. Pero en 1940 _____ ⁽²⁰⁾ otra gran oportunidad: *El gran dictador*, filme en el que representa el papel de un pobre judío perseguido por los nazis, al cual, por su parecido con Hitler, utilizan para sustituir al Führer.

Después _____ ⁽²¹⁾ *La condesa de Hong-kong*, *Un rey en Nueva York* y una gran película, *Candilejas*.

En su vida personal _____ ⁽²²⁾ de todo, se casó varias veces con mujeres hermosas: Mildred Harris, Lita Grey, Paulette Goddard. En el año 1943 cuando _____ ⁽²³⁾ a Oona O'Neill, que _____ ⁽²⁴⁾ entonces dieciocho años, treinta y seis menos que Charlot, _____ ⁽²⁵⁾ y _____ ⁽²⁶⁾ siete hijos. La familia _____ ⁽²⁷⁾ a vivir a Suiza en 1953 y allí _____ ⁽²⁸⁾ el gran artista en 1977.

2. No me llames a las cinco, estaré descansando.
Estar + gerundio

Situaciones

1. Perífrasis *estar* + gerundio

▶ Se utiliza para expresar que la acción se ve durante su desarrollo, ya sea en el pasado, presente o futuro. Tiene el valor de resaltar la duración de la acción.

*Ayer **estuve hablando** con Pepe de nuestros problemas.*
*Cuando **estaba hablando** con Pepe, llamó su jefe varias veces.*
*Esta mañana **hemos estado trabajando** en el nuevo proyecto de reforma.*
*No me llames a las cinco, a esa hora **estaré descansando**.*

2. *Hablo / Estoy hablando*

▶ Con el presente se expresan acciones habituales, informaciones y definiciones generales.

*Ricardo **sale** de trabajar a las cinco. / María **habla** tres idiomas correctamente.*

▶ Con la perífrasis *estoy* + gerundio se hace referencia a actividades desarrolladas en el momento (o en la época) en que se habla.

A. *Hola, Juan, ¿qué haces?*
B. *Pues, **estoy limpiando** un poco la casa.*

3. *Estuve hablando / Hablé*   *He estado hablando / He hablado*

▶ Con la perífrasis hacemos hincapié en la idea de duración de la actividad. Ambas formas, con perífrasis o sin ella, se utilizan en los mismos contextos temporales.

*Ayer **estuve hablando / hablé** con el profesor de Mario y me dijo que va muy bien.*
*Esta mañana **he estado limpiando / he limpiado** la casa.*

4. *Estaba hablando / Hablaba*

▶ Con la forma perifrástica expresamos la acción en su desarrollo. Puesto que ése es también uno de los valores del pretérito imperfecto (véase unidad 1), en muchos casos, el significado de ambas formas es el mismo.

*Yo **estaba leyendo** / **leía** el periódico cuando me llamaron del hospital.*

Ahora bien, se prefiere usar la perífrasis cuando hablamos de actividades cotidianas muy concretas. En el ejemplo anterior, es más frecuente la primera forma.

► No se puede usar *estaba* + gerundio cuando nos referimos a acciones habituales en el pasado.

Antes ~~estaba estudiando~~ *más de dos horas al día, ahora sólo estudio una.*
        estudiaba

5. *Hablaré / Estaré hablando*

► Con el verbo en futuro podemos expresar predicciones, conjeturas (véase unidad 4), además de actividades en futuro.

*Dentro de cincuenta años cualquiera **podrá** viajar a la Luna.*

► Con la forma perifrástica se expresan acciones futuras vistas en progreso y conjeturas de lo que puede estar ocurriendo ahora (véase unidad 4).

*Me voy de vacaciones, mañana a estas horas **estaré tomando** el sol en la playa.*

*A. ¿Dónde está la niña? B. No te preocupes, **estará jugando** en su habitación.*

6. Verbos que no admiten la perífrasis

► Se utiliza la perífrasis preferentemente con verbos que significan "actividades", que se pueden ver en su desarrollo.

No se suele utilizar:

– con los verbos *ser, estar, poder, haber, ir, venir, regresar, venir, volver, parecer.*

– con verbos que expresan actividades mentales como *saber, odiar, amar.*

– con verbos que no describen acciones.

► Un verbo que no se utiliza normalmente en forma perifrástica puede utilizarse si el hablante quiere describir una actividad o reforzar la duración o frecuencia de la acción.

*Pedro **está yendo** mucho últimamente al médico. Parece que no se encuentra bien de salud.*

■ Subraya la forma más adecuada y relaciónala con las imágenes:

1. *Hum... qué bien **huelen** / **están oliendo** estas flores.*   _b_

2. *El perro **huele** / **está oliendo** la droga en la maleta.*   _____

3. *Estoy cansada, ayer **trabajé** / **estuve trabajando** hasta las tantas.*   _____

¿Cómo es?

Presente
Estoy / estás / está / estamos / estáis / están + *hablando / comiendo / viviendo*
Pretérito perfecto
He estado / has estado / ha estado   + *hablando / comiendo / viviendo*   hemos estado / habéis estado / han estado
Pretérito imperfecto
Estaba / estabas / estaba / estábamos / estabais / estaban + *hablando / comiendo / viviendo*
Pretérito indefinido
Estuve / estuviste / estuvo / estuvimos / estuvisteis / estuvieron + *hablando / comiendo / viviendo*
Futuro
Estaré / estarás / estará / estaremos / estaréis / estarán + *hablando / comiendo / viviendo*

Práctica

A **Elige la forma más adecuada.**

1. A. Hola, Olga, ¿qué tal el domingo?
   B. Bien, *estuve viendo* / *estaba viendo* una película de Amenábar con Eduardo. Me encantó. ¿Y tú?
   A. Yo no *estuve saliendo* / *salí*. Cuando *estuvimos mirando* / *estábamos mirando* el periódico para ir al cine, Pepe se *puso* / *estuvo poniendo* enfermo y nos *estuvimos quedando* / *quedamos* en casa.

2. A. ¿Qué te pasa?, tienes mala cara.
   B. En los últimos meses *he estado trabajando* / *estuve trabajando* mucho. Es que desde el verano *he trabajado* / *estoy trabajando* en un proyecto muy interesante, pero muy largo y duro. Y el jueves me *estuvo llamando* / *llamó* el jefe para decirme que teníamos que entregarlo ya. Así que no *estoy durmiendo* / *duermo* por las noches para acabarlo.

3. Mira, Luis, ahí están Diego y Miranda. ¿Tú *piensas* / *estás pensando* que *salen* / *están saliendo* juntos?

4. A. Mario, hijo, ¿por qué no estudias?
   B. Tranquila, mamá, *estoy pensando* / *pienso* en el examen.

5. A. ¿Has visto qué morena está Gema?

B. Sí, es que *ha estado tomando / estaba tomando* el sol en la playa.

6. ¡Qué pena de Planeta! Si no *estamos haciendo / hacemos* algo pronto, nuestros nietos no *sabrán / estarán sabiendo* qué es un árbol.

7. Estoy contentísima. Me voy esta tarde de viaje a los Alpes a esquiar. Mañana a esta misma hora *esquiaré / estaré esquiando*.

8. A. Carmen, cariño, ¿te *está faltando / falta* mucho?

B. No, ya *termino / estoy terminando* de planchar.

9. Antes Nicolás *estaba viviendo / vivía* con sus padres en el pueblo, pero desde hace poco vive en un piso compartido en Valencia.

10. Cuando yo *estaba conociendo / conocí* a mi marido, él *estuvo haciendo / estaba haciendo* la tesis doctoral.

11. Estoy harto, el teléfono *ha estado sonando / ha sonado* toda la mañana y no *he estado terminando / he terminado* el trabajo que tenía que hacer.

B Completa el diario de esta estudiante con los verbos correspondientes. Tienes que utilizar la perífrasis *estar* + gerundio seis veces.

Mi diario

28 de abril

Son las doce de la noche y (escribir) *estoy escribiendo* (1) en el cuarto de baño para no molestar a mi compañera de habitación. (Estar) _____ (2) contenta porque (aprender) _____ (3) mucho inglés en este curso, pero (estar) _____ (4) cansadísima. Hoy (hablar) _____ (5) en clase de las diferencias culturales y (ser) _____ (6) muy interesante. Yoshie, la chica japonesa, dice que ella (sentirse) _____ (7) muy incómoda cuando la gente la (tocar) _____ (8). Es que en su cultura las personas mantienen más distancia entre ellas.

En cambio, Mario, el italiano, dice que a él los ingleses le (parecer) _____ (9) muy fríos y distantes. Claro, es que los mediterráneos (ser) _____ (10) muy afectivos. A mí también me parecen fríos los nórdicos.

Cuando (salir) _____ (11) de la clase, Mario (acercarse) _____ (12) y me (invitar) _____ (13) a un café. Hemos ido a un pub y allí (hablar) _____ (14) de nuestra vida hasta las once. (Quedar) _____ (15) con él para mañana otra vez. Creo que (enamorarse) _____ (16) de Mario poco a poco.

3. Callaos, no oigo la tele.
Imperativo

Situaciones

1. El imperativo tiene diversas funciones

▶ Se usa para:

a) Dar órdenes: ***No te muevas*** *de aquí.*

b) Dar instrucciones: *Antes de echar las patatas,* **quita** *el aceite.*

c) Pedir un favor: ***Compra*** *tú el periódico, yo no puedo.*

d) Dar consejos y sugerencias: ***Toma*** *un vaso de leche y acuéstate.*

e) Anunciar un producto: ***Venga*** *a ver nuestras rebajas, son las mejores.*

2. Imperativo + pronombres personales

▶ Cuando el imperativo es afirmativo, los pronombres personales van detrás del verbo y junto a él, formando una sola palabra.

Rosa, ***ponle*** *crema protectora al niño.*

Yo no he pagado el taxi, ***págalo*** *tú.*

▶ Cuando son necesarios un pronombre de objeto directo y otro de objeto indirecto, primero va el indirecto y a continuación el directo.

Carmen, mi reloj está en la cocina, ***tráeme lo****, por favor.*
                                        (OI)(OD)

▶ Cuando el imperativo es negativo, los pronombres personales van antes del verbo.

No te sientes *en esa silla, está sucia.*

A. *¿Le doy el bombón a Clara?*

B. *No,* ***no se lo des*** *todavía.* ***Dáselo*** *después de comer.*

▶ En los verbos reflexivos, cuando nos referimos a la persona *vosotros*, se pierde la *-d* final.

María, Carlos, ~~**levantados**~~ *ya, son la once.*
              levantaos

No obstante, está muy extendido el uso del infinitivo seguido del pronombre.

Callaros*, por favor, que no se oye nada.*

▶ En general, está extendido el uso del infinitivo en lugar del imperativo para dar instrucciones dirigidas al público en general, por ejemplo, en los libros de recetas de cocina o en instrucciones de empleo de algunas máquinas.

Primero, ***pelar*** *las patatas, luego* ***encender*** *el fuego y* ***poner*** *la sartén con un vasito de aceite.*

Cuando el aceite esté caliente, ***echar*** *las patatas…*

■ Relaciona.

1. *Callaros, no oigo la tele.* _____d_____

2. *Date prisa, se va el tren.* _____

3. *Abrid el libro por la página 30.* _____

4. *Pónganos dos cafés, por favor.* _____

¿Cómo es?

	Hablar		Comer		Abrir	
	afirmativo	negativo	afirmativo	negativo	afirmativo	negativo
tú	habl **-a**	no habl **-es**	com **-e**	no com **-as**	abr **-e**	no abr **-as**
Vd.	habl **-e**	no habl **-e**	com **-a**	no com **-a**	abr **-a**	no abr **-a**
vosotros, -as	habl **-ad**	no habl **-éis**	com **-ed**	no com **-áis**	abr **-id**	no abr **-áis**
Vds.	habl **-en**	no habl **-en**	com **-an**	no com **-an**	abr **-an**	no abr **-an**

Irregulares

Generalmente, el imperativo presenta la misma irregularidad que el presente de indicativo, salvo en la persona *vosotros*.

	Presente	Imperativo	
jugar	j**ue**go	(tú)	j**ue**ga / no j**ue**gues
		(Vd.)	j**ue**gue / no j**ue**gue
		(vosotros, -as)	jugad / no juguéis
		(Vds.)	j**ue**guen / no j**ue**guen
pedir	p**i**do	(tú)	p**i**de / no p**i**das
		(Vd.)	p**i**da / no p**i**da
		(vosotros, -as)	pedid / no pidáis
		(Vds.)	p**i**dan / no p**i**dan

Práctica

A Completa la tabla.

	Hacer		Decir		Cerrar		Ir	
	afirmativo	negativo	afirmativo	negativo	afirmativo	negativo	afirmativo	negativo
tú	haz	*no hagas*	_____	no digas	cierra	_____	ve	_____
Vd.	_____	no haga	diga	_____	cierre	_____		no vaya
vos.	haced	_____	_____	no digáis	_____	no cerréis	id	_____
Vds.	_____	no hagan	_____	_____	cierren	_____		_____

B Escribe en forma negativa.

1. Cómprala _____ .
2. Envíaselo _____ .
3. Pruébalas _____ .
4. Hazlos _____ .
5. Tráela _____ .
6. Pruébalo _____ .
7. Ciérrala _____ .

8. Dámela   *No me la des.*
9. Díselo _____ .
10. Págamelas _____ .
11. Pónselo _____ .
12. Dígamelo _____ .
13. Dásela _____ .
14. Dánoslas _____ .

C Completa la tabla. Imperativo + verbo reflexivo.

1. *Siéntate.*	No te sientes.	7. Callaos.	_____ .
2. Cásate.	_____ .	8. _____ .	No te acuestes.
3. _____ .	No os peinéis.	9. Levantaos.	_____ .
4. Preocúpate.	_____ .	10. _____ .	No te bañes.
5. Relájense.	_____ .	11. Túmbese.	_____ .
6. Báñate.	_____ .	12. _____ .	No os decidáis.

D ¿Quién lo dice? Relaciona cada imperativo con la situación correspondiente.

1. ¡Ponte el abrigo!, hace frío.
2. ¡Date prisa, llegamos tarde!
3. ¡Ten cuidado, no corras!
4. ¡Tráigame la sal, por favor!
5. ¡Espera un momento, ahora voy!
6. ¡Sal de aquí ahora mismo!
7. ¡No me digas!
8. Clara, ¡no toques eso!

a) Un cliente a un camarero en un restaurante.
b) Una madre a su hija pequeña.
c) Alguien a quien están llamando.
d) Alguien muy enfadado echando a otra persona.
e) Alguien que ha recibido una noticia sorprendente.
f) Alguien a otra persona que va conduciendo un coche.
g) Alguien a otra persona que va a salir a la calle.
h) Alguien a su compañero antes de una cita.

E Responde siguiendo el modelo.

1. ¿Le digo lo de tu boda a María?   *Sí, díselo ya. / No, no se lo digas todavía.*

2. ¿Les pongo los abrigos a los niños? _____.

3. ¿Le traigo el periódico a tu padre? _____.

4. ¿Le doy la merienda al enfermo de la habitación 12? _____.

5. ¿Te traigo más patatas para la tortilla? _____.

6. Niños, ¿os cuento un cuento? _____.

7. ¿Le regalo a Pedro otro CD de Shakira? _____.

8. ¿Os cuento lo que me ha dicho Lucía? _____.

9. ¿Os pago el recibo del alquiler ya? _____.

10. ¿Os explico lo que pasó ayer en la fiesta? _____.

F Completa las frases con el verbo en imperativo.

1. *Perdone*, ¿podría decirme cómo se va a la plaza Mayor? (perdonar, Vd.)

2. A ver, vamos a empezar, _____ el libro por la página 59. (abrir, vos.)

3. Antes de entrar, _____ salir. (dejar, Vds.)

4. Para accionar la alarma, _____ la palanca. (bajar, Vds.)

5. _____ en el sorteo de una olla a presión último modelo. (participar, Vd.)

6. Si tienes problemas de dinero, _____ a vernos. (venir, tú)

7. _____ ya tu plaza en la universidad. (reservar, tú)

8. _____ ya del aire acondicionado y no _____ nada hasta otoño. (disfrutar, pagar, tú)

9. Si no sabe dónde invertir, _____ que le asesoremos. (dejar, Vd.)

G Completa los consejos con uno de los verbos del recuadro.

salir	refrescarse	evitar	beber
cuidar	dejar	utilizar	proteger

CÓMO ACTUAR ANTE EL CALOR

La Cruz Roja recomienda qué hacer ante las altas temperaturas.

1. *Evite* grandes esfuerzos físicos.

2. _____ líquidos en abundancia, evite las bebidas alcohólicas.

3. _____ cada vez que lo necesite.

4. _____ de la exposición directa del sol. No _____ a la calle en las horas centrales del día.

5. _____ ropa clara, transpirable y _____ la cabeza con gorros.

6. Nunca _____ a los niños o ancianos encerrados en el coche.

7. En la playa y la piscina, _____ cremas protectoras para evitar quemaduras.

8. _____ especialmente la hidratación de los niños y las personas mayores o enfermas.

4. *Si no contesta, es que habrá salido a algún recado.*

Futuro imperfecto y futuro perfecto. Expresión de probabilidad

Situaciones

1. Futuro

▶ Se utilizan los tiempos del futuro para:

a) Informar sobre el futuro: *Roberto **volverá** mañana de sus vacaciones.*

b) Hacer predicciones: *Pronto **podremos** ir de vacaciones a la Luna.*

c) Hacer promesas: *¿Me prestas 100 euros? Te los **devolveré** a fin de mes.*
    *Si apruebas todo, te **regalaré** una videoconsola nueva.*

2. Futuro perfecto

▶ Con el futuro perfecto, hablamos de una acción acabada en un momento situado en el futuro.

*Mañana a estas horas yo ya **habré hecho** el examen de Derecho Civil.*

*A las diez de la noche Pedro ya **se habrá enterado** de la noticia.*

3. Futuro de probabilidad

▶ Tanto el futuro perfecto como el imperfecto tienen también la función de "expresar probabilidad". Con el futuro imperfecto, expresamos una conjetura sobre el presente. Con el futuro perfecto, expresamos una hipótesis sobre un pasado reciente o indeterminado.

A. *¡Qué raro!, hoy no ha venido José a clase.*

B. ***Estará** enfermo.*

C. *O **habrá ido** a ver a su ex jefe, va todos los jueves.*

■ Carlos es un bebé de 8 meses y no para de llorar. Alrededor, su familia no sabe qué le pasa exactamente. Escribe las conjeturas que se hacen. Utiliza las expresiones del recuadro.

Tendrá hambre.

| tener hambre | estar mojado | dolerle la tripa / la boca |
| no tener sueño | estar aburrido |

_____

_____

_____

_____

¿Cómo es?

Futuro imperfecto	Futuro perfecto
hablaré	habré
hablarás	habrás
hablará	habrá + hablado
hablaremos	habremos
hablaréis	habréis
hablarán	habrán

Práctica

A Relaciona cada situación con su conjetura.

1. ¿Has visto? Rocío está muy delgada.

2. Me duele el estómago.

3. Hace tres días que mi madre no llama.

4. Óscar no ha aprobado ninguna asignatura.

5. He visto a Lucía y no me ha saludado.

6. Los vecinos se han comprado un chalé carísimo.

7. Andrés no ha ido hoy a trabajar.

8. Federico no tiene nunca dinero.

a) No le gustará estudiar.

b) Se lo gastará en tonterías, porque gana bastante.

c) Habrá ido al médico.

d) Les habrá tocado la lotería.

e) Habrá hecho alguna dieta especial.

f) Habrás comido algo que te ha sentado mal.

g) Estará ocupada, no te preocupes.

h) No te habrá visto, hombre.

B Elige la opción correcta (futuro imperfecto / futuro perfecto).

1. No puedo quedar contigo mañana a las cinco porque a esa hora no *terminaré / habré terminado*.

2. Los carpinteros tienen que venir el martes. Para entonces, los pintores *pintarán / habrán pintado* el salón.

3. Te *traeré / habré traído* el libro de García Márquez el miércoles que viene. Yo creo que para entonces ya lo *habré leído / leeré*.

4. Estoy ahorrando para comprarme un piso. Si cada mes ahorro 300 euros, para dentro de cinco años *tendré / habré tenido* suficiente para empezar a buscar algo.

5. Venga a verme otra vez dentro de 15 días, para entonces ya *habrán llegado / llegarán* los resultados de sus análisis.

6. Cuando termine este proyecto, me *iré / habré ido* a descansar a la playa.

7. Si necesitamos dinero, se lo *habremos pedido / pediremos* a mis padres.

8. Cuando tú llegues del trabajo, yo ya *habré acostado / acostaré* a los niños, y *podremos / habremos podido* cenar tranquilamente.

9. Si los precios de los pisos siguen subiendo, nunca *tendré / habré tenido* suficiente para comprarme uno y casarme.

10. El fuego ha empezado hace 2 horas y va muy rápido, cuando los bomberos lleguen, ya se *quemará / habrá quemado* todo el almacén.

C **Escribe una conjetura para cada situación.**

1. Mira cuánta gente hay hoy en la parada del autobús.

   Habrá problemas de tráfico.

2. ¡Qué raro! He llamado varias veces a mis padres y no contestan.

   _____ (salir)

3. Juan, son las cinco y veinte y Clara no ha llegado aún del colegio.

   _____ (quedarse en el parque)

4. ¡Vaya! El ordenador no se enciende.

   _____ (estar averiado)

5. Hace tiempo que no veo a los vecinos del segundo derecha.

   _____ (estar de vacaciones)

6. ¡Qué raro!, este año Fátima no me ha felicitado en mi cumpleaños.

   _____ (olvidársele)

7. Últimamente el jefe está muy raro, no sonríe, ha adelgazado.

   _____ (estar estresado)

D Completa los titulares de periódico con uno de los verbos del recuadro en futuro.

| tener | iniciar | comprobar | suministrar | renunciar | ofrecer |

EL PRESIDENTE *iniciará* [1] su viaje a Rabat el próximo martes.

VILLANUEVA _____ [2] TREN EN EL OTOÑO PRÓXIMO, PERO SIN ENLACE DIRECTO A LA CAPITAL.

El jefe de la oposición _____ [3] a la presidenta un pacto sobre la reforma de la financiación.

Una inspección de la UE _____ [4] si las obras de la autopista respetan la normativa medioambiental.

El Canal _____ [5] agua reciclada a varios municipios para el riego.

Los trabajadores de la empresa han dicho: "No _____ [6] a nuestros derechos".

E Mira los dibujos y completa las frases. Utiliza los verbos del recuadro.

| estar | ser | tener | casarse |

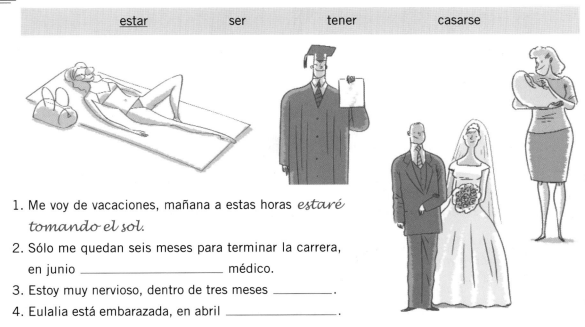

1. Me voy de vacaciones, mañana a estas horas *estaré tomando el sol.*
2. Sólo me quedan seis meses para terminar la carrera, en junio _____ médico.
3. Estoy muy nervioso, dentro de tres meses _____.
4. Eulalia está embarazada, en abril _____.

5. *Estaría ocupada.*
Verbo en condicional

Situaciones

► El verbo en forma condicional se usa para:

a) Aconsejar, dar sugerencias.

*Yo que tú no esperaría más, lo **llamaría** y lo **pediría** una explicación.*
***Deberías** salir más, no te quedes solo en casa, es peor.*

b) Expresar conjeturas sobre el pasado.

A. *El domingo por la tarde llamé a Sara y no me contestó.*
B. ***Estaría** en el cine, le gusta ir todos los domingos.*

c) Repetir una información formulada en estilo directo en futuro.

Pedro: *"No te preocupes, mañana haré yo la comida".*
Sofía: *Pedro me dijo ayer que **haría** él la comida, que no me preocupara.*

■ Elige la forma correcta y relaciónala con la imagen.

1. A. *No sé qué le* pasará / ***pasaría*** *a Toby: no come, no ladra…*
   B. ***Estará** / **Estaría** deprimido o enfermo. **Deberás** / **Deberías** llevarlo al veterinario.* _b_

2. A. *¿Has visto lo delgada que está Paloma?*
   B. *Sí, **haría** / **habrá** hecho alguna dieta especial.* _____

3. A. *¿Sabes que el viernes pasado el director llamó a Pérez a su despacho?*
   B. *Bueno, **tendrá** / **tendría** alguna pregunta que hacerle, es normal.* _____

Conjetura sobre el presente → verbo en futuro imperfecto

A. *¿Qué hora es?*

B. *No sé, **serán** las dos y cuarto.*

Conjetura sobre un pasado reciente o indefinido → verbo en futuro perfecto

A. *He llamado a mi madre por teléfono y no contesta.*

B. *No te preocupes, **habrá salido**.*

Conjetura sobre un pasado determinado → verbo en condicional

A. *Ayer Enrique no fue a trabajar.*

B. ***Estaría** enfermo.*

Práctica

A **Escribe el verbo en la forma adecuada: futuro imperfecto, futuro perfecto, condicional.**

1. Enrique me dijo que *llegaría* más tarde, que tenía que acompañar a su hijo al médico. (llegar)

2. A. Es raro, ¿tú sabes por qué se han divorciado Carmen y Luis?

   B. No sé, _____ mal, digo yo. (llevarse)

3. A. Elena ha dejado la empresa donde trabajaba y ahora no hace nada, ¿qué te parece?

   B. Bueno, no le _____ aquel trabajo, ¿no? (gustar)

4. A. Fíjate, Carlos antes iba a todas partes con su amigo José y ahora va solo siempre.

   B. Sí, es verdad, _____. (discutir)

5. A. Estoy preocupada porque mi hija Teresa no quiere seguir en la universidad, quiere ser actriz.

   B. Bueno, yo que tú no me _____, a lo mejor es una actriz estupenda. (preocuparse)

6. A. ¿Sabes qué le pasa a Óscar?

   B. No sé, ¿por qué lo dices?

   A. Es que está raro, no duerme, no come…

   B. No te preocupes, _____. (enamorarse)

7. Cuando mi hija Clara termine la universidad, yo ya _____. (jubilarse)

8. ¡Qué raro!, han llamado a la puerta, ¿quién _____ a estas horas? (ser)

9. A. El perro del quinto no para de ladrar, ¿qué le _____? (pasar)

   B. _____ solo y _____ hambre. (estar, tener)

Repaso 1

A Completa la entrevista periodística con los verbos en la forma adecuada.

A Chus Lago (Vigo, 1964) no hay montaña que se le resista. Su primer hito relevante fue el Everest, pero también ha pisado las cumbres del Annapurna, el Cho Oyu o el Pobeda. Ahora piensa atravesar la Antártida y abrir una nueva ruta.

P. ¿Cómo (empezar) _____ (1) su relación con la montaña?

R. (Ser) _____ (2) desde niña. En el colegio (haber) _____ (3) una sección de montaña y (apuntarse) _____ (4) con una mochila barata y sin saco de dormir. Unos días (bajar, nos.) _____ (5) a una cueva, otros días (pisar, nos.) _____ (6) la nieve, y otros, (escalar, nos.) _____ (7) un poquito.

P. Creo que su padre también le influyó mucho...

R. Cuando (ser) _____ (8) pequeña, (tener, nos.) _____ (9) la costumbre los domingos de ir por la mañana al mar y por la tarde al monte. Siempre (ser) _____ (10) muy buen deportista: el último salto mortal lo (hacer) _____ (11) con cincuenta años.

P. Durante la subida a un pico como el Everest, ¿queda tiempo para pensar en algo que no sea la misma ascensión?

R. Recuerdo exactamente todo lo que (pensar, yo) _____ (12) el día en que (llegar) _____ (13) a la cima, y luego el descenso. Los últimos veinte pasos los (ir) _____ (14) dando por todas aquellas personas, inconvenientes y situaciones que me (impedir)

_____ (15) alcanzar la cima. Y cuando (llegar) _____ (16) al final, me dije: no, es demasiado bello este momento... Y cuando (estar) _____ (17) sólo a dos pasos, (pensar) _____ (18) que no (llegar) _____ (19), porque (llevar) _____ (20) tanto tiempo pensando en este objetivo y ahora se (ir) _____ (21) a esfumar ... Me (sentir) _____ (22) triste y al mismo tiempo muy contenta.

P. ¿Algún momento especialmente duro?

R. Recuerdo el año 91, cuando en el Annapurna nos (caer) _____ (23) las avalanchas y no (ver, nos.) _____ (24) nada y no (saber) _____ (25) si habían acabado o no. El verano de 2003, (estar) _____ (26) toda una noche esperando a que mi compañero volviera al punto donde yo (estar) _____ (27). Cuando lo (ver) _____ (28) aparecer me dije: no sé si podré soportar otra noche como esta.

P. ¿Queda tiempo para el humor?

R. Sí, claro... Como aquel tibetano que (llevar, nos.) _____ (29) como ayudante de cocina en una expedición; cuando todo el mundo (estar) _____ (30) muy delgado, este hombre no (hacer) _____ (31) más que engordar. Mientras (dormir, nos.) _____ (32), él (comer) _____ (33) jamón. O el caso de un americano al que nos (encontrar) _____ (34) y que dijo que (ver) _____ (35) al yeti.

De las frases siguientes, once son incorrectas. Encuéntralas y corrígelas.

1. Ayer mi familia y yo *estábamos* pescando todo el día en el río.   *1. estuvimos.*

2. Los niños han estado peleándose y gritando todo el día.   _____

3. Antes mi marido estaba fumando mucho.   _____

4. Mis tíos estaban viviendo en París muchos años.   _____

5. Mis tíos se conocían cuando estaban viviendo en París.   _____

6. Paco me dijo que estaba trabajando en esa empresa hasta marzo.   _____

7. Cuando estuvimos hablando con el médico, llegó una enfermera
   para llevárselo a Urgencias.   _____

8. Ayer he estado jugando al tenis con Elena.   _____

9. Me estuve encontrando con Rodolfo y me dijo que estaba harto de todo.   _____

10. Anoche estuvimos cenando en casa de los Martínez.   _____

11. Luis se rompió una pierna mientras esquiaba.   _____

12. A. ¿Qué tal te ha ido el verano?

    B. Bien, viajamos por Europa todo el mes de julio.   _____

13. Óscar estaba trabajando conmigo mucho tiempo en mi departamento.   _____

14. Ayer, cuando el Real Madrid estuvo ganando por uno a cero,
    Raúl se cayó y, al final, perdieron.   _____

C **Elige el verbo adecuado y forma el imperativo.**

Consejos en los procesos catarrales

1. *Haga* vahos durante 10 minutos al menos tres veces al día. (hacer / respirar)

2. En caso de congestión nasal, _____ en la nariz suero fisiológico o agua de
   sal, al menos tres veces al día. Para preparar el agua de sal, _____ medio
   litro de agua con una cucharada pequeña de sal. (quitarse / echarse, enfriar / hervir)

3. _____ gárgaras con agua de bicarbonato o con agua de limón con miel,
   por la mañana y por la noche. (hacer / dar)

4. _____ beber líquido abundante. (procurar / dejar)

5. No _____ en sitios cerrados y contaminados. (salir / entrar)

6. _____ la cabecera de la cama y _____ un cojín debajo del colchón para que
   disminuya la tos. (subir / bajar, poner / quitar)

7. _____ cuidado al estornudar o toser, puede contagiar a la persona que tiene enfrente.
   (quitar / tener)

6. *El actor, la actriz.*
El género

Situaciones

1. Género de los nombres de personas y animales

▶ Tenemos varios casos:

a) El nombre masculino termina en *-o*, el femenino termina en *-a*: *el herman**o** / la herman**a**; el cerd**o** / la cerd**a**.*

b) Formas distintas para masculino y femenino: *el caballo / la yegua; el padre / la madre.*

c) Una sola forma para los dos géneros: *el / la colega; el / la cónyuge; el / la testigo; el / la atleta; el / la amante; el / la criminal; el / la paciente.*

d) En el caso de muchos nombres de animales, tenemos una sola forma, que puede ser masculina o femenina, por lo que hay que añadir el sexo para saber a qué nos referimos: *la ballena (macho / hembra); el gorila (macho / hembra); la serpiente (macho / hembra); la rana (macho / hembra); la mula (macho / hembra).*

2. Los nombres de profesionales

▶ Por motivos sociolingüísticos, los nombres de los profesionales no siempre siguen criterios fijos, especialmente en lo que concierne a los nombres de profesiones desempeñadas por las mujeres desde hace relativamente poco tiempo.

a) Las terminaciones más frecuentes: *el camar**ero** / la camar**era**; el profes**or** / la profes**ora**; el pian**ista** / la pian**ista**; el cant**ante** / la cant**ante**; el dependi**ente** / la dependi**enta**; el alcalde / la alcald**esa**.*

b) Algunas veces hay dos formas correctas para el femenino: *el médico / la médico – la médica; el juez / la juez – la juez**a**; el presid**ente** / la presid**ente** – la presid**enta**; el jefe / la jefe – la jef**a**; el asist**ente** / la asist**ente** – la asist**enta**.*

c) Algunos nombres que acaban en *-o* no cambian en femenino: *el model**o** / la model**o**; el pilot**o** / la pilot**o**.*

3. Género de los nombres inanimados

▶ Generalmente son masculinos:

a) Los nombres de cosas que acaban en *-o*: *el puebl**o**, el libr**o**, el ded**o**, el bocadill**o**, el dormitori**o**.*

b) Algunas palabras que terminan en -*a* y en -*ma*: *el ma**pa**, el plane**ta**, el **día**, el idio**ma**, el proble**ma**, el te**ma**, el crucigra**ma**, el diplo**ma**, el enig**ma**, el fantas**ma**, el pija**ma**, el poe**ma**, el cli**ma**, el panora**ma**, el dra**ma**, el yoga, el tranvía.*

c) Los nombres de los días de la semana, de los meses del año y los números: *el lunes, abril lluvioso, el tres.*

▶ Generalmente son femeninos:

a) Los nombres que acaban en -*a*: *la me**sa**, la venta**na**, la diade**ma**, la manza**na**, la cama, la rama, la ciruela.*

b) Casi todos los nombres que acaban en -*d*: *la ciuda**d**, la juventu**d**, la verda**d**, la pare**d**.*

c) La mayoría de los nombres que acaban en -*ión*: *la habita**ción**, la na**ción**, la re**gión**, la lec**ción*** (excepto: *el avión, el camión*).

4. Sustantivos que cambian de significado según el género

a) Misma palabra, distinto significado: *el policía / la policía; el guía / la guía; el parte / la parte; el orden/ la orden; el cólera / la cólera.*

b) Distinta terminación, distinto significado: *el ramo / la rama; el bolso / la bolsa; el manzano / la manzana.*

■ Escribe el artículo correspondiente.

① *El* capital. _____ capital.   ② _____ pendiente. _____ pendiente.

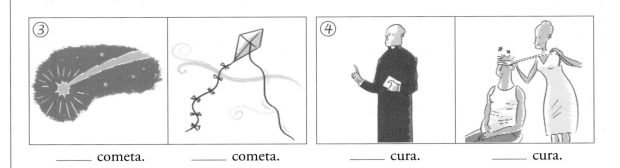

③ _____ cometa. _____ cometa.   ④ _____ cura. _____ cura.

¿Cómo es?

Formas especiales para el femenino y el masculino

el actor / la actriz	el gallo / la gallina	el príncipe / la princesa
el caballo / la yegua	el hombre / la mujer	el rey / la reina
el carnero / la oveja	el marido / la mujer	el toro / la vaca
el conde / la condesa	el padrino / la madrina	el yerno / la nuera

Práctica

A Escribe los nombres del recuadro en su sitio.

luz	hotel	carne	coche	reacción	poema	pijama	moto	teorema	foto
problema	sal	diploma	colección	paisaje	garaje	viaje	virtud	crucigrama	idioma

Masculino		Femenino	
El hotel		La luz	

B Subraya la opción correcta.

1. Como me gustan mucho las flores, mi marido me regala *un ramo* / *una rama* casi todas las semanas.

2. ¿Te gusta *el bolso* / *la bolsa* que me he comprado para ir al gimnasio? Es muy grande, así me cabe todo lo que necesito.

3. A. ¿Qué tal está Andrés?

   B. Bien, acaban de hacerle *una cura* / *un cura* en el brazo y está mucho mejor.

4. Jorge está muy mal, ha tenido mala suerte y ha perdido todo *el capital* / *la capital* que había invertido en el negocio.

5. Miguel, tienes que cortar otra vez *un ramo* / *una rama* del manzano, molesta mucho.

6. A. ¿Qué le vas a regalar a Carmen para su cumpleaños?

   B. Pues *un bolso* / *una bolsa*. Es que vi *uno* / *una* muy *bonito* / *bonita*, *negro* / *negra* y de piel y se *lo* / *la* compré.

7. A. ¿Qué te pasa?

   B. Que he perdido *un pendiente / una pendiente* de los que me regaló Ignacio para mi cumpleaños.
8. Eugenio contrajo *el cólera / la cólera* cuando estuvo trabajando como cooperante en África.
9. Domingo, por favor, ¿puedes pasarme *el guía / la guía* telefónica? Tengo que buscar un número.
10. Yo no soy maniático, pero me gusta *el orden / la orden*.
11. ¿Quién se ha comido *la ciruela / el ciruelo* que había encima de la mesa?
12. A. ¿Qué le ha pasado a tu perro?

    B. Pues rodó por *un pendiente / una pendiente* y se fracturó la pata.
13. Y, entonces, mi padre dijo: "Aquí *el cabeza / la cabeza* de familia soy yo", y nos quedamos sin habla.
14. *El guía / La guía* que nos tocó en el Museo del Prado era muy majo.

C Relaciona las tres columnas de modo que concuerden en género y número.

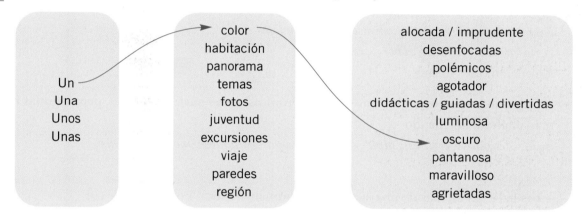

	color	alocada / imprudente
	habitación	desenfocadas
	panorama	polémicos
Un	temas	agotador
Una	fotos	didácticas / guiadas / divertidas
Unos	juventud	luminosa
Unas	excursiones	oscuro
	viaje	pantanosa
	paredes	maravilloso
	región	agrietadas

D Forma frases con los elementos de la actividad anterior.

E Completa los recuadros *A* y *C* con los artículos adecuados (*el, la, los, las, un, una*) y el recuadro *B* con los artículos y las terminaciones correctas.

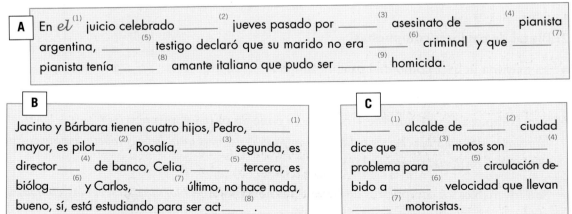

A En *el*(1) juicio celebrado _____(2) jueves pasado por _____(3) asesinato de _____(4) pianista argentina, _____(5) testigo declaró que su marido no era _____(6) criminal y que _____(7) pianista tenía _____(8) amante italiano que pudo ser _____(9) homicida.

B Jacinto y Bárbara tienen cuatro hijos, Pedro, _____(1) mayor, es pilot___(2), Rosalía, _____(3) segunda, es director___(4) de banco, Celia, _____(5) tercera, es biólog___(6) y Carlos, _____(7) último, no hace nada, bueno, sí, está estudiando para ser act___(8).

C _____(1) alcalde de _____(2) ciudad dice que _____(3) motos son _____(4) problema para _____(5) circulación debido a _____(6) velocidad que llevan _____(7) motoristas.

7. He recibido dos faxes de Miguel.
El número

Situaciones

1. Formación del plural

▶ Añadimos *-s* a las palabras que terminan en vocal:
silla → sillas; *golpe → golpes*; *bebé → bebés*; *sofá → sofás*.
Excepción: *no → noes* / letras del abecedario (*a → aes*).

▶ Añadimos *-es* cuando las palabras terminan en consonante, excepto *x* y *t*:
balón → balones; *mayor → mayores*; *reloj → relojes*.
Pero: *clímax → clímax*; *robot → robots*.
Excepción: *fax → faxes*.

▶ A las palabras que terminan en *-í*, *-ú* (*i, u* tónicas) se les suele añadir *-es*, pero algunas forman el plural añadiendo *-s*:
esquí → esquís (o *esquíes*); *tabú → tabúes*; *iraquí → iraquíes*; *menú → menús*.

▶ No cambian:
– Las palabras de más de una sílaba que terminan en vocal no acentuada + *s*:
el / los lunes; *la / las crisis*; *el / los virus*; *la / las dosis…*
– Muchas palabras procedentes del latín o del griego: *ultimátum, réquiem, quórum, déficit, superávit, accésit.*
Sin embargo, las que más se utilizan no son invariables: *álbum → álbumes*;
currículum → currícula / currículos / currículum; referéndum → referendos / referéndum.

2. Plural de palabras compuestas

▶ La mayoría lo hace como una palabra simple:
altavoz → altavoces; *salvoconducto → salvoconductos.*

▶ Si el compuesto es de nombre + nombre se pone en plural el primero:
hombres rana, años luz, perros policía, horas punta, páginas web, bebés probeta, palabras clave, ciudades dormitorio, situaciones límite…

▶ Son invariables los compuestos de verbo + nombre plural: *el / los abrelatas*; *el / los cumpleaños*;
el / los guardaespaldas, pasamontañas, portarretratos, portaviones, quitanieves.

■ Relaciona.

| α |

①  ② ③ ④

a) Hombres rana.
b) Portarretratos.
c) Guardaespaldas.
d) Pasamontañas.
e) Portaviones.
f) Quitanieves.

 ⑤

 ⑥

3. Palabras que se usan sólo en singular o plural

► Las palabras que se refieren a objetos simétricos, en principio deben utilizarse en plural; no obstante, cada vez está más extendido el uso del singular: *los pantalones* (o *el pantalón*); *las tijeras* (o *la tijera*); *los alicates* (o *el alicate*).

► Tenemos una serie de palabras que sólo se utilizan en singular: *caos, gentío, norte, sur, este, oeste, oriente, occidente, levante, ecuador, salud, sed.*

► Otras, sólo se utilizan en plural: *afueras, agujetas, bienes, cosquillas, cimientos, finanzas, honorarios, modales, natillas, tinieblas, vacaciones.*

4. Casos especiales de concordancia

► Palabras como *mayoría, mitad, grupo, parte, resto, tercio, totalidad,* deberían llevar el verbo en singular, pero es frecuente encontrarlo también en plural. Lo mismo ocurre con *alguno / ninguno de*:
La mayoría de los alumnos aprobó aquel examen.

■ Escribe debajo del dibujo el plural de estos nombres: *altavoz, abrelatas, tragaperras, champú anticaspa.*

1. _____   2. _____   3. _____   4. _____

¿Cómo es?

Formación del plural	Cuando la palabra termina en	Ejemplos
+ s	vocal no acentuada	rosa → rosa**s**
	-é	café → café**s**
	-ó	capó → capó**s**
	-t	robot → robot**s**
+ es	consonante (no *x* ni *t*)	calor → calor**es**
	-í	iraquí → iraquí**es**
	-ú	tabú → tabú**es**
Es invariable	vocal no acentuada + s (no monosílabos)	análisis → análisis
	-x	clímax → clímax

Expresiones con palabras que sólo se usan en plural		
De bruces	De veras	En volandas
A rastras	Con creces	A las andadas
A hurtadillas	A sabiendas	A expensas (de otro)

Práctica

A Completa la tabla.

1. camión	*camiones*	11. _____	chalés
2. disfraz	_____	12. iraní	_____
3. mes	_____	13. _____	tesis
4. déficit	_____	14. _____	menús
5. sofá	_____	15. _____	análisis
6. _____	trenes	16. país	_____
7. _____	ballets	17. carné	_____
8. _____	mamás	18. _____	álbumes
9. régimen	_____	19. fax	_____
10. tijera	_____	20. _____	souvenirs

B Completa las frases con palabras de la actividad anterior.

1. Rocío, trae los *álbumes* de fotos, que vamos a enseñárselos a Jorge.

2. Rápido, date prisa, que vamos a perder el _____ para A Coruña.

3. Eugenia debe tener algún problema médico, porque todos los meses se hace un _____ de sangre.

4. Carlos, dice el jefe que tenemos que averiguar por qué hay tantos _____ en las cuentas del mes pasado.

5. Los diferentes _____ políticos de este país no han solucionado los problemas económicos ni sociales.

6. A nosotros nos gusta mucho ir todos los días a ese restaurante porque tiene unos _____ muy variados.

7. Ayer estuvimos viendo un espectáculo de _____ de una compañía rusa y nos pareció soberbio.

8. Julia, tráeme las _____ de cortar el pescado, están en el primer cajón.

9. Eduardo está muy ocupado, este mes de junio tiene que terminar su _____ doctoral.

10. Los dátiles _____ son de los mejores del mundo.

11. Ha llamado un cliente muy enfadado porque dice que ha mandado varios _____ reclamando que le demos de alta en la compañía y no le hemos contestado. ¿Qué le digo?

12. Carlos, no compres ya más _____, tenemos la casa llena de recuerdos de todos los sitios donde vamos, ya no caben más.

C Relaciona.

1. Caerse / Darse de bruces.   a) Hacer algo que ya se había hecho antes.

2. Sentir algo de veras.   b) Caer dándose en la cara.

3. Llevar a alguien en volandas.   c) Lograr algo sobradamente.

4. Volver a las andadas.   d) Hacer algo sabiendo lo que se hace.

5. Hacer algo a hurtadillas.   e) Hacer algo a costa de otra persona.

6. Hacer algo a sabiendas.   f) Hacer algo en secreto, sin que te vean.

7. Hacer algo a rastras.   g) Sentir algo de verdad, sinceramente.

8. Hacer algo a expensas de otro.   h) Llevar a alguien por el aire, sin tocar el suelo.

9. Conseguir algo con creces.   i) Hacer algo obligado.

8. *Hay que ver lo que habla tu mujer.*
Uso y ausencia de artículos. Artículo *lo*

Situaciones

▶ Se usan los artículos determinados (*el, la, los, las*):

a) Cuando hablamos de algo que conocemos o ya se ha mencionado.

*La abuela se ha marchado de vacaciones **al** hotel de **la** playa.*

b) Cuando hablamos de las cosas como un "todo", con nombres no contables y nombres abstractos:

El café me pone nervioso.

*¿En qué año terminó **la** dictadura de Franco?*

▶ Se usan los artículos indeterminados (*un, una, unos, unas*):

a) Cuando hablamos de algo por primera vez: *Estuvimos en **un** hotel precioso.*

b) Con nombres no contables, para hacerlos contables:

*Yo voy a tomar **un** refresco y **una** bolsa de patatas fritas.*

c) Con nombres abstractos que van acompañados de un adjetivo:

Tengo hambre.

*Tengo **un** hambre espantosa.*

▶ No se usa artículo:

Cuando nos referimos sólo a la clase o categoría a la que pertenece el objeto o la persona:

Todavía no tengo coche, quizá el año que viene compre uno.

▶ Usamos el artículo neutro *lo*:

a) Seguido de un adjetivo o un adverbio, para expresar características, cualidades o cantidades:

***Lo** importante es que se haya recuperado después del accidente.*

***Lo** mejor de esa película son los actores.*

b) Para referirnos a una situación, hecho, frase o idea anterior:

*Pregúntale **lo** que pasó ayer en su trabajo.*

c) Para dar énfasis, después de *No te imaginas, No sabes,* etc.:

<u>*No te imaginas*</u> *lo **mal** que **lo** pasamos el otro día en casa de Juan y **lo** que habla su mujer, madre mía, no paró en toda la tarde.*

<u>*No sabes*</u> *lo **lejos** que está el restaurante ese.*

<u>*No puedes imaginarte*</u> *lo **guapa** que es Clara.*

■ Completa con el artículo adecuado. En un caso no es necesario.

1. Ella: *Voy a ponerme* _____ *bufanda, hace* _____ *frío horrible.*
   Él: *Yo nunca llevo* _____ *bufanda, me resulta muy incómodo.*

2. Él: *¿Por qué vamos otra vez a ese restaurante? ¡Con* _____ *poco que me gusta!*
   Ella: _____ *curioso es que fuiste tú* _____ *que hizo* _____ *reserva.*

¿Cómo es?

Artículo lo
lo + adjetivo / adverbio:
Lo barato sale caro.
lo + de:
¿Sabes **lo** de Julio?
lo que:
Lo que dice el periódico no es verdad.

Expresiones
dentro de **lo** posible
en **lo** sucesivo
lo nunca visto
a **lo** lejos
lo antes posible

Práctica

A Forma frases, como en el ejemplo.

1. Mi hijo mayor come mucho.   *No puedes imaginarte lo que come mi hijo mayor.*
2. La novia de Ángel es muy guapa.   _____ .
3. Eduardo y María viven muy lejos.   _____ .
4. Paola y Mario viajan mucho.   _____ .
5. Laura está muy nerviosa por el examen de conducir.   _____ .

6. La hija de Pedro dibuja muy bien. _____.

7. Ernesto conduce fatal. _____.

8. Este autobús es muy lento. _____.

9. Rosalía es muy trabajadora. _____.

B **Completa con el artículo adecuado. En seis ocasiones no hay que poner artículo.**

1. A. ¿Habéis visto la última película de Pedro Almodóvar?

   B. No, pero me gustaría verla, _____ mes pasado vi en vídeo _____ película suya muy interesante, tenía _____ título muy divertido, ¿cómo era? Ah, sí, *Mujeres al borde de* _____ *ataque
   de nervios*.

   A. Sí, _____ mejor de esa película son _____ actrices, hacen _____ interpretación excelente.

2. Yo no uso _____ detergente para lavar la ropa, prefiero _____ jabón, que es más ecológico.

3. A. Tenemos que reservar _____ buen restaurante para _____ cena de Navidad, ¿alguna idea?

   B. _____ domingo fuimos Juan y yo a _____ indonesio que nos gustó mucho, ¿queréis que re-
   serve allí? ¿Os gusta _____ comida indonesia?

4. A. Ayer te invitó Laura a su casa, ¿no? ¿Qué te pareció?

   B. _____ pasamos muy bien. _____ casa no me gustó mucho, hay _____ humedad en _____
   paredes, _____ suelo está muy mal y _____ pintura también, pero bueno, ya sabes lo que
   dice ella, que con _____ poco que gana no puede comprar otra cosa. _____ mejor de todo
   es que tiene _____ luz estupenda porque es _____ último piso.

5. A. ¡Mira _____ tarde que es! Voy a coger _____ taxi y me marcho enseguida.

   B. Pues yo me voy en _____ metro, no tengo dinero para _____ taxis.

6. A. ¿Cuánto paga José de alquiler?

   B. _____ 600 euros. _____ piso está bastante bien, tiene _____ 50 m², pero está en _____
   zona muy céntrica.

   A. Pues es más grande que _____ mío y yo pago más.

7. A. _____ otro día me encontré con Juanjo, no sabes _____ envejecido que está. Casi no tiene
   _____ pelo y ha engordado mucho.

   B. Pues _____ mío es peor, fíjate en _____ delgado que estoy, me voy a quedar en _____ huesos.

8. Mi hijo mayor estudia _____ Medicina en la Universidad Complutense. Dice que es _____
   carrera muy difícil y que tardará siete u ocho años en terminarla.

9. A. Ayer vi a María con su nuevo novio, no te imaginas _____ guapo que es, _____ bien que habla, _____ simpático que parece... ¡Menuda suerte!

   B. Pues tiene _____ que se merece, porque ella también es estupenda.

10. A. ¿Te gusta este pantalón?

B. Sí, pero _____ blanco se ensucia enseguida, ¿por qué no te compras otro? Mira, _____ rojo que tiene esa señora es muy bonito.

A. No, yo prefiero _____ blanco.

B. Haz _____ que quieras pero luego no digas _____ de siempre, que no te avisé.

C **Relaciona las dos partes de estos refranes tradicionales españoles.**

1. Lo bueno, si breve,   a) lo que puedas hacer hoy.

2. Lo que mal empieza,   b) sale caro.

3. Lo barato   c) dos veces bueno.

4. Lo mejor   d) todo lo que reluce.

5. No quieras para los demás   e) mal acaba.

6. No dejes para mañana   f) está por llegar.

7. No es oro   g) lo que no quieras para ti.

D **Completa con el artículo adecuado. En un caso no es necesario ponerlo.**

El día en que lo iban a matar, Santiago Nasar se levantó a las 5.30 de _____ (1) mañana para esperar _____ (2) buque en que llegaba el obispo. Había soñado que atravesaba _____ (3) bosque de higuerones donde caía _____ (4) llovizna tierna, y por _____ (5) instante fue feliz en _____ (6) sueño, pero al despertar se sintió por completo salpicado de cagada de pájaros. "Siempre soñaba con _____ (7) árboles", me dijo Plácida Linero, su madre, evocando 27 años después _____ (8) pormenores de aquel lunes ingrato.

"_____ (9) semana anterior había soñado que iba solo en _____ (10) avión de papel de estaño que volaba sin tropezar por entre _____ (11) almendros", me dijo. Tenía una reputación muy bien ganada de intérprete certera de _____ (12) sueños ajenos, siempre que se los contaran en ayunas, pero no había advertido ningún augurio aciago en esos dos sueños de su hijo, ni en _____ (13) otros sueños con árboles que él le había contado en _____ (14) mañanas que precedieron a su muerte.

Tampoco Santiago Nasar reconoció _____ (15) presagio.

Gabriel García Márquez, *Crónica de una muerte anunciada*

9. *Se comió él solo toda la paella.*
Pronombres personales

Situaciones

1. *Quedar / Quedarse*

▶ Muchos verbos cambian parcial o totalmente de significado si se emplean con pronombre o sin él.

A. *¿Has escrito a la aseguradora?* B. *No, no **me he acordado**. Escribiré ahora.* (acordarse de)

*Los abogados de las dos partes **acordaron** suspender las negociaciones por unos días.* (acordar)

2. *Se me ha olvidado telefonear a mi jefe*

▶ Con la estructura *se + me / te / le / nos / os / les*, el hablante quiere expresar la involuntariedad del sujeto en la acción verbal.

He olvidado *las llaves en casa.* (= asumo toda la responsabilidad del olvido)

Se me han olvidado *las llaves en casa.* (= a pesar de mi voluntad)

3. Pronombres reflexivos para enfatizar la acción

a) *Comerse un bocadillo*

▶ Se utilizan los pronombres reflexivos (*me, te, se, nos, os, se*) en ocasiones para enfatizar la cantidad expresada por el objeto o simplemente para subrayar la acción expresada por el verbo.

*Para de comer, hijo, ya **te has comido** diez chuletas. Te vas a poner enfermo.*

*¿Quién **se ha comido** mi bocadillo? Lo dejé aquí encima y ahora no está.*

*¿Sabes? Jaime y Paloma **se han comprado** un apartamento en la playa, al lado de Benidorm.*

La supresión del pronombre en estos casos produce frases que suenan extrañas a los nativos, pero no son incorrectas. Ejemplos de verbos que admiten esta construcción son: *beber(se), tomar(se), gastar(se), leer(se), estudiar(se), aprender(se), comprar(se).*

b) *Ir / irse venir / venirse salir / salirse dormir / dormirse*

▶ Con verbos de movimiento o actividades, el uso de los pronombres reflexivos quiere subrayar el proceso, más que el resultado de la acción.

*El tren **salió** a las siete en punto.*

*Roberto **se salió** del cine porque se encontraba mal.*

4. Pronombres redundantes

▶ Si el objeto directo o el indirecto aparecen en la información antes del verbo, es obligatorio incluir también el pronombre correspondiente antes del verbo.

Esta película ya *la he visto tres veces.*

¿A vosotros no *os parece bien que vayamos al Museo antes de comer?*

▶ También es habitual duplicar el objeto indirecto.

Me lo han dicho a mí.

Dásela a María.

¿Les has preguntado a los chicos si quieren venir al cine?

■ Relaciona las frases con las imágenes.

1. *Elena rompió el jarrón en una discusión con su marido.* _c_

2. *El jarrón se rompió con el aire.* _____

3. *A Natalia se le rompió el jarrón cuando estaba limpiándole el polvo.* _____

Práctica

A Elige la forma adecuada.

1. Julián __b__ muy bien el tiempo que estuvo en Vietnam: aprendió el idioma y se casó con una vietnamita.

    a) se aprovechó de   b) aprovechó

2. A sus padres no _____ nada bien que se fuera a vivir con su novio antes de casarse.

    a) les sentó   b) se sentaron

3. Como no tenía dinero, no tuvo más remedio que _____ el reloj de oro de su abuelo.

    a) empeñarse en   b) empeñar

4. Yo creo que los jóvenes de ahora _____ de la política más que antes.

    a) se pasan   b) pasan

5. El otro día _____ con Ernesto en el autobús y me dijo que te diera recuerdos.

    a) me encontré   b) encontré

6. Por favor, no _____ ahí, es el lugar de la profesora.

    a) sientes   b) te sientes

7. Al final, ¿en qué _____ con Antonio? ¿Vamos o no a la playa?

    a) te has quedado   b) has quedado

8. ¿Qué _____ en el bolsillo?

    a) le llevas   b) llevas

9. Mi hermano _____ tres años.

    a) me lleva   b) se lleva

10. Juan no quería estudiar Derecho, pero su padre _____ y tuvo que hacerle caso.

    a) empeñó   b) se empeñó

B **Sustituye las palabras subrayadas por el pronombre correspondiente para que las frases sean correctas. Ten cuidado con la posición de los pronombres.**

1. A. ¿Diga?

    B. Hola, Julia, tu madre está en la oficina y no tiene las llaves

    de casa, tienes que llevar <u>las llaves</u> <u>a tu madre</u> antes de las cuatro, ¿vale?   *se* *las*

    A. Vale, papá, no te preocupes, llevaré <u>las llaves</u> <u>a mi madre</u>.   _____

2. ¿Le has dado las fotos a Paco? Te dije que le dieras <u>las fotos</u> <u>a Paco</u>.   _____

3. El otro día llevaba la cartera en el bolsillo de atrás y me robaron
    <u>la cartera</u>. Tengo que ir a la comisaría a denunciar el robo.   _____

4. A. ¿Le has enviado los libros a Rocío?

    B. No, le enviaré <u>los libros</u> <u>a Rocío</u> mañana, hoy no puedo.   _____

5. A. ¡Vaya restaurante tan malo! ¿Quién ha recomendado <u>a ti</u> <u>este restaurante</u>?   _____

    B. Recomendó <u>a mí</u> <u>este restaurante</u> Susana. Dijo <u>a mí</u> que era muy bueno.   _____

6. A. Paloma, Rosa dice que quiere ver <u>a ti</u>.   _____

    B. Sí, pero yo no quiero ver <u>a Rosa</u>, estoy enfadada con ella.   _____

7. A. Pedro, ¿dónde está mi diccionario de inglés?

    B. Le presté <u>tu diccionario de inglés</u> <u>a Joaquín</u>.   _____

    A. Pues pídele <u>el diccionario de inglés</u> <u>a Joaquín</u> porque lo necesito yo.   _____

8. A. ¿Le has dado <u>las llaves de la casa de la playa</u> <u>a tu hermano</u>?   _____

    B. No, no he visto <u>a mi hermano</u> desde el viernes.   _____

    A. Pues da <u>las llaves de la casa</u> <u>a tu hermano</u> cuando venga esta tarde.   _____

C En todas las frases hay un error o falta un pronombre. Encuéntralo y corrígelo.

1. Jacinto recogió los platos sucios y llevó a la cocina.   *y los llevó*

2. Olalla fue a EE UU a estudiar el bachillerato y ya no volvió a España.   _____

3. Rafa y Mayte compraron un coche a su hijo porque acabó los estudios
   con muy buenas notas.   _____

4. ¿A quién se ha ocurrido aparcar ese camión aquí? No podemos pasar.   _____

5. El director general de industria que visitó la fábrica le interesó por
   los procesos de producción de maquinaria agrícola.   _____

6. ¿Has preguntado a Roberto que si va a venir con nosotros al fútbol?   _____

7. Paola es la mayor, se lleva tres años a Pablo.   _____

8. ¿Has llevado las camisas a Luisa para que las planche?   _____

9. ¿Te has dado cuenta de que Diego parece mucho a su padre?   _____

10. Yo no sé si Juan estudia algo, le pasa todo el día en el ordenador.   _____

11. El domingo nos salimos de casa con retraso y llegamos tarde al aeropuerto. _____

12. No tenemos agua porque ayer alguien bebió la última que quedaba.   _____

13. Mi vecino es ludópata. Todos los fines de semana va al casino y gasta el
    sueldo en jugar.   _____

14. ¿A ti parece bien que Ángel se vaya todos los sábados a jugar al casino?   _____

15. Yo, a mis amigos no llamo todos los días, pero les escribo correos y estoy
    pendiente de ellos.   _____

16. Este libro no te lo lleves, por favor, no he leído todavía.   _____

17. Nos quedamos con Alex y Elena en vernos el día de Navidad, pero al final
    no pudimos vernos porque Alex se puso enfermo.   _____

18. Natalia y Tatiana tenían que arreglar papeles para ir a EE UU y arreglaron
    gracias a un amigo en la embajada.   _____

19. Para Navidad a la profesora de religión regalaron una *Biblia* en piel.   _____

20. A los chicos se explicó la situación económica de la familia cuando
    terminaron de cenar.   _____

D Completa las conversaciones con los verbos del recuadro y los pronombres correspondientes. Recuerda que necesitas siempre dos pronombres: *se + me / te / le / nos / os / les.*

estropear (2)	olvidar (4)	perder (2)	pasar	escapar

Ana: Hola, Carlos, ¿qué tal el día?

Carlos: ¿El día? Mejor no hablar. Ha sido un desastre. Nada más salir de casa *se me ha estropeado* [(1)] el coche, y he tenido que llamar a la grúa. Quería llamar al jefe para decirle que iba a llegar tarde, y resulta que _____ [(2)] coger el móvil de casa. Luego _____ [(3)] el autobús de las once y diez y he llegado al trabajo tardísimo, el jefe estaba hecho una furia, claro.

Ana: Bueno, chico, descansa, mañana será otro día.

Celia: Laura, ¿qué te pasa?, ¿no tienes nada que hacer?

Laura: Pues sí, tengo un montón de cosas que hacer, lo que pasa es que _____ [(4)] las gafas en casa y no veo nada, también _____ [(5)] el ordenador y encima, _____ [(6)] un informe muy importante que tengo que entregarle a Rodrigo esta tarde.

Celia: Lo mejor es que tomes un vaso de agua y respires hondo, ya verás como todo se arregla.

Andrés: ¿Tú sabes qué le pasa a Óscar? Está un poco raro.

Diego: Pues no sé, pero yo creo que está enamorado. Últimamente he visto que _____ [(7)] lo que le digo y no me llama. El otro día _____ [(8)] que teníamos un examen y no lo hizo. También _____ [(9)] los apuntes, no sabe dónde los tiene.

Andrés: Pues a ver si _____ [(10)] pronto, si no, va a acabar mal.

E Relaciona las dos partes.

1. Olvidó
2. Ella nunca se olvida

a) de llamar a sus amigos por su cumpleaños.
b) el móvil en la mesilla de noche.

1. Enrique sale
2. Enrique siempre se sale

a) de la oficina a las siete.
b) por la puerta de atrás.

1. El año pasado fuimos
2. Nos fuimos del teatro

a) en cuanto acabó la función.
b) a Viena a conocer a sus padres.

1. La gente todavía se ríe
2. La gente está harta y ya no le ríe

a) de las películas de Charlot.
b) los chistes a Fernando.

1. Hasta ahora se ha tomado
2. Eduardo nunca ha tomado

a) antibióticos.
b) lo que le ha mandado el médico.

F **Completa el cuento con los pronombres correspondientes.**

La gallina (cuento popular de Chile)

Pues andaba un día por ahí Pedro Urdemales cuando _se_ (1) compró una gallina muy bonita. Pero como tuvo que salir de viaje, ____(2) ____(3) dejó al rey para que ____(4) cuidara. El rey ____(5) llevó al gallinero.

A los pocos días, la princesa ____(6) vio, y ____(7) pareció tan hermosa y apetitosa que ____(8) entraron ganas de comér____(9) ____(10). El rey ____(11) dijo que no era de ellos, y que mejor eligiera otra de las que había en el gallinero. Pero la princesa se encaprichó de esa y dijo que, o ____(12) comía esa gallina o no comería nada hasta morir de hambre. La llantina fue tan grande que el rey, que no podía ver sufrir a su hijita, aceptó matar a la gallina de Urdemales, y la princesa ____(13) ____(14) comió hecha estofado.

Pasó algún tiempo cuando Pedro Urdemales regresó para buscar su gallina y ____(15) encontró con que ____(16) ____(17) había comido la hija del rey. Cuando ____(18) reclamó, el rey ____(19) ofreció pagár____(20) ____(21) a muy buen precio, pero Pedro vio la oportunidad de hacer un buen negocio y no aceptó.

—O me dan la gallina, o ____(22) llevo a la princesa que ____(23) ____(24) comió.

Y así ____(25) empeñó y reclamó hasta que el rey ____(26) entregó a la princesa.

Pedro ____(27) metió en un saco, ____(28) ____(29) echó al hombro y ____(30) largó por esos mundos hasta que, después de mucho andar llegó a una cabaña donde vivía una viejecita.

—Señora, ¿tiene usted un poco de agua para este viajero? –____(31) preguntó.

—Toma esta calabaza y acérca ____(32) hasta el arroyo que no corre lejos de aquí. –____(33) respondió ella.

Pedro dejó el saco y ____(34) dirigió al arroyo, momento que la viejecita, que era muy curiosa, aprovechó para mirar lo que llevaba en el saco.

Al abrirlo, reconoció a la princesa y decidió cambiar____(35) por un perro muy bravo que tenía. Escondió a la princesa y, cuando llegó Pedro, ____(36) hizo la inocente.

Pedro regresó, ____(37) dio las gracias y ____(38) echó el saco al hombro para proseguir su viaje.

Mientras caminaba, el perro ____(39) movía en el saco, y Pedro ____(40) decía:

—Ya, no ____(41) inquietes, que pronto vamos a llegar y verás como ____(42) gustará.

Y así todo el viaje.

Por fin llegaron a la casa de Pedro, y cuando éste abrió el saco, el perro bravo saltó, ____(43) mordió las pantorrillas y escapó.

A Pedro ____(44) dio mucha rabia y tristeza, pues lo que creía un buen negocio se convirtió en la burla de una vieja.

Y cuentan los que lo saben que ____(45) entró tanta pena que hasta murió.

Cuentos y leyendas hispanoamericanos, ANAYA

10. *Por mí, que diga lo que quiera.*
Preposiciones

Situaciones

1. Se utiliza la preposición *a* para:

► Introducir el complemento directo de persona: *Vimos **a** tu hermana en el cine.*

► Introducir el complemento indirecto: *No les des eso **a** los niños.*

► Indicar tiempo: *Nos vamos, Juan, volveremos **a** las 3.*

► Indicar lugar:
   – Dirección: *¿**A** dónde vamos?*
   – ***A** la derecha, **a** la izquierda, **al** norte, **al** sur, **a** la salida, **a** las afueras.*

► Con el verbo *estar* + una cantidad: *Hoy <u>estamos</u> **a** 20 de enero. / <u>Estamos</u> **a** 30 kilómetros de Valencia. / ¿**A** cuánto <u>están</u> las naranjas?*

2. Utilizamos la preposición *con* para indicar:

► Compañía: *¿**Con** quién vas al cine?*

► Medio o instrumento: *Lo puso **con** un martillo y unos clavos.*

► Modo: *Hazlo **con** más cuidado, por favor.*

3. Utilizamos la preposición *de* para indicar:

► Origen: *Mi profesora es **de** Buenos Aires.*

► Tipo, materia, contenido: *Un vestido **de** fiesta, una mesa **de** madera, una lata **de** sardinas.*

► Posesión, autoría: *¿**De** quién es este bolso? / Ese libro es **de** García Márquez.*

► Causa: *Llorar **de** alegría, morirse **de** pena, gritar **de** rabia.*

4. Se usa *durante* para:

► Indicar duración: ***Durante** el año pasado se han vendido más coches que en los dos años anteriores.*

5. Se usa *en* para expresar:

► Lugar: *¿Comemos mañana **en** tu casa? / Los platos están **en** la mesa.*

► Tiempo: *En esa época yo no tenía trabajo. / Vuelvo en 5 minutos.*

► Medio de transporte: *¿Vas al trabajo en autobús?*

► Modo: *Hablar en alto. / Estar en silencio. / Ir en pantalón corto.*

6. Se usa *por* para:

► Indicar medio: *Por fax, por teléfono, por correo.*

► Indicar razón, causa: *Te pasan esas cosas por ser tan confiada. / Gracias por venir.*

► Tiempo aproximado o parte del día: *Me cambié de casa por mayo. / Por la mañana, por la tarde, por la noche.*

► Indicar lugar: *Cruza por el paso de peatones, es menos peligroso. / Me encanta pasear por El Retiro.*

► Delante del complemento agente de construcciones pasivas: *El ladrón fue descubierto por unos niños que jugaban a la puerta del edificio.*

► Puede equivaler a *sin*: *No te vayas, queda mucho por hacer.*

7. Se usa *para*:

► Para indicar finalidad: *He venido a España para encontrar un trabajo mejor.*

► Para indicar tiempo: *Lo tendré terminado para el viernes.*

► Para expresar lugar con verbos de movimiento, dirección o destino: *Voy para el barrio, ¿quieres que te lleve?*

8. *Por mí / Para mí*:

► *Por mí* antes de una opinión equivale a "me da igual": *Por mí, que diga lo que quiera, no me importa su opinión.*

► Con *para mí* el hablante expresa una opinión desde su punto de vista: *Para mí, que Juan está mintiendo, lo veo en su cara.*

■ Completa con la preposición adecuada:

1. *Ábrelo* __con__ *cuidado, no quiero que se rompa.*

2. *No hables tanto, en el cine hay que estar* __en__ *silencio.*

3. *No quiero que veas más esas pelícu-las, después no puedes dormir porque te mueres* __de__ *miedo.*

4. A. *¿Sabes que Joaquín no va a venir a tu cumpleaños?*

   B. __Por__ *mí, como si no vuelvo a verlo, me importa muy poco.*

¿Cómo es?

Verbos con preposición

alegrarse **de** / **por** algo	divorciarse **de** alguien
asustarse **de** / **por** algo	encontrarse **con** / **a** alguien
atreverse **a** hacer algo	enfadarse **con** alguien **por** algo
avisar **a** alguien **de** algo	hablar **de** algo **con** alguien
coincidir **con** alguien **en** algo	luchar **por** algo
comenzar **a** hacer algo	pedir algo **a** alguien
confiar **en** alguien	perdonar **a** alguien
chocarse **con** / **contra** algo	obligar **a** alguien **a** hacer algo
cruzarse **con** alguien	quedar **con** alguien **en** un sitio **para** hacer algo.
dedicarse **a** alguien / hacer algo	quedar **en** algo
despedirse **de** alguien	quejarse **de** / **por** algo
discutir **con** alguien **de** / **por** algo	saludar **a** alguien
disculparse **con** alguien **por** algo	

Expresiones con preposición

a causa de	a fuerza de
a principios de	a lo largo de
a mediados de	a partir de
a finales de	a excepción de
a favor de	

A Completa con la preposición adecuada.

1. A. ¿Por qué estás tan enfadado con Antonio?

   B. Pues mira, me encontré _____ él _____ la calle, estaba _____ dos metros de mí y ni siquiera me saludó.

   A. ¿Y tú lo saludaste _____ él?

   B. Pues no, pero estaba seguro _____ que él lo haría primero.

2. El hermano _____ Jaime empezó a trabajar _____ una empresa _____ transportes y _____ poco tiempo lo despidieron _____ tener ninguna razón.

3. A. ¿Has visto _____ Elena últimamente?

   B. Sí, hablé _____ ella ayer, me dijo que va a invitarte _____ la fiesta _____ cumpleaños _____ su hija mayor.

4. La empleada _de_ correos le entregó el paquete _a_ la vecina _de_ el quinto, pero ella le contó _a_ la policía que no había estado _en_ casa _en_ todo el día. Sin embargo, unos niños la vieron _en_ la terraza regando las plantas, aproximadamente _a_ las 12 _de_ el mediodía. Esa fue la razón _por_ la que la policía decidió interrogar _a_ la vecina _en_ la comisaría.

5. No me gusta su forma _de_ trabajar, lo hace todo _de_ prisas, _sin_ fijarse, _sin_ importarle nada. No me extraña que el jefe esté harto _de_ él.

6. A. ¿Has avisado ya _a_ la canguro _de_ que venga esta noche?

   B. No, se lo he dicho _a_ mi hermana y me ha prometido que vendría _en_ media hora.

7. Pasear _por_ la playa _al_ anochecer, _sin_ cruzarme _con_ nadie, es lo que más me gusta _de_ verano.

8. A. ¿Sabes que Paula ha discutido _con_ Sergio y han dejado _de_ salir juntos?

   B. _Por_ mí como si no vuelven a verse, estoy cansada _de_ sus peleas.

9. Iba _a_ 100 por hora, _sin_ el cinturón, y cuando frenó se dio un golpe tremendo _con/a_ el cristal. Además, poco antes le habían puesto una multa _por_ aparcar _en_ doble fila.

10. A. ¿_Por_ dónde vas _a_ Zamora?

    B. Esta vez iré _por_ Salamanca, es un poco más largo pero tengo que pasar _por_ ahí _para_ ver _a_ mis suegros.

11. A. ¿_Para_ quién es este regalo?

    B. Es _para_ María, se lo compré _por_ aprobar todas las asignaturas en junio.

12. A. ¿Cuándo vas a terminar el trabajo __de__ la facultad?

B. Lo tendré terminado __para__ el viernes, así que si quieres podemos quedar el sábado.

A. __Para__ mí que no lo terminas ni el domingo. Tú no sabes lo largo que es.

13. A. Pepe, ¿qué te queda? ¿Cuándo nos vemos?

B. Dentro __de__ media hora, me quedan 3 camisas __por__ planchar.

14. Los vigilantes de seguridad discutieron __con__ el jefe porque quiso obligarlos __a__ trabajar más horas de las que les corresponden. Dos días después se disculpó __con__ ellos porque lo amenazaron __con__ convocar una huelga si no respetaba sus derechos.

B **Selecciona la opción correcta.**

1. Iremos a veros *a finales de / a través de* noviembre, seguramente el último fin de semana.

2. Lleva la blusa tan ajustada que parece que está *a punto de / a favor de* estallar.

3. No me gusta cómo te comportas con Juan, *a costa de / en vez de* tranquilizarlo, lo pones mucho más nervioso.

4. La ingresaron *a causa del / a partir del* alcohol, pero poco después descubrieron que tenía una enfermedad muy grave.

5. *A fuerza de / A lo largo de* los años he aprendido que es mejor conservar los pocos amigos que tienes que intentar encontrar otros nuevos.

6. Llegamos al aeropuerto después de los atentados, *en medio de / a mediados de* grandes medidas de seguridad.

7. Alberto votó *a favor del / en torno al* partido del gobierno porque le dan miedo los cambios.

C **Los verbos *quedar* o *quedarse* admiten varias preposiciones. Completa las frases siguientes con las preposiciones correspondientes.**

1. El perro no se movió, se quedó __en__ la puerta del bar __hasta__ que su dueño salió.

2. Rafa, he llamado a Mayte y hemos quedado __en__ que iremos juntos __a__ Guadalajara y allí nos separaremos.

3. Lo siento, Paola, no puedo salir contigo porque he quedado ya __con__ Adela __para__ ir __de__ compras.

4. A. Jaime, ¿__por__ qué has quedado __con__ Celia?

B. __Por__ que nosotros vamos __en__ el coche y ellos van __en__ autobús.

A. Y ¿__a__ qué hora has quedado?

B. __A__ las 8 __en__ la puerta del Ayuntamiento __de__ el pueblo.

D Completa estas citas con la preposición adecuada.

Es difícil decir quién nos hace _en_ (1) la vida más daño, si nuestros enemigos _con_ (2) su peor intención, o nuestros amigos _con_ (3) la mejor.

Bulwer-Lytton

La sal _de_ (4) la vida es la amistad.

Vives

Los amigos, como los dientes, los vamos perdiendo _con_ (5) los años, no siempre _sin_ (6) dolor.

Cajal

La amistad es un comercio _de_ (7) interés _entre_ (8) iguales.

Goldsmith

Debes reprender _en_ (9) secreto _a_ (10) tu amigo y alabarlo _en_ (11) público.

Vinci

El que busca un amigo _sin_ (12) defectos se queda _sin_ (13) amigos.

Proverbio turco

Cuando la pobreza entra _por_ (14) la puerta, el amor se escapa saltando _por_ (15) la ventana.

Fuller

Hay que ser un artista para comprender _a_ (16) otro. Los críticos _de_ (17) arte no se parecen _a_ (18) los grandes pintores.

Norman Mailer

El misterio _de_ (19) amor es más profundo que el misterio _de_ (20) la muerte.

Oscar Wilde

Me gusta la fiesta cuando no obliga _a_ (21) los amigos, _a_ (22) la mañana siguiente, _a_ (23) mirarse avergonzados.

Walton

Yo no enseño _a_ (24) quien no se esfuerza _en_ (25) comprender.

Confucio

53

Repaso II

A **Completa las frases con las palabras de los recuadros.**

| lo necesario | lo posible | lo suficiente | lo imprescindible | lo justo |

1. A. ¿Puedo usar tu tarjeta de crédito? Tengo que comprar unos libros.

   B. Vale, pero gasta sólo *lo necesario*, este mes estamos un poco mal de dinero.

2. A. ¿Qué te pasa? Tienes muy mala cara.

   B. Es que últimamente no duermo _____, me acuesto muy tarde y tengo que levantarme demasiado temprano.

3. Qué suerte tiene Elena, estudia sólo _____ para aprobar y siempre tiene suerte, sin embargo, yo, me paso la vida estudiando y mira, acabo suspendiendo.

4. A. Creo que no voy a poder ir a casa en Navidad, mamá, tengo mucho trabajo.

   B. Haz todo _____, cariño, a tu padre y a mí nos haría mucha ilusión.

5. Joaquín no quiere trabajar más horas en la oficina, no le interesa ganar más dinero, prefiere tener sólo _____ para vivir y disfrutar de todo su tiempo libre.

| lo antes posible | en lo sucesivo | en lo posible | a lo lejos | a lo largo de |

6. Ven, corre, _____ se ve una luz, creo que es una casa, por fin podremos pedir ayuda.

7. A. El médico le puso un tratamiento pero también le advirtió de que _____ debería cuidarse más, comer mejor y hacer algo de ejercicio.

   B. ¿Y qué le dijo del tabaco?

   A. Que tenía que dejarlo _____ si no quería volver a tener otro infarto.

8. Volveremos a Barcelona el domingo por la mañana para evitar, _____, el tráfico de la vuelta del fin de semana.

9. El accidente tuvo lugar en uno de los puntos negros de la Nacional IV. _____ este año son ya más de 13 las personas que han muerto en esa carretera.

B **Completa con el pronombre *(me, te, le, nos, os, les, se)*.**

1. Yo no *me* molesto cuando me dicen cosas desagradables si es un amigo sincero.

2. No _____ quejes tanto, tienes una vida de lujo.

3. ¿A ti no _____ da lástima de ese niño, tan joven y trabajando?

4. Su profesor, cuando _____ enteró de la noticia, _____ alegró un montón.

5. ¿No _____ dais cuenta de que estáis haciendo mucho ruido y son las dos de la mañana?

6. Parece que a nuestros jefes sólo _____ preocupa la productividad, pero no _____ importa si estamos bien de salud o no.

7. No sé qué _____ pasa a Pilar, todo lo que le digo _____ molesta.

8. A. ¿Qué tal está Eduardo? B. Regular, ya sabes que _____ deprimió bastante cuando lo dejó Marisol.

9. Yo creo que a tus padres _____ molestó lo que _____ dijiste el otro día.

10. A. ¿Sabes? He terminado mis estudios. B. Enhorabuena, _____ alegro un montón.

11. A. ¿Qué te parece Roberto? B. A mí _____ cae bien, ¿y a ti?

12. Miguel, no comas más carne, que no _____ sienta bien.

13. A. ¿Qué _____ pasa?, tienes mala cara. B. No _____ siento bien, creo que tengo fiebre.

14. A. Estoy harta del director comercial. B. ¿Y eso? A. _____ pasa todo el día quejándo_____ de todo.

15. Elena _____ ha comido ella sola todos los pasteles.

C **En cada una de las frases siguientes falta uno o dos pronombres. Escríbelos en el lugar adecuado.**

1. A Jorge *le* aburren los dibujos animados.

2. Andrés relaja jugando al pádel con sus socios del bufete.

3. Alguna gente divierte con las películas violentas, pero yo no.

4. He dormido sólo cuatro horas y estoy que no tengo en pie.

5. Rosalía es muy susceptible, molesta con cualquier cosa.

6. Daos prisa, va a hacer tarde y vas a perder el tren.

7. Todos los compañeros sorprendimos mucho cuando Eduardo dejó el trabajo.

8. Ha ganado el premio de poesía y ha subido la fama a la cabeza.

D **En el texto que sigue hemos eliminado las preposiciones. Escríbelas de nuevo.**

Tendrá casas bioclimáticas y paneles solares
Nace el ecopueblo

Un pequeño municipio *de* [1] Segovia, _____ [2] 500 habitantes, se convertirá _____ [3] la única localidad española sostenible. La construcción _____ [4] 243 viviendas bioclimáticas _____ [5] el municipio, que ocuparán 93.000 m², se realizará dentro _____ [6] dos años. La ciudad aprovechará el agua _____ [7] lluvia, se construirá _____ [8] materiales reutilizables, se abastecerá _____ [9] energía solar fotovoltaica y, _____ [10] si fuera poco, reciclarán sus desechos.

Este proyecto, financiado _____ [11] la Unión Europea y varias empresas, fue _____ [12] parar a Bernuy _____ [13] su ubicación, cercana _____ [14] la capital, y su clima, que puede variar _____ [15] invierno _____ [16] verano _____ [17] casi 50 grados.

Muy Interesante

11. ¿A cuánto están hoy las peras?
Ser y estar

Situaciones

▶ **Se usa el verbo *ser* para:**

a) Identificar, definir:

*¿Esa **es** tu profesora? / José Carlos siempre **ha sido** de derechas.*

b) Hablar del tiempo: fechas, horas.

*Hoy **es** lunes. / **Es** invierno.*

Pero si lo decimos en plural utilizamos *estar*:

***Estamos** a lunes. / **Estamos** en invierno.*

c) Indicar el precio o la cantidad cuando se piensa que es fijo:

*A. ¿Cuánto es? B. **Son** 25 euros. / En clase **somos** 25 alumnos.*

Utilizamos *estar* para expresar que es un precio que puede cambiar:

*A. ¿A cuánto **están** hoy las peras? B. A 3 euros el kilo.*

d) Localizar temporal o espacialmente acontecimientos:

*El examen de gramática **fue** el martes. / El concierto **será** en el Auditorio Nacional.*

e) Indicar dirección:

*No **es** por esa calle, **es** por la otra, la de la farmacia.*

▶ **Se usa el verbo *estar* para:**

a) Hablar de la posición o el lugar de personas o de objetos:

*Los pantalones **están** en el armario. / Juanjo **está** sentado en el sofá.*

b) Expresar estados de ánimo:

***Está** enfadado desde que le dijiste que no viniera.*

c) Expresar algunos estados (aunque a veces sean permanentes): ***estar** embarazada, **estar** lleno / vacío, **estar** vivo / muerto, **estar** enfermo, **estar** preso.*

d) Hablar de ocupaciones más o menos temporales.

*Mi marido es economista, pero **está** de director de un coro porque también sabe música.*

¿SER o ESTAR?

▶ Muchos adjetivos cambian parcial o totalmente de significado si se utilizan con *ser* o *estar*.

*Hacer siempre lo mismo **es** aburrido.*

*A. Mamá, **estoy** aburrido, ¿qué hago? B. Pues lee un libro, tienes muchos.*

▶ Otras veces, al utilizar el mismo adjetivo con *ser* o *estar* diferenciamos entre una característica propia del sujeto y un estado temporal.

*El hijo de Marisa **es** muy alto, mide 1,87.* — medir.

*¡Qué alto **está** el hijo de Olga, tiene 12 años y ya mide 1,60!*

▶ Podemos usar *ser* o *estar* indistintamente con adjetivos como *soltero, casado, divorciado, viudo.*
Pero si especificamos con quién, tenemos que usar *estar: Mi vecino **está** casado con una actriz muy famosa, esa que **está** divorciada del presentador de televisión.*

▶ También podemos usar *ser* o *estar* con los adjetivos *sordo, ciego, mudo, cojo.*
***Está / Es** ciego desde que nació.*

■ Completa con el verbo *ser* o *estar* en el tiempo adecuado.

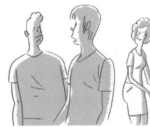

1. *¿Estás seguro de que _____ es _____ por aquí?*
¿No nos hemos equivocado otra vez?

2. A. *¿Qué día _____ es _____ hoy, 20 o 21?*
B. *No sé… ¿A cuántos _____ estamos _____ hoy, Carmen?*
C. *A 21 de enero.*

¿Cómo es?

Algunos adjetivos y expresiones que cambian de significado

Ser abierto = extrovertido.	/	*Estar abierto* = no estar cerrado.
Ser cerrado = reservado.	/	*Estar cerrado* = no estar abierto.
Ser despierto = inteligente.	/	*Estar despierto* = no estar dormido.
Ser rico = tener dinero.	/	*Estar rico* = apetitoso.
Ser atento = cortés.	/	*Estar atento* = escuchar.
Ser fresco = sinvergüenza / reciente.	/	*Estar fresco* = frío.
Ser negro = color, raza.	/	*Estar negro* = muy enfadado.
Ser bueno = bondadoso / de calidad.	/	*Estar bueno* = apetitoso / atractivo.
Ser aburrido = que aburre.	/	*Estar aburrido* = que no se divierte.
Ser interesado = egoísta.	/	*Estar interesado* = tiene interés en algo.
Ser parado = tímido.	/	*Estar parado* = no trabaja / no se mueve.
Ser verde = color / obsceno.	/	*Estar verde* = inmaduro.
Ser vivo = listo.	/	*Estar vivo* = no estar muerto.

Práctica

A Subraya la opción correcta (en dos oraciones son posibles las dos opciones).

1. A. ¡Eh, Belén! Mira, ahí *es / está* tu prima. ¿La ves?

   B. Sí, sí, no hace falta que grites tanto, que no *soy / estoy* sorda.

2. A. Son más de las 9 y todavía no *sois / estáis* listas, no vamos a llegar a tiempo al concierto.

   B. Ve tú primero y saca las entradas. Dime dónde *es / está* y nosotras tomamos un taxi.

   A. No, mejor os espero, mamá ya *es / está* vestida, ¿a ti te falta mucho?

3. No hagas tanto ruido, los niños no *son / están* despiertos.

4. Mira esa niña, qué despierta *es / está* para la edad que tiene.

5. A. ¿*Eres / Estás* enfadado porque no te acompañé a la cena de la empresa?

   B. Enfadado no, pero sí *soy / estoy* un poco molesto, yo siempre te acompaño a ti.

6. A. No sé por qué la gente come tantas palomitas y golosinas en el cine, *es / está* muy molesto escuchar esos ruiditos de fondo.

   B. No *seas / estés* exagerado, hombre, apenas se oye nada.

7. El profesor nuevo *es / está* muy inteligente, pero siempre se le olvida algo: el libro, el abrigo; se deja las gafas en cualquier sitio, no sé cómo puede *ser / estar* tan despistado.

8. A. ¿Vamos a esa tienda o *eres / estás* ya muy cansada?

   B. Perdona, ¿qué dices? Es que *era / estaba* despistada y no te he escuchado.

9. A. La película *es / está* aburrida y lenta, ¿no te parece?

   B. Sí, el guión *es / está* muy malo y los actores no *son / están* nada profesionales.

10. *Soy / Estoy* aburrido, ¿por qué no salimos a dar una vuelta?

11. La manifestación contra la ley antitabaco *será / estará* en el P.º de la Castellana.

12. A. ¿*Es / Está* cierto que tu antiguo novio *es / está* casado con la chica rubia que sale en el anuncio de yogures?

    B. No sé la chica, pero mi antiguo novio *es / está* soltero, no le gusta el compromiso.

13. Tu jefe ha envejecido mucho: *es / está* calvo y gordo, y tu compañera Elena antes no *era / estaba* morena, ¿no?

14. A. ¿Cuántos *somos / estamos* hoy para comer?

    B. Nosotros cuatro y tu madre.

B Completa con el verbo *ser* o *estar* en el tiempo adecuado.

Mario González *era* (1) cobrador de recibos de una compañía de seguros. No *estaba* (2) casado ni había tenido nunca novia, apenas salía de casa más que para ir al trabajo. Algunos domingos por la mañana, si *estaba* (3) animado, se ponía su mejor traje e iba al Museo del Prado a ver los cuadros de Goya. *Estaba* (4) feliz en la sala de *Los Desastres de la Guerra*. En vez de producirle angustia o dolor, sentía la satisfacción de reconocer en otros los desastres de su propia vida interior. Efectivamente, no *era* (5) alto ni guapo ni tenía amigos ni *era* (6) nunca feliz, pero eso no importaba. Lo realmente significativo *era* (7) que si alguien le hubiera preguntado no habría respondido que *era* (8) un ser desgraciado. Su vida *estaba* (9) llena de momentos repetidos e iguales, de escenas previsibles como las de esos otros cuadros de Goya, los que *estaban* (10) en la sala de al lado, que tanto detestaba.

C En la mitad de las frases (seis), los verbos *ser* y *estar* están empleados correctamente, y en la otra mitad, no. Encuentra los errores y corrígelos.

1. Víctor fue a ver a su profesor de matemáticas y este le dijo que estaba muy verde para el examen de junio.

   Correcto.

2. A las siete de la tarde muchos millones de espectadores eran atentos a la final de la Copa del Mundo en Brasil.

   estaban NO

3. No te preocupes ahora por los niños, están entretenidos, viendo la tele.

   Correcto

4. La película ha estado muy bien, me ha encantado.

   NO estaba

5. En agosto no pudimos ir de vacaciones porque Federica no era buena.

   estaba

6. Doctor, el paciente de la habitación 35 ya es consciente, ha vuelto en sí.

   NO

7. ¿Le has comprado esta revista a tu madre? ¡Todos los chistes que trae son verdes!

   están NO

8. Cuando quieras, salimos, nosotros somos listos.

   NO

9. He llamado a Paola pero me ha dicho que hoy no va a salir porque no es muy católica.

   Correcto

10. Mis padres eran muy orgullosos de que yo estudiara Medicina.

    estaban

11. No sé cómo puedes salir con ese novio, con lo parado que es.

    correcto

12. Es increíble que no puedan arreglar el tráfico de una vez.

    correcto

12. Dijeron que había nieve y que usáramos cadenas.
Estilo indirecto (información y petición)

Situaciones

1. Estilo indirecto (información)

► Cuando usamos el estilo indirecto para transmitir una información dicha en el pasado, tenemos que hacer unos cambios de tiempo y de persona en el verbo, en los pronombres, en expresiones temporales y en algunos verbos: ir-venir, traer-llevar. Esto es así debido al cambio espacial/temporal que ha realizado el hablante.

Estilo directo: *"Te llevaré las llaves del coche mañana"*.

Estilo indirecto: *"**Dijo que me traería** las llaves del coche hoy"*.

► La correspondencia de verbos es la siguiente:

ESTILO DIRECTO	ESTILO INDIRECTO
PRESENTE *"**Trabajo** mucho"*.	PRET. IMPERFECTO *(Ella dijo) que **trabajaba** mucho.*
PRETÉRITO PERFECTO *"Yo nunca **he estado** en París"*.	PRETÉRITO PLUSCUAMPERFECTO *(Dijo) que nunca **había estado** en París.*
PRETÉRITO IMPERFECTO *"Rosa no **sabía** nada"*.	PRETÉRITO IMPERFECTO *(Dijo) que Rosa no **sabía** nada.*
PRETÉRITO INDEFINIDO *"Ayer no **vi** la película de la tele"*.	PRETÉRITO PLUSCUAMPERFECTO / INDEFINIDO *(Dijo) que no **había visto** la película de la tele.*
PRETÉRITO PLUSCUAMPERFECTO *(Yo) "Nunca **había visto** nada igual"*.	PRETÉRITO PLUSCUAMPERFECTO *(Dijo) que (él) nunca **había visto** nada igual.*
FUTURO *"Te **llamaré** mañana"*.	CONDICIONAL *(Dijo) que me **llamaría** hoy.*
FUTURO DE INTENCIÓN *(Yo) "**Voy a esperar** a María"*.	PRETÉRITO IMPERFECTO + *A* + INFINITIVO *(Dijo) que (él) **iba a esperar** a María.*
PRESENTE DE SUBJUNTIVO *"Cuando **tenga** tiempo iré a verte"*.	IMPERFECTO DE SUBJUNTIVO *(Dijo) que cuando **tuviera** tiempo, vendría a verme…*

■ Completa con el verbo adecuado.

Sólo te quiero a ti. Cuando termine la universidad nos casaremos y tendremos dos hijos.

El muy sinvergüenza, me dijo que sólo me *quería* a mí, que cuando _____ la universidad nos _____ y _____ dos hijos. Y míralo, se ha casado con Beatriz, la hija del director, y a mí me ha dejado.

▶ Los verbos que introducen el estilo indirecto informativo son: *explicar, contar, comentar, anunciar, declarar, afirmar, asegurar*, etc.
*El Gobierno <u>anunció</u> que este año no **iban** a subir los precios.*

▶ Si estos verbos (llamados de "decir" o de lengua) van en forma negativa, la oración subordinada lleva el verbo en subjuntivo (véase unidad 14).
*Ramón <u>dijo</u> que ya **había terminado** el trabajo.*
*Ramón <u>no dijo</u> que ya **hubiera terminado** el trabajo.*

▶ Los verbos *preguntar* y *responder* (y sus equivalentes *quiere saber, contestar*, etc.), cuando introducen el estilo indirecto, siguen las mismas reglas que los anteriores.
*"¿Te gusta la tortilla de patatas?" / Elena me **preguntó** si me **gustaba** la tortilla de patatas.*
*"¿Cuándo has estado en Londres?" / Juan **quería saber** cuándo **había estado yo** en Londres.*

2. Estilo indirecto de petición, orden, recomendación

▶ Cuando utilizamos el estilo indirecto para transmitir algo que se pide, ordena, aconseja o prohíbe, utilizamos el modo subjuntivo.

Estilo directo	**Estilo indirecto**
"Ven aquí, Juan".	*Tu madre **dice** que **vayas**.*
"No comas más chocolate".	*Tu madre **dijo / decía / había dicho** que no **comieras** más chocolate.*
"¿Puedes traerme el diccionario?"	*Tu madre **ha dicho** que le **traigas / trajeras** el diccionario.*

3. Le dije que la vida es muy dura

▶ Algunas veces, el hablante no hace la transformación correspondiente y conserva el tiempo verbal del estilo directo. Puede ser porque considere que la información que está transmitiendo es una verdad general o bien porque en el momento del habla sigue teniendo vigencia, es actual.

Le pregunté a Roberto que a quién pensaba votar y me contestó que a nadie porque todos los políticos son iguales, prometen mucho pero luego no cumplen.

¿Cómo es?

Algunos verbos de influencia que rigen subjuntivo				
aconsejar	prohibir	mandar	recomendar	ordenar
exigir	impedir	pedir	rogar	instar
permitir	proponer	dejar (= permitir)	sugerir	suplicar

Práctica

A Sigue el ejemplo.

1. Mario: "Mamá, Pepe no me deja su diccionario de inglés".

   Madre: *Dile a Pepe que te deje el diccionario de inglés.*

2. Mario: "Mamá, Carlota se está comiendo mis macarrones".

   Madre: Dile a Carlota que no se coma tus macarrones.

3. Mario: "Mamá, Diego está viendo la tele en lugar de estudiar".

   Madre: Dile a Diego que le prohíbo ver la tele y estudie.

4. Mario: "Mamá, Carlota no quiere recoger la mesa".

   Madre: Dile que le mando que recoja la mesa.

5. Mario: "Mamá, papá no viene a comer".

   Madre: Dile que venga.

6. Mario: "Mamá, Carlota me ha quitado el mando de la tele".

   Madre: Dile que te lo devuelva el mando.

B Transforma a estilo indirecto.

1. A. ¿Quieres más café?

   B. No, gracias, ya he tomado bastante.

   Cristina me preguntó si quería más café y yo le contesté que ya había to-
   mado bastante.

2. A. ¿Vas a venir con nosotros a la playa?

   B. Sí, pero iré un poco más tarde, la semana siguiente.

   Ellos me preguntaron <u>si iba a venir con ellos a la playa y les contesté que sí pero iría la sema</u> <u>na</u>

3. A. ¿Has hecho ya los deberes?

   B. No, los haré más tarde.

   <u>y yo le contesté que los haría</u>

   Mi madre me preguntó si <u>ya había hecho mis deberes le dije que los haría</u>

4. A. ¿Has visto la última película de Almodóvar?

   B. Sí, pero no me gustó mucho.

   Laura

   Celia le preguntó a Laura si <u>ella había visto ya la peli y le contestó que sí pero que no le había</u> <u>gustado</u> <u>mucho</u>

5. A. ¿Dónde están los papeles del banco?

   B. No sé, yo los dejé en la carpeta roja.

   A. Yo le pregunté a Miguel que <u>si sabía dónde estaban los papeles y me contestó que no</u> <u>sabía los dejó había dejado los</u>

C Transforma las frases a estilo directo.

1. Me dijo que no le gustaba la música clásica. *"No me gusta la música clásica".*

2. Le dije que quería vivir con ella. "<u>Quiero vivir contigo</u>".

3. Le preguntó que cómo se sentía. "<u>Cómo te sientes</u>".

4. Le preguntó a Ana si había visto a su hermano. "<u>Has visto a tu hermano</u>".

5. Olga me confesó que me había mentido, que no había estado con Pepe el domingo anterior. "<u>Te he mentido</u>".

6. Me preguntó que cuándo iría a su casa. "<u>Cuándo irás a tu casa</u> <u>vendrás</u>".

7. Mis padres nos preguntaron si teníamos problemas de dinero. "<u>tenéis problemas de dinero</u>".

8. Nosotros les contestamos que teníamos para el primer año, pero luego tendríamos que pedir un préstamo al banco. "<u>Tuviéramos el primer año pero</u> <u>luego</u>".

9. Alberto nos comentó que quería cambiar de trabajo porque la empresa cada vez iba peor y no había esperanzas de mejorar. "<u>Quiero cambiar de trabajo</u>". <u>Cada vez va peor y no hay</u>

10. Mi abuela me explicó que había conocido a mi abuelo en la fiesta de su pueblo y que se había enamorado de él el primer día que lo vio. "_____".

11. Usted me dijo ayer que podía venir a recoger el coche hoy, que ya estaría arreglado. "_____".

12. No sé dónde está Jacinto, a mí me dijo ayer que se iba a ver a unos clientes de Oviedo, pero todavía no ha vuelto. "_____".

D **Transforma las siguientes peticiones en estilo indirecto.**

1. "¿Puedes traer tú hoy el pan, Rafa?".

   Mi mujer tenía mucho trabajo y por eso me ha pedido que hoy lleve yo el pan.

2. "No te preocupes, todo irá bien". *solo openayn*

   Antes de entrar en el quirófano, el médico me dijo que _____.

3. "No hagas comida para mí, mañana comeré en casa".

   Julia anoche me dijo que no hiciera comida pa ello porque hoy comería en casa.

4. "Date prisa, que llegamos tarde".

   Clara no quería salir de casa y yo le dije que se _____.

5. "Ven pronto, tenemos que ir al médico con Pablo".

   Lucía me ha pedido que _____.

6. "¿Puedes prestarme 50 euros?".

   Ayer Mario se olvidó la cartera en casa y me pidió que _____.

7. "¿Podrías llamar tú a Telefónica?".

   Luis no tenía tiempo y me _____.

8. "Tómese la vida con calma".

   Fui al médico porque no podía dormir bien y el médico me recomendó que _____.

9. "Vuelva mañana".

   Ayer estuve aquí y usted me dijo que _____.

10. "Lucía, préstame tu diccionario de árabe".

    En diciembre, Óscar me pidió que le _____ y todavía no me lo ha devuelto.

11. "Carlos, ponte bien la camisa".

    Yo llevaba la camisa abierta, pero mi madre dijo que _____.

E Completa las conversaciones con el verbo en la forma adecuada.

| decir | olvidarse | comprar | pasar | sacar |

A. Buenos días, Rosario, ¿está mi marido?

B. No, está en una reunión. ¿Quiere que le _diga_ (1) algo?

A. Sí, por favor, dile que no _se olvide_ (2) de llamar a su madre,
que es su cumpleaños, que le _compre_ (3) un ramo de flo-
res al salir de la oficina. Dile también que _pase_ (4) por la relojería a recoger mi reloj,
que yo no puedo y, cuando llegue a casa, que _saque_ (5) la comida del congelador.

B. Vale, vale, no se preocupe, yo se lo diré.

A. Gracias, Rosario.

| poder | tener | llamar | contar |

A. Ah, se me olvidó decirte que anoche llamó Jaime.

B. ¿Y qué dijo?

A. Que la reunión no _podía/podrá_ (6) celebrarse en su
casa, que _tenía_ (7) una obra en la cocina. Dijo
que _llamaras_ (8) tú a los demás y que les
contaras (9) el problema.

B. ¿Y por qué tengo que llamar yo? ¡Vaya, hombre, siempre igual!

| cambiar | trabajar | ganar | querer (2) | casarse | dejar | estar |

A: ¿Sabes a quién vi ayer?

B. No, ¿a quién?

A. A Rosalía.

B. ¿Y qué tal está?

A. Bien, me contó que _cambió_ (10) de empresa, que
ahora _trabaja_ (11) menos y _gana_ (12) más.
Vaya, un chollo de trabajo.

B. ¡Qué bien! Y de su novio, Fernando, ¿te contó algo?

A. Sí, me dijo que (ellos) _querían_ (13) casarse, pero que la madre de él no _quería_ (14)
que _se casaran_ (15), así que lo _dejaron_ (16).

B. ¡Vaya! ¿Y ella _está_ (17) enfadada?

A. ¡Qué va! Ella está feliz y contenta.

F Para cada titular se dan tres opciones. Dos son adecuadas y una no. Escribe en el hueco las letras de las opciones correctas.

El Presidente _a, b_ (1) que no habrá negociación alguna con los terroristas.

EL GOBIERNO ___a c___ (2) QUE NO CONOCÍA LA CORRUPCIÓN EN SU PARTIDO.

El alcalde ___b c___ (3) a los vecinos que tuvieran paciencia con las obras.

El Director del Banco de España ___a c___ (4) que habrá más medidas para frenar la inflación.

El técnico del equipo rojiblanco ___b c___ (5) que sus jugadores acudirían a la final con la moral bien alta.

Los médicos ___a b___ (6) que los hospitales públicos abran los quirófanos por las tardes.

La ministra de Vivienda ___a c___ (7) que durante el año pasado se habían construido cinco mil viviendas de protección oficial.

1. a) afirma	b) asegura	c) pide
2. a) asegura	b) recomienda	c) ha afirmado
3. a) prometió	b) pidió	c) rogó
4. a) anunció	b) sugiere	c) ha dicho
5. a) asegura	b) prometió	c) ha anunciado
6. a) prometen	b) piden	c) han exigido
7. a) afirmó	b) prometió	c) declaró

G Completa las frases con el verbo en la forma adecuada: presente o pretérito imperfecto de subjuntivo. En algún caso caben los dos tiempos.

1. Le pedí que me _esperara_, que yo iría a recogerla. (esperar)

2. Marisa tiene un problema grave con su novio y yo le he sugerido que lo ___deje___, pues a mí no me gusta nada. (dejar)

3. Mira, Carmen, en esta revista recomiendan que se ___tome___ zumo de alcachofa para adelgazar. (tomar)

66

4. La profesora de Lengua y Literatura me aconsejó que _____hiciera_____ una carrera de letras. (hacer)

5. Nunca le pedí que _____cambiara_____ su forma de vestir. (cambiar)

6. Le indiqué que _____colocara_____ el equipaje en el coche. (colocar)

7. Le pedí al dependiente que me _____envolviera_____ el pañuelo para regalo. (envolver)

8. Rogué a mi amigo el escritor que _____hablara_____ con ella. (hablar)

9. Carlos me pidió que _____pagara_____ yo la cuenta del restaurante. (pagar)

10. El médico le ha prohibido que _____tomara_____ carne. (tomar) tome

11. El Gobierno ha exigido al partido de la oposición que _____tomara_____ medidas contra algunos parlamentarios que no acuden al Parlamento. (tomar)

12. El agente de viajes nos ha aconsejado que _____viajemos_____ en tren, pues el avión es más rápido, pero menos interesante. (viajar)

13. A mí, mis padres siempre me advertían que _____fuera_____ prudente al volante. (ser)
sea

H **El texto que sigue es un fragmento de una importante novela española, _Tiempo de silencio_ (1962). En ella el autor trató de reproducir la lengua oral de sus personajes: en la penúltima línea de este texto podemos ver "entrao", por _entrado_, como sería correcto.**

Después de leer el fragmento, observa sus características lingüísticas.

Hemos subrayado dos verbos (_dije_ y _tenía advertido_), de los que dependen otras oraciones subordinadas con el verbo en indicativo o subjuntivo. ¿A qué se debe esa diferencia de tiempos y modo en los verbos que dependen de _tenía advertido_?

Cuando se vinieron del pueblo yo ya se lo <u>dije</u>, que no encontraría nunca casa. Y ya estaba cargado de mujer y de las dos niñas. Pero él estaba desesperado. Y desde la guerra, cuando estuvo conmigo, le había quedado la nostalgia. Nada, que le tiraba, Madrid tira mucho. Hasta a los que no son de aquí. Yo lo soy, nacido en Madrid. En Tetuán de las Victorias. De antes de que hubiera fútbol. Y él se empeñó en venirse. A pesar de que se lo <u>tenía advertido</u>, que no viniera, que la vida es muy dura, que si en el pueblo es difícil aquí también hay que buscársela, que ya era muy mayor para entrar en ningún oficio, que sólo quieren mozos nuevos. Que sin tener oficio, iba a andar a la busca toda la vida, que nunca encontraría cosa decente. Todo, todo se lo advertí. Pero a él le había entrao el ansión porque estuvo aquí en guerra. Y nada, que se vino. Todo vino a caer sobre mí. Porque que si somos primos o no somos primos, que si…

Luis Martín Santos (1924-1964), _Tiempo de silencio_

13. *Tengo miedo de que Isabel no pueda venir.*
Subjuntivo con verbos de sentimiento

Situaciones

▶ Las frases que dependen de verbos de sentimientos, de deseo y de necesidad, pueden llevar el verbo en infinitivo o subjuntivo.

a) Infinitivo. Cuando el sujeto del verbo principal y del verbo subordinado es el mismo.

Necesito **llegar** *pronto a Valencia.*

(yo)   (yo)

Le encanta **regalar** *flores a su novia. / Fue a un restaurante y se hartó* **de comer** *marisco.*

b) Subjuntivo. Cuando el sujeto de las dos frases es distinto.

Necesito **que me prestes** *100 euros.*

(yo)   (tú)

A Carmen le molestó que (yo) no la **llamara** *por teléfono para felicitarla.*

1. *Sentir y temer*

▶ En algunos casos los verbos tienen más de un significado, de forma que según sea éste, la frase subordinada lleva el verbo en indicativo o subjuntivo.

Sentir. 1. "darse cuenta": *Sentí que allí* **había estado** *alguien antes que yo.*

2. "dar pena": *Sentí que no* **pudieras venir** *a verme.*

Temer. 1. " Creer": *Me temo que no* **podré ir** *a buscarte al aeropuerto.*

2. "Tener miedo": *Temo que Alejandro no* **apruebe** *este año todo el curso.*

2. **Correlación de tiempos**

▶ Si el verbo principal está en presente, el verbo subordinado puede ir en presente, pretérito perfecto o pretérito imperfecto de subjuntivo.

Me preocupa que María **esté** *enferma otra vez.*

Siento que no **hayas aprobado** *el examen de conducir.*

Mis padres se alegran de que yo **estudiara** *Medicina.*

▶ Si el verbo principal está en pasado (pretérito indefinido, imperfecto o pretérito pluscuamperfecto), el verbo de la frase subordinada debe ir en pretérito imperfecto o pretérito pluscuamperfecto de subjuntivo.

Yo siempre me alegraba de que mis abuelos **vinieran** *a mi casa.*

Nuestros amigos se alegraron mucho de que **hubiéramos ido** *a verlos.*

► Si el verbo principal está en pretérito perfecto, el verbo de la subordinada puede ir en presente, pretérito perfecto o pretérito imperfecto de subjuntivo.

*Carmen me <u>ha agradecido</u> mucho que **vaya** a ver a su madre todos los días.*

*A Enrique no <u>le ha molestado</u> que no lo **hayan invitado** al cumpleaños.*

*A Ignacio siempre le <u>ha gustado</u> que lo **esperáramos** a la salida del trabajo.*

► Si el verbo principal está en futuro, el verbo de la oración subordinada irá en presente de subjuntivo.

*El jefe <u>querrá</u> que le **entreguemos** el trabajo hoy o mañana.*

¿Cómo es?

Verbos de sentimiento y gusto personal	Verbos de deseo y necesidad
Gustar, encantar, molestar, doler, apenar, poner nervioso/a, avergonzarse, importar, hartarse, lamentar, perdonar, preocuparse, sentir, sentar (bien / mal algo), temer, tener miedo, agradecer, alegrarse, confiar en, extrañarse, soportar, cansarse de.	Esperar, querer, desear, pretender, intentar, preferir, necesitar.

Práctica

A Ordena las frases.

1. gustaría / fuéramos / Me / andando / que

   Me gustaría que fuéramos andando.

2. ¿casa / Te / gustaría / tener / así / una?

   _____ .

3. hombre / como / casarme / tú / Quisiera / con / un

   _____ .

4. historia / acabase / gustaría / Le / nunca / que / esa / no

   _____ .

5. gustaría / Les / hija / estudiara / su / carrera / otra / que

   _____ .

6. les / A / gustaría / profesores / estudiantes / trabajaran / sus / que / los

   _____ .

7. libre / Maribel / tener / más tiempo / gustaría / A / le

   _____ .

B **Completa las frases haciendo la transformación necesaria.**

1. Espero que Eugenio esté en casa.

   Esperaba que *Eugenio estuviera en casa.*

2. Le agradezco mucho que me haya atendido tan amablemente.

   Le agradecí mucho que _____.

3. ¿No te importa lo que diga la gente?

   ¿No te importaba _____?

4. Está harto de _____.

   Estaba harto de que en la oficina se rieran de él.

5. No ha querido que vayamos a verlo al hospital.

   No quiso que _____.

6. A Irene no le gustará que _____.

   A Irene no le gustó que le contaras la noticia a su madre.

   A Irene no le ha gustado que _____.

7. ¿Quieres que tu padre _____?

   ¿Querías que tu padre te comprara el coche?

8. Sentimos que no puedas venir de vacaciones con nosotros.

   Hemos sentido que no _____.

   Sentimos _____.

   Sentiremos _____.

C **Escribe una reacción para cada situación. Añade una justificación.**

1. Tenías que haber llamado por teléfono a tu amiga y no lo has hecho. Pide disculpas.

   Perdona que no te haya llamado por teléfono antes, es que no he tenido tiempo.

2. Un amigo te cuenta que ha cambiado de trabajo y ahora está mejor que antes. Expresa alegría por la noticia.

   Me alegro de que _____.

3. Miguel salió de viaje hace tres días y no ha llamado por teléfono a su madre. Ella expresa su miedo.

   Tengo miedo de que _____.

4. Un compañero de trabajo te cuenta que se ha separado de su mujer después de 25 años de matrimonio. Expresa pena.

   Siento mucho que te _____.

5. Te han contado que tu jefe va a hacer cambios importantes y no ha consultado nada con los trabajadores. Expresa tu descontento.

   Me molesta que _____.

6. Tenías que enviar un artículo a una revista la semana pasada y no lo hiciste. Pide disculpas al director.

   Perdona que no _____.

7. Tu compañero Alfonso no vino a la reunión del martes pasado. Hoy ha venido y tú le expresas extrañeza por su ausencia.

   Me extrañó que _____.

8. Una conocida se ha quedado cuidando a tus hijos porque tú tenías una cena importante. Agradéceselo.

   Te agradezco mucho que _____.

D Este cartel forma parte de una campaña para evitar que los perros sean abandonados. Completa el mensaje del perro con los verbos del recuadro en subjuntivo.

educar cepillar alimentar <u>querer</u> cuidar llevar (2) buscar abandonar jugar sacar estar

No soy un juguete...

necesito que me *quieras* (1), que me _____ (2) bien, que me _____ (3) cuando esté enfermo, que me _____ (4) correctamente, que me _____ (5) al veterinario, que me _____ (6) el pelo, que me _____ (7) a pasear, que me _____ (8) de vacaciones siempre que vayas tú y, si es imposible, que me _____ (9) un alojamiento hasta tu vuelta, que _____ (10) conmigo, que _____ (11) a mi lado en mis últimos momentos… y, lo más importante, que nunca me _____ (12).

Estas Navidades sé responsable, piénsalo antes de regalarme.

Asociación para el Bienestar de los Animales

14. *Ella no creía que Jacinto volviera a casa.*
Indicativo o subjuntivo con verbos de opinión, percepción o afirmación

Situaciones

1. Reglas generales

▶ Generalmente en las oraciones que dependen de verbos llamados de opinión (*creer, parecer*), percepción física o mental (*ver, recordar, darse cuenta de…*), o de afirmación (*decir, comentar, responder*), puede aparecer el indicativo o el subjuntivo.

a) Indicativo.

– Cuando el verbo principal es afirmativo.

*Me parece que el niño **está** enfermo, no tiene ganas de comer y está muy callado.*

*Yo creía que Roberto **trabajaba** de fontanero y resulta que es cartero.*

– Cuando el verbo principal es imperativo negativo.

*No creas que María **está** enferma, se pasa el día cantando y bailando.*

– Cuando la oración principal es negativa e interrogativa. Se utiliza para pedir confirmación sobre una opinión o un hecho.

*¿No crees que esta niña **está** muy delgada?, voy a llevarla al médico.*

b) Subjuntivo.

– Cuando el verbo principal es negativo.

*No veo que el vecino del quinto **trabaje**, ¿de qué vivirá?*

*No (me) imaginaba que **fueran** tan ricos.*

2. Indicativo con verbo principal en forma negativa

▶ En algunos casos, se utiliza el indicativo cuando el hablante está seguro o habla de un hecho constatado.

*Yo no creo que María **haya** aprobado el examen de conducir* (= Tengo dudas sobre ese hecho → subjuntivo).

Pero:

*Mi padre no (se) cree que **he aprobado** el examen de conducir.*

*La policía no vio que los ladrones **habían hecho** un agujero en el suelo de la joyería.*

En estos dos casos, se habla de hechos constatados por el hablante (*yo he aprobado y los ladrones habían hecho un agujero*).

3. Indicativo o subjuntivo

▶ En algunos casos es posible utilizar los dos modos detrás de estos verbos en forma negativa. Tiene que ver con el compromiso (o no) del hablante ante la veracidad de su afirmación, como si no estuviera muy seguro de lo que se afirma o no le importara la veracidad. De todas formas, el subjuntivo es el modo más frecuente.

*No digo que **ha sido / haya sido** un mal partido, lo que digo es que a mí no me ha gustado.*

*No sabía que tu hermano **era / fuera** director de banco.*

4. Mismo sujeto: infinitivo

▶ En los verbos que lo permiten, cuando el sujeto de la oración principal y la subordinada es el mismo, esta última lleva el verbo en infinitivo.

*No recuerdo **haber comido / que hubiera comido** nunca en ese restaurante.*

5. Importancia del significado del verbo principal

▶ En algunas ocasiones, el significado del verbo principal lleva a usar el indicativo o el subjuntivo en la oración subordinada. Veamos algunos ejemplos.

*Dudo (= no creo) que Juan **vuelva** a la universidad (Dudar → siempre en subjuntivo).*

*Ignorábamos que Ricardo **tuviera / tenía** una enfermedad contagiosa.*

*Comprendo que Lourdes **esté** dolida con su madre, es que no fue a su boda.*

*Comprendí que Rocío no **volvería** más.*

*Olvidó que su mujer ya **había pagado** el recibo de la luz al portero.*

■ Varias personas opinan sobre el tema del precio de los pisos.
Completa con el verbo *subir* en la forma adecuada.

A. *¿Te has enterado de que los pisos* han subido *este año un 15%?*

B. *Sí, parece que el año próximo* subirán *otra vez.*

C. *¿Sí?, pues el alcalde no opina que los pisos* hay subido *tanto.*

D. *¿Tú crees que el año próximo* subieran *más?*

E. *No creáis que _____ tanto como dicen.*

B. *Yo no imaginaba que este año* subiría *tanto como han subido.*

¿Cómo es?

Verbos de opinión

Parecer, creer, opinar, imaginar, suponer.

Verbos que significan percepción física o mental

Saber, ver, darse cuenta de, constar, notar, percibir, entender, dudar, ignorar, recordar.

Verbos que significan "afirmar"

Decir, manifestar, confesar, explicar, contar, afirmar, declarar.

Práctica

A **Relaciona las dos partes. Hay más de una posibilidad.**

1. Por fin Enrique se ha dado cuenta de que

2. Veo que ya

3. Rosalía no dice que

4. No creo que

5. Rubén vio enseguida que

6. Yo creía que

7. ¿No comprendes que

8. Mi amiga no sabía que

a) haya herido tus sentimientos a propósito.

b) has arreglado tu situación con tu hijo.

c) no puedo vivir sin ti?

d) era feliz porque ocultaba sus penas.

e) su mujer lo engañaba.

f) ella vuelva más aquí.

g) tú me querías.

h) Lucía era de su pueblo.

B **Escribe las frases siguientes en forma negativa.**

1. Pensé que ibas al concierto con tus compañeros de la universidad.

   No pensé que fueras al concierto con tus compañeros de la universidad.

2. Creía que ya habías terminado el proyecto de los americanos.

   No creía que ya _____.

3. Ellos veían que la empresa iba mal.

   _____.

4. La policía supuso que el ladrón era el vecino de la víctima.

   _____.

5. Creían que los pisos dejarían de subir de precio.

_____.

6. Imaginaba que Roberto quería casarse con Olga.

No imaginé que _____.

7. Imaginaba que en Galicia tenían problemas de sequía.

No imaginaba que _____.

8. Todos sabían que en febrero había habido un golpe de Estado en ese país.

Nadie sabía que _____.

9. Alguien informó de que nuestro director era corrupto.

Nadie informó de que _____.

C **Completa con el verbo en el tiempo y modo más adecuados. A veces hay más de una posibilidad.**

1. No creerás que las estadísticas _reflejan_ la realidad, ¿no? (reflejar)

2. No se le ocurrió que _____ un procedimiento burocrático para ese problema. (existir)

3. A mí no me parece que la ideología de Ernesto _____ tan diferente de la nuestra. (ser)

4. A. ¿No tiene planos de la casa?

B. No, no recuerdo _____ los visto. (haber)

5. El periódico dice que _____ a subir las pensiones, pero no dice que _____ a bajar los precios. (ir, ir)

6. No creía que esa información _____ a su disposición. (estar)

7. Me consta que el piso de abajo _____ todos los permisos de obra en regla. (tener)

8. ¿Tú crees que la gente _____ todos los delitos que se cometen? (denunciar)

9. No creyó en ningún momento que _____ por accidente. (morir)

10. No creo que _____ por qué _____ Pepe a ver a Susana, lo que importa es que _____. (importar, venir, venir)

11. Dudaba de que aquel día _____ en casa toda la familia. (estar)

12. El interlocutor cambió de postura, pero a Horacio no le pareció que _____. (relajarse)

13. Me pareció que _____ echar un vistazo a la obra antes de salir de viaje. (deber)

14. No se dio cuenta de que _____ llegando al final del viaje hasta que vio la estación. (estar)

15. No sabía que _____ a Enrique. (conocer)

16. ¿No crees que el examen de Historia del Derecho _____ demasiado difícil? (ser)

15. *Estamos hartos de que suban los precios.*

Es / está / parece + adjetivo + *que* + indicativo / infinitivo / subjuntivo

Situaciones

1. *Estoy seguro de que, es obvio que, está demostrado que...*

▶ En las oraciones subordinadas que dependen de estructuras en las que el hablante expresa veracidad o certeza (*es seguro que..., es verdad que*) el verbo va en indicativo.
  *¿<u>Estás segura</u> de que **has echado** gasolina hace poco?*

▶ Si la estructura principal es negativa, el modo de la subordinada es el subjuntivo.
  *No <u>está confirmado</u> que Penélope Cruz **actúe** en la próxima película de Almodóvar.*

2. *Es una pena, es increíble, parece lógico, estamos hartos de que...*

▶ En las oraciones subordinadas dependientes de estructuras en las que el hablante hace valoraciones sobre un tema o bien da instrucciones, el verbo va en subjuntivo.
  *No me <u>parece lógico</u> que todavía no **hayan acabado** las obras del hospital.*
  *<u>Era indispensable</u> que **avisaran** a un médico. Los invitados al banquete tenían muy mala cara.*

▶ En estas oraciones, si la subordinada no tiene un sujeto conocido, el verbo va en infinitivo.
  *En verano, en el sur, <u>es conveniente</u> **tomar** muchas precauciones contra el calor.*

3. Correlación verbal

▶ Si la oración principal va en presente, en la subordinada pueden aparecer todos los tiempos verbales del subjuntivo (o el indicativo, si corresponde).
  *<u>Es improbable</u> que Roberto **apruebe** todas las asignaturas, no ha estudiado nada.*
  *<u>Es increíble</u> que Roberto **haya aprobado** todas.*
  *<u>Es increíble</u> que Roberto **aprobara** todas las asignaturas el verano pasado, no estudió nada.*
  *<u>Es improbable</u> que Roberto **hubiera aprobado** sin la ayuda de su novia.*

▶ Si la oración principal va en pasado (pretérito perfecto, imperfecto, indefinido) **o condicional**, la subordinada va en pretérito imperfecto o pluscuamperfecto de subjuntivo. Si el verbo principal es el pretérito perfecto, admite el pretérito perfecto de subjuntivo.
  *<u>Ha sido</u> estupendo que **hayas aprobado** todas, ¡enhorabuena!*
  *<u>Sería estupendo</u> que todos **estuviéramos** de acuerdo.*

▶ Si la oración principal va en futuro, generalmente la subordinada va en presente de subjuntivo.
  *<u>Será mejor</u> que **hables** tú con el médico.*

■ Completa las frases de protesta de los manifestantes.

tener   hacer (2)   <u>subir</u>

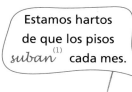

Estamos hartos de que los pisos *suban* (1) cada mes.

Es increíble que el Gobierno no _____ (2) algo.

Es una vergüenza que los constructores se _____ (3) ricos a nuestra costa.

No es normal que los jóvenes _____ (4) que vivir en la calle.

¿Cómo es?

Es seguro / obvio / evidente / cierto
Está demostrado / confirmado   **+ *que* +** indicativo

No es seguro / obvio / evidente / cierto / verdad
No está demostrado / confirmado   + ***que*** + subjuntivo

Es / me parece una pena / una maravilla / un error
Es / me parece raro / extraño / maravilloso / normal   + infinitivo
Es / me parece conveniente / indispensable / necesario / probable   + ***que*** + subjuntivo

Práctica

A **Completa las frases con el verbo en el tiempo y modo adecuados.**

1. ¿Es normal que su oficina *se dedique* a estos asuntos? (dedicarse)

2. Estoy segura de que mi padre lo _____ si se lo pidiéramos. (arreglar)

3. A. ¿Es cierto que la mujer _____? (caerse)

   B. No, la empujaron.

4. No parecía probable que Ernesto _____ la investigación de la muerte del minero. (autorizar)

5. A todo el mundo no le pareció extraño que Ricardo _____ de su mujer. (separarse)

6. Aunque los periódicos lo digan, no está claro que el precio de los pisos _____ en los últimos meses. (bajar)

7. Vamos, a mí no me parece coherente que el juez _____ en libertad al hombre que mató a su mujer empujándola por la ventana. (dejar)

8. A. Laura, ¿y tú de qué estás harta?

   B. Pues mira, estoy harta de _____ adolescente, de no _____ me a mí misma, de que _____ cuando tiene que hacer sol, de que me _____ cursi porque me gusta la poesía, de que la gente no me _____. (ser, encontrar, llover, llamar, valorar)

B En las cartas que escriben los lectores al director de un periódico es frecuente encontrar valoraciones sobre los temas que preocupan a esos lectores. Completa los fragmentos que siguen con uno de los verbos del recuadro en el tiempo adecuado.

decir	permitir	recaer	poder (2)	hacer	implantar

Vivo frente a un hospital y llevo tiempo observando que los empleados salen a tomar café o a comer con la vestimenta del trabajo, es decir, las batas verdes o blancas. ¿Es lógico que nadie _____ (1) nada y _____ (2) que paseen virus y bacterias del hospital al bar y del bar al hospital?

Tengo trillizos y me da rabia tener que pagar el 16% de IVA en productos tan esenciales como los pañales. Es absurdo que el Gobierno _____ (3) el porcentaje más alto a unos artículos que deberían considerarse de primera necesidad frente a, por ejemplo, el 4% que tiene el periódico.

No estoy de acuerdo con que la custodia de los hijos de padres separados _____ (4) casi siempre en la madre. Es absurdo que, si nos equiparamos laboralmente con los hombres, no lo _____ (5) también en ese tema.

Vivo en un barrio céntrico de Madrid y ya es habitual que el viernes por la noche no _____ (6) dormir porque los jóvenes celebran un "botellón" en el parque que hay delante de mi casa. Es increíble que ni las autoridades ni sus padres, ni la sociedad _____ (7) solucionar el problema del alcoholismo de los jóvenes.

C Elige las opciones más adecuadas. Pueden ser una o dos en cada caso.

1. ¿Tú crees que es posible que *haya / hubiera* más personas afectadas?

    a) haya   b) hay   c) hubiera

2. A Rodrigo le había parecido mal que Montse _____ a pedirle una cita.

    a) vaya   b) haya ido   c) fuera

3. Era probable que la concejala de Educación _____ equivocada sobre el número de estudiantes de la Comunidad.

    a) esté   b) estuviera   c) hubiera estado

4. Será mejor que alguien la _____ a subir a su habitación, está muy cansada.

    a) ayudara   b) haya ayudado   c) ayude

5. Era probable que nosotros no _____ a ver nunca más a Pedro.

    a) volvamos   b) volviéramos   c) hayamos vuelto

6. A mí me parece lógico que mis vecinos _____ a sus hijos a un colegio religioso, son muy creyentes.

    a) lleven   b) hayan llevado   c) llevan

7. Si te duele la espalda, sería conveniente que _____ a ver a un médico.

    a) vayas   b) fueras   c) hayas ido

8. Era indignante que los periodistas _____ en sus manos el futuro de un hombre como F. Sánchez.

    a) tenían   b) tuvieran   c) habían tenido

9. Estaba visto que la función no _____ salir bien por culpa de Diego.

    a) pudiera   b) hubiera podido   c) podía

10. Tenemos demasiado trabajo, pronto será necesario que _____ a dos personas más como mínimo.

    a) contratáramos   b) contratamos   c) contratemos

Repaso III

A Elige el verbo adecuado, *ser / estar*.

1. La última novela de Montalbán *fue* / *estuvo* elogiada por muchos críticos.

2. Cuando volvieron a casa, todas las luces *estaban / eran* encendidas, los muebles destrozados y todo lo demás por el suelo.

3. La casa de mis abuelos, donde nació mi padre, *está / es* abandonada desde hace años.

4. El sospechoso del crimen de Valencia *ha sido / está* detenido esta mañana.

5. La última película de Almodóvar no *ha sido / ha estado* premiada en el último festival porque no gustó a la crítica.

6. Los objetos robados *están / son* expuestos en las dependencias policiales para que sus dueños puedan reconocerlos.

7. La novela de Millás *fue / estuvo* adaptada al cine porque era una historia totalmente cinematográfica.

8. Dice el periódico que cada año cientos de perros *son / están* abandonados por sus dueños en las cunetas de las carreteras, ¡qué pena!

9. No me gusta esta iglesia porque aunque es valiosa, se ve que *está / es* restaurada por un aficionado.

10. Han dejado en libertad al alcalde de Triana porque no *está / es* demostrado que él fuera el autor del fraude.

B Completa con el verbo en la forma adecuada del subjuntivo.

1. Espero que todo *salga* bien.

2. María espera que su jefe _____ satisfecho con su trabajo. (estar)

3. Mis padres se han alegrado de que _____ trabajo por fin. (yo, encontrar)

4. Yo esperaba que mis amigos me _____ antes de decidir algunas cosas. (consultar)

5. Deseaba que todo _____ un sueño, pero era realidad. (ser)

6. ¿Quieres que te _____ un cuento? (yo, contar)

7. No quiero que nadie _____ de nuestros problemas. (enterarse)

8. Azucena temía que Joaquín no _____ más. (volver)

9. Antes no me importaba nada la opinión que la gente _____ de mí. (tener)

10. Me alegro de que todavía no te _____. (ir, tú)

11. Ellos esperaban que yo les _____ que _____. (pedir, quedarse)

12. Te agradecería que _____ a la puerta antes de entrar. (llamar)

13. ¿Te importa que _____ aquí mis cosas?, tengo que salir y volver. (dejar)

14. A. ¿Qué espera de sus amigos?

    B. Que no me _____ en los momentos de necesidad. (fallar)

15. Yo les agradezco a mis hijos que _____ buenas personas. (ser)

16. A Tomás le sentó mal que le _____ una tarta a la cara. (lanzar)

17. Pedro, vuelve pronto, necesitaré que me _____ a ordenar estos libros. (ayudar)

18. Nosotros pretendíamos que no _____ los árboles del parque, pero al final el Ayuntamiento los ha talado. (talar)

19. Elena, perdona que no te _____ el domingo como te dijimos, es que estuvimos muy ocupados. (llamar, nos.)

20. José María, te agradecería mucho que no _____ la música tan alta, tengo un dolor de cabeza horrible. (poner)

21. El gerente del departamento comercial aseguró que las ventas _____ un 10% el año anterior y nos pidió que _____ en la misma línea. (subir, seguir)

22. La semana pasada mi tío Ricardo nos anunció que se casaría pronto y nos advirtió que no _____ más dinero de su parte. (esperar)

23. A tu amigo Ramón le dolió mucho que no lo _____ cuando murió su padre. (llamar)

24. Al final fue Jaime quien decidió que _____ todos a comer al asador vasco. (ir, nos.)

C Completa el fragmento con los verbos que aparecen entre paréntesis en la forma adecuada. La historia está en pasado.

Antes de acudir al comedor, (pasar) *pasó* (1) por el mostrador de recepción y le dijo al empleado que le (preparar) _____ (2) la cuenta y que le (hacer) _____ (3) el equipaje. El empleado de recepción (ser) _____ (4) el mismo que le (atender) _____ (5) dos días antes y se (interesar) _____ (6) discretamente por su estado. Fábregas le dijo que (persistir) _____ (7) el insomnio que le (aquejar) _____ (8) las noches precedentes, pero que (confiar) _____ (9) en mejorar pronto. Desde la mesa donde le (servir) _____ (10) el desayuno sólo se (ver) _____ (11) el cielo y una franja estrecha de agua. (poder) _____ (12) estar en un barco, pensó con nostalgia. (Creer) _____ (13) que en los barcos sólo (haber) _____ (14) que dejarse llevar y por eso siempre que se (encontrar) _____ (15) en una encrucijada, (pensar) _____ (16) en los barcos. "Tan pronto (liquidar) _____ (17) la cuenta y (estar) _____ (18) listo el equipaje, (ir) _____ (19) al aeropuerto y allí (esperar) _____ (20) a que (salir) _____ (21) el primer avión", pensó. "No (volver) _____ (22) a pisar las calles de Venecia", se dijo.

Eduardo Mendoza, *Una comedia ligera*

16. *No se casó con Luis porque fuera más guapo, sino porque era más listo.*
Expresión de la causa

Situaciones

1. Oraciones causales

► Se llaman causales las construcciones que expresan la motivación, explicación y justificación de una afirmación. Se pueden distinguir dos tipos:

a) Las frases introducidas por los nexos *porque, pues, que, por* + infinitivo, que constituyen una explicación o justificación del contenido expresado en la oración no causal.

A. *¿Por qué no me llamaste anoche?*
B. *(No te llamé)* **Porque** *estaba en casa de mis suegros y no pude escaparme un minuto.*

Emilio no fue a la universidad, **pues** *sus padres murieron cuando él tenía quince años.*
Date prisa, **que** *llegamos tarde.*
Le despidieron **por** *haber falsificado la firma de su jefe.*

b) Las construcciones introducidas por *como, ya que, puesto que, dado que,* expresan gene- ralmente circunstancias conocidas habituales o favorables que enmarcan la acción causal. Generalmente van antepuestas a la oración principal. Las estructuras introducidas por *como* van obligatoriamente antes de la afirmación principal.

Ya que *vas a la cocina, trae el postre, por favor.*
No tengo mucha experiencia en esos asuntos, **ya que** *ocurren muy de vez en cuando.*
Como *hacía frío, no había gente en la calle.*

► La mayoría de las oraciones causales se construye en indicativo. Sólo las que empiezan con *porque* admiten el modo subjuntivo en unos pocos casos.

2. Causales con subjuntivo

► Se construyen con subjuntivo

a) Las oraciones que niegan la causa, es decir, la causa mencionada no es efectiva.
No fue a ver al médico <u>porque</u> **estuviera** *enfermo, sino porque quería hablar con él.*
(= Fue al médico, pero el motivo no fue la enfermedad).

b) Cuando la oración introducida por la conjunción *porque* tiene valor de finalidad, pro- pósito.
Sus padres hicieron todo lo posible <u>porque</u> *Fernando* **tuviera** *una buena educación.* (= Para que).

3. Indicativo / Subjuntivo

► Veamos estos ejemplos:

*No fue al médico porque **tenía** mucha fiebre.* (La fiebre es la causa válida de no ir al médico).

*No fue al médico porque **tuviera** mucha fiebre, sino porque le dolía la cabeza.* (El tener fiebre no es la causa válida, sino el dolor de cabeza).

■ Mira los dibujos y relaciónalos con las frases y sus imágenes.

 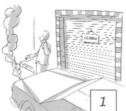  

1. Como era fiesta   a) porque iba a toda velocidad. ____
2. Como había bebido alcohol   b) le pusieron una multa. ____
3. Tuvieron un accidente grave   c) pues tú pareces cansado. ____
4. Déjame conducir a mí   d) no encontramos ningún taller abierto. __1__

¿Cómo es?

> **Porque.** Introduce la explicación o justificación de un hecho.
> *No vino a la boda **porque** estaba enfadado con el novio.*
>
> **Porqué.** Es un sustantivo, equivale a "motivo".
> *No entiendo el **porqué** de sus llamadas.*
>
> **¿Por qué...? / Por qué.** Sirve para preguntar la causa, pedir explicaciones tanto en oraciones interrogativas directas como indirectas.
> *¿**Por qué** no viniste a clase?*
> *No entiendo **por qué** no vienes con nosotros al cine.*
>
> **Por + que.**
> • La preposición *por* viene exigida por el verbo.
>   *Se preocupa **por que** sus hijos estudien.*
> • La preposición *por* equivale a *para*. En este caso se puede escribir junto o separado.
>   *Lo hizo de noche **por que / porque** nadie se enterara.*

Práctica

A **En las oraciones siguientes, subraya las conjunciones que sean aceptables. Pueden ser una o dos, pero en ningún caso son aceptables las tres opciones que damos.**

1. Dime la verdad, *pues* / *que* / *como* yo necesito saberlo todo.

2. Este año no podemos ir de vacaciones a la playa *que* / *pues* / *porque* mi marido está demasiado ocupado con su proyecto nuevo.

3. *Porque* / *Ya que* / *Puesto que* tú no les dices nada a los niños, se lo diré yo.

4. Corre, ven, *que* / *porque* / *ya que* ya empieza la película.

5. Federico se puso enfermo *porque* / *pues* / *como* comió ensaladilla con mayonesa.

6. *Ya que* / *Porque* / *Dado que* vas al supermercado, trae algo de queso, por favor.

7. Los vecinos del quinto se han debido mudar otra vez, *pues* / *ya que* / *que* hace tiempo que no los veo.

8. Olga, por favor, cierra la puerta, *que* / *porque* / *como* hace frío.

9. El director general no aceptó la dimisión de Felipe, *pues* / *porque* / *ya que* consideró que se había cometido una injusticia contra él.

10. La recolección de remolacha del año pasado no fue muy buena, *ya que* / *porque* / *como* apenas llovió.

11. *Como* / *Ya que* / *Porque* hacía frío se vistió debajo de las mantas.

12. *Puesto que* / *Como* / *Pues* ella no respondía a mis correos, dejé de escribirle.

13. Debían de ser hermanos, hijos del mismo padre, *ya que* / *pues* / *que* alguna vez aludieron a conflictos con el apellido.

14. *Ya que* / *Puesto que* / *A causa de que* ellos no hablan inglés ni francés, yo hablaré en ruso a ver si nos entendemos.

15. *Dado que* / *Porque* / *Puesto que* los pisos están tan caros aquí, tendremos que irnos a vivir al pueblo.

B **Completa con el verbo en la forma más adecuada. En algunos casos hay más de una opción.**

1. No estudié Medicina porque *me gustara* a mí, sino porque mi padre, que es médico, me _____ . (gustar, obligar)

2. Era incapaz de hacer nada sola, ya que no le _____ el provecho de la soledad. (enseñar)

3. No porque _____ más dinero que yo es mejor persona, ¿no? (tener)

4. No te llamo porque _____ contarte nada, sino porque _____ aburrido. (querer, estar)

5. Hay personas corrientes que descargan películas o canciones de Internet, no porque _____ inclinaciones criminales, sino porque _____ en tiendas normales potentes aparatos preparados para ese fin. (tener, comprar)

6. Puesto que la carta _____ de la oficina del Catastro, supongo que tiene que ver con el piso que acabo de heredar de mis padres. (venir)

7. No quiso venir a la fiesta porque _____ irse a la playa con Montse. (preferir)

8. Como Ramón no _____ nada, Francisco dijo que se marchaba. (decir)

9. Parecía desconcertado porque una persona _____ de aquella forma tan violenta. (reaccionar)

10. Los ciudadanos siguen conduciendo después de tomar alcohol, no porque _____ las consecuencias, sino por desidia. (ignorar)

11. Como aún _____ muy temprano, se fue andando a la oficina. (ser)

12. No aceptó el trabajo en Bruselas porque no _____ separarse de su familia. (querer)

13. No habló con su ex marido porque _____ volver con él, sino porque _____ dinero para un coche nuevo. (querer, necesitar)

C Completa las frases con una de las formas del recuadro.

porqué	por qué	porque	por que

1. No tengo *por qué* hacerlo.

2. ¿_____ no me escribiste un correo cuando te enteraste del tema?

3. Los jugadores del equipo de fútbol se quejan del campo, pero no sabemos _____.

4. A los niños les encanta preguntar el _____ de las cosas.

5. ¿Tú sabes _____ Roberto hizo lo que hizo?

6. Aquí nadie mueve un dedo _____ se solucionen los problemas.

7. La solución pasa _____ todos los socios abonen una cuota a final de año.

8. Nadie sabe exactamente _____ se despidió Andrés de la empresa.

9. Al preguntarle el _____ de las medidas tomadas, el Ministro cambió de tema.

10. La Comisión europea tiene que velar _____ se cumplan las reglas.

11. Rodríguez se preocupó _____ todos los empleados aprendieran inglés antes del Congreso.

12. A. ¿Sabes _____ Rafa se ha despedido de la empresa? Ahí estaba muy bien, ¿no?

    B. Ni idea, yo no tengo _____ saber las motivaciones de cada uno.

17. *Abre la ventana, que entre un poco de aire.*
Expresión de finalidad

Situaciones

1. Oraciones finales

▶ Se llaman finales las construcciones que expresan el propósito, la finalidad de un hecho expresado en otra construcción.

El nexo más frecuente para introducir este tipo de oraciones es *para (que)*. Otros nexos son: *a fin de que, con el objeto de que, con el propósito de, porque, a, que.*
*El Presidente dio una rueda de prensa **con el fin de** explicar las negociaciones con la oposición.*
*Tuvo que hacer muchas gestiones **con (el) objeto de** le devolvieran el dinero de la multa.*

▶ Las finales con *que* se utilizan en la lengua hablada y suelen ir detrás de un imperativo.
*Clarita, ven aquí **que** te peine.*

▶ Las finales que empiezan con *a* se utilizan habitualmente con verbos de movimiento: *ir, venir, acercarse, salir, correr…*
*Ignacio vino otra vez **a** preguntar si el coche estaba arreglado.*

▶ Las construcciones finales que empiezan con *porque* son poco frecuentes.
*La invitó a la boda **porque** no se molestaran sus parientes.*

2. Infinitivo o subjuntivo

▶ Las oraciones finales pueden llevar el verbo en infinitivo o subjuntivo.

Infinitivo. Cuando el sujeto de la principal y la subordinada es el mismo.
*Salieron temprano para no **encontrar** atasco en la carretera.*
(ellos)   (ellos)

Subjuntivo. Cuando los agentes no coinciden.
*Salieron por la puerta de atrás para que el vigilante no los **viera**.*
(ellos)   (él)

3. ¿Para qué…?

▶ Las oraciones interrogativas introducidas por *¿Para qué…?* y otros nexos de finalidad llevan el verbo en indicativo.
*¿Con qué fin **escribió** Alfonso esa carta tan ofensiva a su cuñado?*

■ Completa las frases y relaciona con la imagen.

| hacer | venir | comprar | olvidarse | llevarse |

1. A. *¿Para qué has comprado tanta fruta?*
   B. *Para _____ mermelada, me encanta.*
2. A. *¿A qué _____ ayer otra vez tu ex marido?*
   B. *A _____ el equipo de música, dice que es suyo.*
3. *Toma esta foto, para que no _____ de mí.*

Práctica

A **Completa las frases con el verbo en el modo y tiempo adecuados. Añade la conjunción *que* donde sea necesaria.**

1. Bajó a la sala de reuniones a *ver* si había llegado el administrador. (ver)
2. Resolvió el problema de su compañero a fin de que el otro _____ en deuda con él. (quedar)
3. Se asomó al balcón para _____ un vistazo a las ventanas de abajo. (echar)
4. Movió la cabeza para _____ los malos pensamientos. (ahuyentar)
5. Ahora me voy para _____ terminar de comer. (poder, tú)
6. Llamó por teléfono a casa para _____ de que no iría a comer. (avisar)
7. Llame a alguien para _____ a reparar las persianas. (venir)
8. Dejó el Periodismo con el fin de _____ una novela. (escribir)
9. Tiró de él para _____ a sentarse. (volver)
10. Carlota salió pronto de clase a fin de _____ asistir a la conferencia. (poder)
11. Vamos a comprar colchones nuevos para que tus hermanos y sobrinos _____ quedarse a dormir en la casa de la playa. (poder)
12. Mario me llamó para _____ con él a cenar. (salir, yo)

18. *Salimos de la fiesta después de que empezara a llover.*
La expresión del tiempo

Situaciones

▶ Las oraciones temporales nos sirven para situar la acción principal en un contexto de tiempo.
Te llamaré <u>en cuanto sepa algo nuevo</u>.
<u>Mientras ellos hacían la paella</u>, nosotras nos bañamos en el río.

Regla general

▶ Generalmente, las construcciones temporales llevan el verbo en indicativo si se refieren a acciones constatadas, pasadas, presentes o habituales. Y exigen el modo subjuntivo cuando hablan de acciones o situaciones futuras.

Antes de (que)

Lo usamos para referirnos a un acontecimiento anterior a otro.

▶ Si los dos acontecimientos tienen el mismo sujeto, rige el infinitivo.
A. *¿Y Pepe?* B. *No sé, salió de casa <u>antes de</u> **cenar**.*

▶ Si el sujeto es distinto se usa siempre el subjuntivo.
*María cenó <u>antes de que</u> la **llamaran** del hospital.*

Después de (que)

▶ Lo usamos para expresar la idea de posterioridad.

▶ Se utiliza con infinitivo si el sujeto de la principal y la temporal es el mismo.
*A Santi le gusta salir a dar un paseo <u>después de</u> **comer**.*

▶ En caso de tener sujetos distintos, se utiliza el subjuntivo cuando nos referimos al futuro.
*Me ducharé <u>después de que</u> **se acuesten** los niños.*

▶ Se puede utilizar el indicativo o el subjuntivo cuando hablamos del pasado.
*Nos fuimos a la fiesta <u>después de que</u> los niños **cenaron/cenaran**.*

Desde que / hasta que

▶ Para referirnos puntualmente a un momento de principio o de fin de algo. Siguen la regla general.
*<u>Desde que</u> **se cambió** de piso no he vuelto a ver a Olga.*
*No nos marcharemos <u>hasta que</u> no nos **reintegren** el dinero de las entradas del concierto.*

Siempre que / cada vez que

▶ Su función es enunciar que un acontecimiento ocurre cuando se produce otro.

Las frases introducidas por estos conectores siguen la regla general.

*Siempre que **necesita** dinero me llama a mí, no a su padre.*

*Ven a verme siempre que **necesites** dinero.*

*Cada vez que **hagas** un dibujo bien, te regalaré un cuento nuevo.*

▶ Este conector introduce también oraciones con valor condicional cuando se usa con subjuntivo (véase unidad 19).

*Iré a verte siempre que me **prestes** el dinero que necesito.*

En cuanto / tan pronto como / nada más / así que

▶ Se utilizan para presentar acontecimientos inmediatamente posteriores a otros.

Siguen la regla general, excepto las construcciones con *nada más*, que rigen infinitivo.

*Los vecinos llamaron a los bomberos nada más **producirse** el incendio.*

*Así que **vio** que la casa ardía, salió corriendo a avisar a los bomberos.*

Conforme / a medida que / según

▶ Con estos marcadores expresamos la progresión temporal de dos actividades en paralelo. Aparecen frecuentemente con la perífrasis *ir* + gerundio por su valor progresivo. Siguen la regla general en cuanto al uso de los modos.

*Según **iban** entrando los invitados, un mayordomo iba diciendo sus nombres en voz alta.*

*A medida que **vayas teniendo** más experiencia te subirán el sueldo.*

Mientras

▶ Se usa para presentar una actividad como simultánea a otra.

Robaron el banco mientras los policías veían el concierto de rock en el parque.

▶ A diferencia de lo que ocurre con otros marcadores, en las temporales introducidas por *mientras* se emplea el presente de indicativo cuando nos referimos al futuro.

*Yo iré a la compra mientras tú **pasas** la aspiradora.*

▶ Si se usa el subjuntivo en la construcción con *mientras*, ésta pasa a tener un valor condicional.

*Yo cumpliré mi palabra mientras tú **cumplas** la tuya (= si tú cumples la tuya).*

*Dijo que mientras **tuviera** trabajo no se jubilaría.*

▶ En muchas ocasiones, los valores temporales y condicionales están muy próximos y no es fácil delimitarlos.

*Mientras **hay** vida, hay esperanza. / Mientras **haya** vida, habrá esperanza.*

*Yo cuidaré la casa mientras tú **estás / estés** de viaje.*

Al + infinitivo

► Es otra forma de presentar dos actividades paralelas.

*Al **salir** a la calle se encontró con la lluvia.*

¿Cómo es?

Cuando / En cuanto / Tan pronto como / Así que Mientras / Cada vez que / Siempre que Desde que / Hasta que	+ indicativo o subjuntivo
Antes de / Después de / Hasta Al / Nada más	+ infinitivo
Antes de que + subjuntivo	

Práctica

A **Elige las opciones que sean posibles. En cada frase puede haber una o dos, pero en ningún caso serán correctas las tres.**

1. Su mujer murió poco *después de que / en cuanto / mientras* se jubilara.
2. La lluvia arreciaba *mientras / a medida que / en cuanto* volvían a la oficina.
3. *Nada más / Mientras / En cuanto* lleguemos a la ciudad, haga el favor de llevar estos documentos al juzgado.
4. Nadie podía iniciar una investigación *hasta que / desde que / en cuanto* se asignara un magistrado.
5. *Cuando / Al / En cuanto* mirar la cartera, vi que era funcionario del Ministerio de Cultura.
6. Encontró la cartera del herido *después de que / cuando / nada más* se lo llevaran al hospital.
7. *Antes de que / Mientras / A medida que* Pedro estuvo al lado de su esposa en el hospital, no fue nadie más a ver a la enferma.
8. *Nada más / A medida que / Según* vayas conociendo a Roberto te caerá mejor, ya lo verás.
9. *Mientras / Antes de que / Después de que* yo tuviera tiempo de responder, Carlos salió dando un portazo.
10. *Hasta que / Desde que / Antes de que* nos casamos, Carmen y yo hemos ido dos veces a París.
11. *Según / Cada vez que / A medida que* iba hablando Alicia de lo que había pasado en el accidente, Elena se iba poniendo pálida.
12. Este perro no me gusta nada, *siempre que / cada vez que / mientras* pasamos por aquí se pone a ladrar.

13. Enrique nos dijo que *en cuanto / mientras / así que* supiera algo, nos lo comunicaría.

14. *Mientras / En cuanto / Antes de que* la madre diga que su hijo tiene sólo quince años, no se le puede procesar.

15. *A medida que / Según / Nada más* se iban acercando al incendio, el olor a quemado era más intenso.

16. Se dio cuenta de que se había olvidado las llaves *nada más / al / en cuanto* salir de la casa.

17. Luis parecía receloso, *según / mientras / hasta que* su padre parecía contento y apenado a la vez de verlo.

18. *Al / Nada más / A medida que* pasar por delante de la cocina, vio que Ricardo le decía algo a la cocinera.

19. *A medida que / En cuanto / Mientras* se acercaban a la casa de los abuelos, Carmen se fue sintiendo más animada.

20. *Cada vez que / Siempre que / Tan pronto como* pasaba por aquella casa, Luisa se enfurecía al pensar en lo que había pasado hacía años.

B **Completa con el verbo en el tiempo y modo más adecuados.**

1. Necesito que retengas a los empleados en la entrada a medida que *vayan* llegando y no los dejes marchar hasta que yo *haya hablado* con ellos. (ir, hablar)

2. Después de _____ la universidad trabajó como actriz durante un par de años. (dejar)

3. A. ¿Qué tal está tu madre? B. Va bien mientras no _____ levantarse de la cama. (intentar)

4. Antes de que él _____ evitarlo, ella le cogió la mano. (poder)

5. Antes de que _____ su primer libro, tenía miedo de que se burlasen de él. (aparecer)

6. Antes de _____, él había trabajado como periodista especializado en música. (conocerse)

7. Al _____ al asesino, se puso a gritar. (ver)

8. En esta playa, en cuanto _____ a perder pie, te hundes muy deprisa. (empezar)

9. Cuando _____, ella ya había preparado el desayuno para los dos. (despertarse)

10. ¿Estarás aquí cuando _____ la policía? (volver)

11. Antes de que _____ el médico, fue a ver a la niña a su dormitorio. (llegar)

12. Mientras Fernando _____ a hablar con la profesora de Jaime, su madre lo _____ al médico. (ir, llevar)

13. Al _____ a casa se enteraron de que Federico había vuelto a recaer. (llegar)

14. En cuanto _____ el timbre, abrió la puerta. (oír)

15. Al principio estaba nerviosa, pero cuando se _____ cuenta de que el público la escuchaba, se tranquilizó. (dar)

16. Dijo que en cuanto _____, leería todas las cartas de su padre. (volver)

17. Nada más _____ del tren se dirigió a casa de su amigo Emilio. (bajar)

18. Pasará tiempo antes de que todo el mundo _____ de acuerdo en la necesidad de respetar el Medio Ambiente. (estar)

19. No comeremos hasta que no _____ todos los invitados. (llegar)

20. Francisco ha dejado todos sus proyectos de lado hasta que su mujer _____ de su enfermedad. (mejorar)

21. Carlos, tráeme el presupuesto en cuanto lo _____ acabado. (tener)

22. La presidenta del Tribunal expulsó de la sala a los familiares de la víctima, después de que éstos _____ al fiscal, _____ justicia a gritos y _____ a los padres de los acusados. (aplaudir, pedir, enfrentarse)

23. Allí no habría nada que hacer después de que los bares _____ sus puertas y los borrachos _____ a casa. (cerrar, irse)

24. Cuando tú _____ mi ayuda, yo te la presté. (necesitar)

C A continuación hay un poema del poeta romántico español Gustavo Adolfo Bécquer. Reconstrúyelo escribiendo en su lugar los verbos del recuadro.

| sepa | palpiten | haya (3) | prosigan | exista | vista |

Mientras

No digáis que, agotado su tesoro,
de asuntos falta, enmudeció la lira;
podrá no haber poetas; pero siempre
habrá poesía.

Mientras las ondas de la luz al beso
_____ (1) encendidas,
mientras el sol las desgarradas nubes
de fuego y oro _____ (2),

mientras el aire en su regazo lleve
perfumes y armonías,
mientras _____ (3) en el mundo primavera,
¡habrá poesía!
[...]

mientras la humanidad siempre avanzando,
no _____ (4) a dónde camina;
mientras _____ (5) un misterio para el hombre,
¡habrá poesía!
[...]

mientras el corazón y la cabeza
batallando _____ (6)
mientras _____ (7) esperanzas y recuerdos,
¡habrá poesía!
[...]

mientras sentirse puedan en un beso
dos almas confundidas;
mientras _____ (8) una mujer hermosa,
¡habrá poesía!

Gustavo Adolfo Bécquer, *Rimas*

D A continuación presentamos un fragmento de una novela de Gabriel García Márquez, *Relato de un náufrago*. Completa el texto con los elementos temporales que hemos omitido.

entonces (2)	al principio	ahora	después (2)	antes	luego	de pronto	cuando

La gran noche

Al principio [1] me pareció que era imposible permanecer tres horas solo en el mar. Pero a las cinco, _____ [2] ya habían transcurrido cinco horas, me pareció que aún podía esperar una hora más. El sol estaba descendiendo. Se puso rojo y grande en el ocaso y _____ [3] empecé a orientarme. _____ [4] sabía por dónde aparecerían los aviones: puse el sol a mi izquierda y miré en línea recta, sin moverme, sin desviar la vista un solo instante sin atreverme a pestañear, en la dirección en que debía de estar Cartagena, según mi orientación. A las seis me dolían los ojos. Pero seguía mirando. Incluso _____ [5] de que empezó a oscurecer, seguí mirando con una paciencia dura y rebelde. Sabía que _____ [6] no vería los aviones, pero vería las luces verdes y rojas, avanzando hacia mí, _____ [7] de percibir el ruido de sus motores. Quería ver las luces, sin pensar que desde los aviones no podrían verme en la oscuridad. _____ [8] el cielo se puso rojo, y yo seguía escrutando el horizonte. _____ [9] se puso de color de violetas oscuras, y yo seguía mirando. A un lado de la balsa, como un diamante amarillo en el cielo color de vino, fija y cuadrada, apareció la primera estrella. Fue como una señal. Inmediatamente _____ [10], la noche, apretada y tensa, se derrumbó sobre el mar.

E Completa las frases.

1. Antes de saber hablar español, _____.

2. Anoche me quedé estudiando hasta que _____.

3. El verano pasado, mientras Jorge estaba en la playa de vacaciones, _____.

4. Tenemos que aprendernos los verbos antes de que el profesor _____.

5. Pienso ir de vacaciones a España tan pronto como _____.

6. Ignacio vino corriendo nada más _____.

7. Llama por teléfono a tu madre antes de que _____.

8. Ayer, al salir de casa por la mañana, _____.

19. De haberlo sabido, no habría venido.
Oraciones condicionales

Situaciones

1. Las oraciones introducidas por *si*

Reales

▶ Se llaman así las estructuras condicionales construidas con indicativo porque el hablante considera que la condición o la hipótesis que presenta es factible. Pueden llevar cualquier tiempo de indicativo, tanto en la oración subordinada como en la principal. Aquí presentamos los esquemas más frecuentes.

▶ *Si* + presente de indicativo + presente de indicativo
Si **quieres**, **puedes** *hacerlo. / Yo, si* **puedo**, **voy** *todos los domingos al Rastro.*

▶ *Si* + presente de indicativo + futuro
Si Julia **aprueba** *todas las asignaturas,* **iremos** *a la playa.*

▶ *Si* + presente de indicativo + imperativo
Si **necesitas** *algo,* **llámame**.

▶ *Si* + pretérito imperfecto indicativo + pretérito imperfecto de indicativo
Antes, si **llegabas** *a tu casa después de la medianoche, tus padres te* **echaban** *una bronca de espanto.*

Potenciales

▶ En este grupo se incluyen las estructuras en las que el hablante presenta una hipótesis que es más o menos realizable. Se construyen con subjuntivo.

▶ *Si* + imperfecto de subjuntivo + condicional
Si Julia **aprobara** *todas las asignaturas,* **podríamos** *irnos tranquilos a la playa.*

▶ *Si* + imperfecto de subjuntivo + imperfecto de indicativo.
Pertenece a un registro hablado e informal.
Mira qué moto más chula. Si **tuviera** *dinero, ahora mismo me la* **compraba** (= compraría).

Irreales

▶ La hipótesis se presenta como totalmente irrealizable. Se refieren al presente o al pasado. Se construyen con subjuntivo.

▶ *Si* + imperfecto de subjuntivo + condicional
Si yo **fuera** *pintor, te* **haría** *un retrato.*

► *Si* + pluscuamperfecto de subjuntivo + pluscuamperfecto de subjuntivo o condicional compuesto.

*Si **hubieras venido** a la comunión de Miguel, **hubieras/habrías visto** a la tía Isabel.*

► *Si* + pluscuamperfecto de subjuntivo + condicional (ahora).

*Si **hubieras hecho** caso al médico, no te **dolería** tanto la espalda.*

► Un caso especial es la posibilidad de expresar irrealidad con el indicativo. Se utiliza en contextos hablados informales.

*Si lo **sé**, no me **caso** con Lola. (= Si lo **hubiera sabido**, no me **hubiera/habría casado** con Lola).*

2. Otros conectores

► Además de la conjunción *si*, tenemos una serie de conectores que sirven para establecer la única condición bajo la cual puede realizarse lo dicho en la oración principal. Siempre rigen el modo subjuntivo.

A condición de que, con tal de que, siempre que, siempre y cuando

► *Te prestaré el coche a condición de que / con tal de que / siempre que / siempre y cuando me lo **devuelvas** el domingo por la tarde.*

A no ser que, a menos que, salvo que, excepto que

► *Iremos a la playa a no ser que / a menos que / salvo que / excepto que **llueva**.*

En el caso de que / en el supuesto de que...

► Tienen la característica de introducir una hipótesis más o menos factible.

*Vuelva a verme en (el) caso de que el dolor no se le **quite**.*

*Pediríamos un préstamo en (el) caso de que tus padres no nos **prestaran** el dinero para el piso.*

*En caso de que no **hayan cerrado** todavía, puedes comprar la medicina en la farmacia.*

Como + subjuntivo

► Se utiliza especialmente para amenazar, en serio o metafóricamente. Se combina con el presente o el pretérito perfecto de subjuntivo, nunca con el imperfecto. Presentan una condición realizable.

*Como no **vengas** a mi cumpleaños, me enfado. (= Si no vienes a mi cumpleaños, me enfadaré).*

*Como no **hayas hecho** los deberes cuando venga tu padre, **te vas a enterar**. (= Si no has hecho los deberes, cuando venga tu padre te va a regañar).*

Mientras (que)

► Acompañada del verbo en subjuntivo, *mientras (que)* introduce estructuras condicionales factibles con cierto valor temporal.

*No saldrás mientras no **hagas** los deberes.*

De + infinitivo

▶ Es un tipo especial de condicional que, debido al propio carácter del infinitivo, puede constituir tanto una condicional real como irreal.

*De **venir** el profesor, lo **hizo / hará** a las diez.* (Si vino, viene…).

*De **venir** el profesor, lo **haría** a las diez.* (Si viniera…).

*De **haber venido**, lo **habría hecho** a las diez.* (Si hubiera venido…).

Se utiliza en contextos restringidos, más bien en la lengua escrita.

Como si

▶ Introduce un tipo muy frecuente de oraciones entre comparativas y condicionales hipotéticas. Se combina con el verbo en imperfecto o pluscuamperfecto de subjuntivo por su carácter irrealizable. Son muy rentables literariamente.

*Habla de fútbol como si **entendiera** algo, y nunca ha visto un partido.*

■ Completa estos anuncios publicitarios con los verbos en el tiempo adecuado. Relaciona.

| ir   poder   <u>quedar</u>   regalar |

1. *Si* queda *satisfecho, le devolvemos su dinero.*

2. *Si encuentra el mismo producto más barato en otro lugar, se lo _____.*

3. *Mamá, si _____ a la compra, tráeme chocolate Chocobueno.*

4. *Si _____ tener un super coche, ¿por qué tener un cochecito?*

¿Cómo es?

Pretérito pluscuamperfecto		Condicional compuesto	
yo	hubiera	yo	habría
tú	hubieras	tú	habrías
él, ella, Vd.	hubiera	él, ella, Vd.	habría
nosotros, -as	hubiéramos + venido	nosotros, -as	habríamos + venido
vosotros, -as	hubierais	vosotros, -as	habríais
ellos, ellas, Vds.	hubieran	ellos, ellas, Vds.	habrían

Las condicionales introducidas por *si* nunca pueden llevar el verbo en condicional, en futuro ni en presente de subjuntivo.

Si ~~vendrías, vengas, vendrás~~.

Sólo las condicionales reales introducidas por *si* admiten el indicativo. El resto de conectores condicionales exige modo subjuntivo.

Práctica

A **Elige el más adecuado.**

1. Si los papeles se *han extraviado / extravíen*, deben ir ustedes a la comisaría a denunciarlo.

2. Si este piso se *construyó / hubiera construido* al mismo tiempo que el de abajo, tendría la misma estructura.

3. Si en el momento de la obra se *solicitó / solicitara* el permiso, pero no se concedió la aprobación definitiva, le pondrán una multa.

4. Si usted lo hubiese visto como yo lo vi, *creería / creerá* lo que le digo.

5. Si ellos supieran quiénes son los culpables, los *denunciarían / denunciarán*.

6. Si me *amaras / amas*, no permitirías que me marchase.

7. Habría querido más a Ernesto si no *hubiera sido / había sido* tan moralista.

8. La vida se queda vacía si no la *llenas / llenarás* con alguna tarea peligrosa y emocionante.

9. De *seguir / haber seguido* así el negocio, tendremos que cerrarlo.

10. De *haber sido / ser* un ladrón normal y corriente, le habría resultado más fácil encontrar una solución.

B Haz la transformación correspondiente.

1. Roberto no quiere a Lucía, no se va a casar con ella.

    Si Roberto quisiera a Lucía, se casaría con ella.

2. Enrique no ha respetado el stop y le han puesto una multa.

    Si Enrique _____.

3. Javier bebió mucho el sábado y tuvo un accidente con el coche.

    Si Javier no _____.

4. Lucía no le contó toda la verdad al médico y éste no acertó en el diagnóstico.

    _____.

5. No escribiste a la compañía telefónica y no te han dado de baja.

    _____.

6. Ismael no estudió cuando era joven y ahora tiene que trabajar en cualquier cosa.

    _____.

7. Se ha gastado los ahorros en un crucero y ahora no puede pagar el alquiler del piso.

    _____.

8. No reservó hotel en la playa y ahora no tiene donde dormir.

    _____.

C Completa las frases con las conjunciones más adecuadas.

como (2)	como si (2)	con tal de (que) (2)	si (2)
en el caso de que (2)	a no ser que (2)	siempre que (2)	

1. Tendremos que vender el piso de la playa y algunas acciones *a no ser que* remontemos esta crisis que estamos pasando.

2. _____ se calle, dale a la niña lo que te pida.

3. _____ le suba la fiebre, dale otra cucharadita de paracetamol a Clara.

4. Yo creo que Mayte y Luis llegarán a tiempo _____ encuentren atasco a la salida de Barcelona.

5. _____ no terminemos este proyecto a final de mes, los jefes nos van a cortar el cuello, te lo digo yo.

6. Vino a pedirme ayuda, _____ yo no tuviera bastantes problemas.

7. A. ¿Sabes qué dice ahora Álvaro?, que está estresado.

  B. Sí, ése, _____ no venir a trabajar, es capaz de inventarse cualquier cosa.

8. Pensamos ir de vacaciones a Mallorca, _____ encontremos billete de avión para el 1 de agosto, claro.

9. María, ¿qué te pasa?, estás muy pálida, _____ hubieras visto un fantasma.

10. _____ piensas venir muy tarde, llévate la llave porque voy a salir.

11. Ramón, usted puede vivir todavía muchos años, _____ lleve una vida sin sobre-saltos y cuidando la alimentación.

12. Laura, _____ no hagas lo que te digo, no voy a comprarte nada.

13. _____ no quede satisfecho de su compra, le devolvemos su dinero.

14. _____ hubieras tenido más cuidado, no se te habría roto la botella.

D **A continuación hay una carta de un lector al director de un periódico. Está muy enfadado y expresa en forma de condicional todo lo que encuentra que falta en los aeropuertos españoles. Reconstruye la carta con los verbos adecuados. Utiliza los verbos del recuadro.**

entretenerse	apagar	estar	confirmar	formar	disponer
presentarse	ponerse	vender	ocurrir	cantar	

Sr. director:

Si Iberia *dispusiera* [1] de aeropuertos con terminales en exclusiva; si el pasaje _____ [2] a la hora del embarque y no _____ [3] en el *duty free*; si las agen-cias de viajes no _____ [4] conexiones entre vuelos con menos de una hora de intermedio; si la gente _____ [5] sus móviles a bordo; si se _____ [6] pen-diente de la megafonía y de las pantallas de información; si se guardaran las etique-tas del equipaje; si se _____ [7] las plazas con una semana de antelación; si no se _____ [8] colas para preguntar lo obvio (o lo que se puede mirar en los pane-les informativos); si los afectados por problemas no se _____ [9] tan bravos…; si todo esto _____ [10], otro gallo nos _____ [11].

E Elige la forma adecuada. A veces las dos son adecuadas. ¿Cuál es la diferencia entre usar una u otra?

1. Siguió hablando como si no *hubiera oído / oyera* las preguntas del periodista.

2. Sentí picores en todo el cuerpo, como si me *hubiera sentado / sentara* en un hormiguero

3. Él actuaba como si yo no *hubiera estado / estuviera* delante.

4. Estaban expectantes como si de pronto *fuera / hubiera ido* a ocurrir algo gracioso.

5. Haz como si nada *pasara / hubiera pasado*.

6. Tenía una expresión triunfal, como si *acabara / hubiera acabado* de superar una dura prueba.

7. Se comportaba como si no le *importara / hubiera importado* nada en el mundo.

8. Se sentía como si Dios le *diera / hubiera dado* la espalda.

F Completa con el verbo más adecuado.

1. Si le *hubieras oído* hablar el otro día, pensarías de otra manera. (oír)

2. No se _____ tan incómodo, si no se sintiera observado. (sentir)

3. ¿Me puede llamar si _____ algo nuevo de su hermano? (saber)

4. Si Fernando _____ ayer por la noche, yo me habría enterado. (salir)

5. Si la chica _____ bien el equipaje, no tendría que comprarse el abrigo que le hacía falta. (preparar)

6. Si saliéramos ahora a la calle, _____ congelados en poco tiempo. (morir)

7. Este lugar es el paraíso, siempre y cuando _____ soportarlo. (poder)

8. Si el negocio se _____ abajo, el banco se queda con la casa. (venir)

9. Podemos dormir tranquilos, a menos que _____ algún imprevisto. (surgir)

10. Si alguien _____ a una ventana en aquel momento y _____ a siete personas con trajes aislantes de color naranja, pensaría que estaba ante un grupo de alienígenas. (asomarse, ver)

11. Señores periodistas, les daremos un dossier a cada uno y pueden pedir alguno más a Carmen en caso de que lo _____. (necesitar)

12. Si su padre _____ allí, el misterio se habría resuelto rápidamente. (estar)

13. Si Carlos se _____ de aquello, organizaría una gorda. (enterar)

14. Si Fernando la _____ aquel día aciago, no habría ocurrido el accidente. (acompañar)

15. Si _____ ser jefe, debes esperar diez años y tener al menos treinta y cinco. (querer)

16. Muchas personas _____, si los investigadores dejaran de trabajar en nuevas vacunas. (morir)

17. Perdió el equilibrio, y se _____ al suelo, si ella no lo hubiera sujetado a tiempo. (caerse)

18. Si _____ un mayor control sobre algunos empresarios o constructores, quizás se _____ a tiempo algunos escándalos recientes. (haber, evitar)

19. No entrará, a menos que la _____. (invitar, tú)

20. Si le _____ su opinión, ella tenía miedo de darla. (preguntar)

21. No soy un hombre culto. En caso de que Dori se _____, no ha hecho ningún comentario. (percatar)

22. Si tu marido te _____, siempre puedes quedarte aquí una temporada. (abandonar)

G Relaciona las dos partes para recomponer un poema de Carlos Edmundo de Ory. El poema está basado en asociaciones fonéticas o léxicas, no precisamente lógicas.

FONEMORAMAS

1. Si canto	a) soy un cantueso
2. Si leo	b) soy un serrucho
3. Si emano	c) soy una mano
4. Si amo	d) soy un río de risa
5. Si lucho	e) invento una verdad
6. Si como	f) soy un león
7. Si río	g) me escucha el diablo
8. Si duermo	h) me fumo hasta el humo
9. Si fumo	i) soy un amasijo
10. Si hablo	j) soy como soy
11. Si miento	k) enfermo de dormir
12. Si me hundo	l) me Carlos Edmundo

H Termina las hipótesis.

1. Si pudiéramos leer el pensamiento de nuestros enemigos, _____.

2. Si los coches funcionaran sólo con agua, _____.

3. Si no muriéramos nunca, _____.

4. Si los periódicos sólo dieran buenas noticias, _____.

5. Si no hubiera televisión, _____.

6. Si todos habláramos el mismo idioma, _____.

7. Si todo el mundo fuera rico, _____.

20. *Por muy barato que te parezca no compres en rebajas si no lo necesitas.*
Expresión de la concesión

Situaciones

Aunque

▶ Las oraciones introducidas por esta conjunción pueden llevar el verbo en indicativo o subjuntivo.

▶ **Indicativo.** Cuando el hablante quiere expresar una dificultad real o un hecho que sabe que es verdad. Se refiere mayoritariamente a hechos del pasado o el presente.

*Ernesto, <u>aunque</u> **sabía** leer y escribir perfectamente, no le dijo nada a la profesora.*

▶ **Subjuntivo.** En general, cuando el hablante expresa una dificultad de la que no está seguro o no quiere informar de su veracidad. Puede referirse al pasado, al presente o al futuro.

*Cuando vivía con Carlos, <u>aunque</u> a mí no **me apeteciera**, tenía que ir al fútbol cada domingo.*
*María, <u>aunque</u> su hijo **esté** enfermo, va siempre a trabajar.*

▶ También usamos subjuntivo cuando replicamos a una aseveración hecha por el primer hablante. Tiene el valor de reforzar la objeción.

A. *Pablo, tráeme el examen.*
B. *Es que todavía no lo he terminado.*
A. *Bueno, no importa, <u>aunque</u> no lo **hayas terminado**, tráemelo ya.*

▶ Si la hipótesis expresada por el hablante es poco probable o imposible, utiliza el pretérito imperfecto o pluscuamperfecto de subjuntivo.

*No tengo el dinero que me pides, pero <u>aunque</u> lo **tuviera** no te lo prestaría para tu negocio porque creo que es un mal asunto.*
*<u>Aunque</u> **hubieran tenido** el dinero suficiente, mis hermanos nunca se hubieran / habrían ido a vivir a esa urbanización.*

A pesar de (que), pese a (que)

▶ Puede ir seguido de un nombre, un infinitivo o una frase. Se utiliza especialmente para referirnos al presente o el pasado, y por tanto, casi siempre en indicativo. Con el mismo valor, pero algo menos usado, tenemos *pese a (que)*.

*<u>A pesar de</u> **trabajar** como un burro, no gana suficiente para mantener a toda la familia.*
*<u>A pesar de que</u> no nos **vemos** mucho, yo me acuerdo de ti con frecuencia.*
Los montañeros consiguieron llegar a la cima <u>pese al</u> mal tiempo.

Por más que / por mucho / poco que / por mucho + nombre + que

▶ Siguen el mismo régimen que las construcciones con *aunque*.

*<u>Por más que</u> **se esforzó** no consiguió acabar la carrera de Derecho.*

<u>Por muchos libros que</u> leas no eres más listo que yo.

*<u>Por poco que</u> te **paguen** en ese trabajo, te dará para comer y pagar el alquiler.*

Por (muy) + adjetivo / adverbio + que

▶ Se construyen con subjuntivo:

*Con tu título de médico, <u>por muy mal</u> que **esté** el mercado de trabajo, siempre podrás encontrar algo.*

Si bien / y eso que

▶ Se utilizan siempre con el verbo en indicativo. *Si bien* pertenece a un registro culto, mientras *y eso que* pertenece al uso oral e informal.

*Han llegado ya los pedidos que hicimos, <u>si bien</u> no **están** en las condiciones que pactamos.*

*Adela ha aprobado con buenas notas, <u>y eso que</u> no **había estudiado** apenas.*

Aun + gerundio

▶ *Mi abuelo está bastante sordo, <u>aun</u> **gritándole** no oye lo que le dicen por teléfono.*

Quieras o no quieras / venga quien venga

▶ Otras construcciones con valor condicional son las formadas por dos verbos en modo subjuntivo. Pueden tener dos formas:

Dos subjuntivos unidos por una disyuntiva (*o, bien, bien…*).

***Te quedes** <u>o</u> **te vayas**, Aurelio no va a cambiar de opinión* (= aunque te quedes o aunque te vayas…).

Dos subjuntivos unidos por un relativo (*lo que, quien, como, donde…*).

***Digan** <u>lo que</u> **digan** mis padres, no pienso volver a casa* (= no me importa lo que digan).

■ Escribe tres frases concesivas con *aunque* tomando como base:
hacer buen tiempo / no bañarse en la playa.

1. *Aunque hace buen tiempo, no se bañan en la playa, no les gusta.*

103

2. *Aunque* _____ *buen tiempo, yo no me* _____ *en esa playa, está muy sucia.*

3. *Llovía mucho, pero aunque* _____ *buen tiempo, no me* _____ *, me parece que estaba llena de tiburones.*

¿Cómo es?

Aunque + indicativo

Aunque **había dicho** *que no vendría a la reunión, al final vino.*

Aunque **era** *muy tarde, salimos a ver los fuegos artificiales.*

Aunque **ha estudiado** *Pedagogía, no tiene mucha idea de cómo tratar a los niños.*

Aunque **quiere** *ir con nosotros de viaje, no puede porque tiene que trabajar.*

Aunque + subjuntivo

Aunque **te haya dicho** *lo contrario, él está encantado con sus hijos.*

Aunque **estemos** *cansados, todos los domingos vamos a jugar al tenis.*

Aunque *no* **tengamos** *ganas, tendremos que trabajar el fin de semana.*

Cuando era pequeña, aunque **hiciera** *mal tiempo, mi madre me obligaba a nadar.*
(Pretérito imperfecto con valor de pasado).

¡Qué mueble más feo! Yo no me lo llevaría a mi casa aunque me lo **regalaran**.
(Pretérito imperfecto con valor de hipótesis).

Aunque **hubieras venido** *antes no* **hubieras/habrías visto** *a Jorge porque ha estado ocupado con el director todo el tiempo.*

¿Indicativo o subjuntivo?

Aunque **le gusta** *esa chica, Luis no puede casarse con ella porque sus padres no se lo permiten.*
(El hablante sabe con certeza que a Luis le gusta la chica y nos lo dice).

Aunque **le guste** *esa chica, no puede casarse con ella porque sus padres no se lo permiten.*
(El hablante no sabe o no quiere informar de si a Luis le gusta la chica: puede que sí, puede que no).

Práctica

A Relaciona.

1. Julián, por poco que gane,

2. Antes, aunque no tuviera ganas,

3. Por más que le digo que estudie,

4. La exposición de Javier era estupenda,

5. Votaron a favor de la nueva ley

6. A pesar del calor,

7. Pese a tener cuatro hijos,

8. Por muy cansada que esté

9. Aun cuando no se lo crea

10. No llegó a tiempo a la boda

11. Veas lo que veas

a) a pesar de que no estaban de acuerdo con ella.

b) aunque no fue mucha gente.

c) a pesar de que salió de su casa dos horas antes.

d) no muestres ninguna sorpresa.

e) debes decirle a Antonio que el hijo es suyo.

f) tenía que salir todos los domingos.

g) estábamos muy bien en el piso de la playa.

h) no recibe ninguna ayuda económica del Estado.

i) salgo a correr varios kilómetros diarios.

j) nunca se queja, tiene suficiente para vivir.

k) no coge nunca un libro.

B Haz la transformación, como en el modelo.

1. Aunque buscamos las llaves de Pedro por todas partes, no las encontramos.

Por más que buscamos las llaves de Pedro por todas partes, no las encontramos.

2. Eugenio hace mucha gimnasia, pero no consigue adelgazar.

_____.

3. Sí, este coche es muy barato, pero no puedo comprármelo.

_____.

4. Aunque te empeñes mucho no vas a convencerme de que vaya contigo a Canarias.

_____.

5. A Olalla le gusta estar morena y toma el sol todos los días, pero sigue casi blanca.

_____.

6. Le dio muchas vueltas al problema de Lola, pero no encontró ninguna solución.

_____.

7. Aunque vivieras doscientos años, nunca podrías hacer todo lo que deseas.

_____.

8. Aunque intento olvidar a Jaime, no lo consigo.

_____.

9. Buscamos al perrito de Lorena mucho tiempo, pero no lo encontramos.

_____ .

10. Creo que ha estudiado muy poco, pero yo confío en que aprobará.

_____ .

11. Sí, vale, tenía razones para matarlo, pero no debería haberlo hecho.

_____ .

C **Completa las frases con el tiempo adecuado del indicativo.**

seguir   ser (3)   <u>tener</u>   advertir   maltratar   viajar (2)   terminar   utilizar   dejar

1. Mi padre, aunque *tenía* muchas cosas que hacer en casa, me acompañó al partido de baloncesto.

2. Aunque los precios de los pisos _____ subiendo, el Gobierno no puede hacer nada.

3. Por más que le _____ que aquel caballo era peligroso, ella no les escuchó.

4. Yo los presenté en mi periódico como famosos, a pesar de que en el resto del mundo _____ totalmente desconocidos.

5. Aunque _____ por medio mundo, era muy inculto.

6. Aunque _____ de salir con ella, la verdad es que estaba más presente que nunca en mi vida.

7. Aunque la guerra _____ hace más de diez años, todavía está presente en la mente de muchos hombres y mujeres.

8. Me dijo que se encontraba bien, aunque no _____ probable que volviera a casa.

9. A pesar de que su jefe la _____, no quería dejar el trabajo.

10. Papá estuvo una semana entera sin hablar, aunque de vez en cuando _____ el dedo para señalar la sal o la pimienta.

11. Aunque yo _____ incapaz de tomarme en serio mi fama, ella me dijo que comprendía perfectamente por qué gustaba tanto a las mujeres.

12. Aunque no _____ al extranjero, conozco mucho mundo por los libros que leo.

D **Las frases que siguen son auténticas y los hablantes han utilizado en ellas el modo subjuntivo. Rehazlas con el tiempo del subjuntivo adecuado. Luego léelas otra vez y piensa cuáles podrían formularse en modo indicativo.**

1. Aunque después *vaya* a ver la película, me gusta que me la cuenten. (ir)

2. Soy muy débil, aunque en otros tiempos me _____ muy fuerte. (creer)

3. Mi madre, aunque _____ muy ocupada, siempre tenía un momento para escucharnos cuando teníamos un problema. (estar)

4. Aunque _____ lo contrario, Pepe no estaba enamorado de Rosa, sino de Alba. (decir)

5. Aunque la guerra ya _____, no debemos olvidarla para no volver a repetirla. (terminar)

6. Aunque no _____ enamorada de Fran, no saldría con su antiguo novio. (estar)

7. Aunque me _____, hago 30 km de bicicleta el sábado y otros 30 el domingo. Es la manera de mantener el estrés a raya. (costar)

8. Yo ya sé todo de vos, aunque no me _____ nada hasta ahora. (contar)

9. Valía la pena ponerse a buscar oro con aquel tipo, aunque no lo _____. (encontrar)

10. Aunque no me _____ a la boda, yo habría ido igualmente. (invitar)

11. Por más argumentos que le _____, Eduardo siempre se las arreglaba para que pareciera ella la equivocada. (presentar)

12. Por mucho que uno _____, siempre hay tiempo para amar. Sin un beso o una caricia, la vida sería insoportable. (trabajar)

E **Completa el e-mail con una construcción concesiva en cada hueco. Utiliza los verbos del recuadro.**

| querer | intentar (2) | darle vueltas |

● ● ●   Mensaje nuevo   ⬭

Enviar   Chat   Adjuntar   Agenda   Tipo de letra   Colores   Borrador

Para: conchita@correo.com

Cc:

Asunto: DESESPERADA

Estimada señora:

Soy una mujer casada de treinta y seis años y con una hija preciosa y sana de cuatro años. Mi problema es con mi marido: es un jugador compulsivo. Todo lo que ganamos se lo gasta en el juego. Hace cinco años le dije que _____ (1), no podía seguir con él si no dejaba de jugar. Él me prometió que lo iba a dejar, pero _____ (2), no consiguió dejarlo. Luego nació la niña y yo me volqué en ella, pero ahora ya no puedo más porque prácticamente no tenemos dinero: todo se lo gasta en el casino. Yo sé que es una enfermedad, que _____ (3), nunca podrá dejarlo, pero también me da pena abandonarlo, no quiero que mi hija se eduque sin un padre. Estoy desesperada: _____ (4) no encuentro salida a la situación, ¿qué me aconseja?
Una desesperada.

A **Completa las conversaciones con una conjunción causal.**

1. A. *Lucía, ¿vas a salir?*

B. *Sí, voy a sacar el perro.*

A. *Pues, mira, _____ sales, ¿puedes recoger mis gafas de la óptica? Yo tengo que terminar este trabajo y no puedo.*

B. *Vale, ya voy. Dame el resguardo que te dieron y el dinero.*

2. A. *Hijo, ¿_____ no has ido a ver a tu abuela Concha?*

B. *_____ tenía mucho que estudiar, mamá.*

3. A. *¿Y sabes algo de Marisa?*

B. *Sí, hablé con ella hace un mes. _____ cerraron la empresa donde trabajaba y estaba sin trabajo, pidió un préstamo al banco y ha montado su propio negocio.*

4. A. *Miguel, ¿quieres que te cuente lo que pasó ayer?*

B. *Ahora no, _____ estoy viendo el partido.*

5. A. *Yo no quería venir, pero Rosa me ha obligado.*

B. *Bueno, pues _____ estás aquí, procura divertirte, no te quejes.*

B En el diario siguiente hay seis errores. Búscalos y corrígelos. El primero ya está señalado.

> **Mi diario**   *19 de junio*
>
> Ayer me llamó Mario por pedirme que salga con él. No sé que estoy nerviosa. Lo conozco
> desde hace tres años y me gusta mucho como es trabajador, inteligente y además tiene
> sentido del humor. Pero no me gusta tanto como a fin salir con él, porque no estoy real-
> mente enamorada de él. He llamado a Celia para aconsejarme y me ha dicho que no debo
> preocuparme porque Mario es un chico muy majo y no se enfadará si le digo que no.
>
> *Ayer me llamó Mario para* _____
>
> _____
>
> _____

C Completa con el verbo en indicativo o subjuntivo. A veces hay más de una posibilidad. Escríbelas todas.

1. Aunque realmente *pensaba* ir a verla, le dije que no, cuando me preguntó. (pensar)

2. A. No puedo irme a Sevilla, Jorge está enfermo.

   B. Lo siento, Lola, aunque tu hijo _____ enfermo, tienes que salir de viaje. (estar)

3. Aunque no _____ mucho, no _____ demasiado mundo, no _____ con demasiada intensidad, esta temporada en España ha sido como un doctorado. (viajar, ver, vivir)

4. Por más dolor que me _____, las horas que pasaba con ella eran las más preciosas de mi
   vida. (traer)

5. Creo que en estos momentos, por más tiempo que _____, no lograrás escribir nada que
   merezca la pena. (invertir)

6. Por más que _____ la pantalla, no se le ocurría nada que escribir. (contemplar)

7. Pese a la pista de que la isla _____ cerca de Rodas, no fue tarea fácil encontrarla entre
   las incontables islas del mar Egeo. (quedar)

8. Por poco que _____, un perro en casa es un gasto extra. (comer)

9. Por más humilde que _____ su trabajo, siempre es una salida. (ser)

10. Tal vez _____ a buscar oro, aunque dijese otra cosa. (venir)

11. Habría muerto aunque lo _____ veinticuatro horas antes. (encontrar, nosotros)

12. El agua era cristalina, por más que te _____ en ella, seguías viendo el fondo. (adentrar)

13. Aunque a los veintiocho años aún no _____ suerte, cuando te vayas de casa te las apa-
    ñarás estupendamente. (tener)

21. *Necesitaban una persona que supiera cantar y bailar.*
Oraciones adjetivas o de relativo

Situaciones

Nexos

▶ Las oraciones de relativo tienen como función definir o describir personas o cosas. Van introducidas por los pronombres relativos *que, quien/es, el / la, cual, los / las cuales, cuyo/a/os/as.*
*Este es el coche **que se ha comprado Roberto**.*
(antecedente)

▶ El nexo más utilizado es *que*, tanto para personas como para cosas. *Quien/es* y *el/la cual, los/las cuales* son propios de contextos un poco más formales y escritos. El relativo *cuyo/a/os/as* se utiliza muy poco y casi siempre en contextos escritos.

▶ No se puede utilizar *quien* en el caso de construcciones especificativas.
Han detenido al hombre ~~quien~~ robó ayer el banco Central.
                              que

▶ Se utiliza *el/la cual, los/las cuales* especialmente detrás de preposiciones de más de una sílaba. Y obligatoriamente detrás de *según*.
*Encontraron unas ramas **debajo de las cuales** había un nido con gorriones.*
*Han leído una nota de prensa **según la cual** se suspende la reunión de mañana entre los ministros de Asuntos Exteriores.*

▶ También se consideran oraciones de relativo las construcciones introducidas por los adverbios relativos *cuando, donde, como, cuanto*. Las más frecuentes son las de lugar.
*Este es el hotel **donde (en que / en el que)** nos vamos a alojar esta noche.*

Especificativas y explicativas

▶ Se suelen distinguir dos tipos de construcciones de relativo.

a) Oraciones **especificativas o restrictivas**. Las utilizamos para referirnos o identificar a alguien o a algo.
*El hombre **que lleva un traje gris** es policía* (y sólo ese, no los otros hombres).

b) Oraciones **explicativas o no restrictivas**. Añaden información complementaria sobre el antecedente.
*El hombre, **que llevaba un traje gris**, miró hacia nosotros.*

Indicativo o subjuntivo

▶ La alternancia de modos afecta al primer tipo de relativas, es decir, a las especificativas o restrictivas, ya que las explicativas no admiten subjetividad.

▶ Las oraciones de relativo llevan el verbo en indicativo cuando el hablante habla de alguien o algo concreto, identificado.

*Los estudiantes **que saben** ruso, que levanten la mano.* (El hablante sabe que hay estudiantes que saben ruso).

*En esta clase hay varios estudiantes **que saben** hablar ruso.*

▶ Se construyen con subjuntivo cuando el hablante habla de algo que no conoce, que no sabe si existe o que no quiere identificar específicamente.

*Los estudiantes **que sepan** ruso, que levanten la mano.* (Es posible que no haya ninguno, el hablante no sabe si hay o no).

*No había nadie en clase **que supiera** ruso.*

*¿Conoces a alguien **que quiera** trabajar los domingos por la tarde?*

*Hay pocos coches **que tengan/tienen** tantas prestaciones como **éste**.*

▶ Veamos estos ejemplos.

*Clara, tráeme el libro que **está** en mi mesita de noche.*

*Clara, tráeme el libro que **esté** en mi mesita de noche.*

*Vamos a comprar el ordenador que te **gusta** a ti.*

*Vamos a comprar el ordenador que te **guste** a ti.*

Con el verbo en indicativo, el hablante conoce de antemano que hay un libro / un ordenador concreto. Con el verbo en subjuntivo expresa que no conoce o no sabe cuál es el libro / el ordenador concreto.

Relativas con preposición

▶ Las preposiciones exigidas por el verbo van antes del pronombre relativo.

Generalmente hay que incluir el artículo entre la preposición y el relativo (*que* o *cual*).

*Esta es la casa **en la que** vivía antes.*

Pero en algunos casos aparece sin artículo.

*Pasé por la calle **en que** yo había vivido de niña.*

*Yo creo que fue marzo el mes **en que** se casaron Rosa y Pedro.*

*No es un trabajo **para el que / el cual** Adela esté capacitada.*

*Ricardo no es la persona **de quien / la cual** yo me enamoraría.*

■ Completa con el relativo correspondiente.

1. *Los que quieran ir a la excursión, que levanten la mano.*

2. *Rocío dio un paseo por el barrio _____ vivió de niña.*

3. *Me gustaría conocer _____ ha pintado este cuadro, es precioso.*

4. *El hombre con _____ vive mi hija es un actor bastante famoso.*

Práctica

A **Elige la opción correcta. En cuatro casos las dos opciones son correctas.**

1. Si te portas bien, te compraré el videojuego que más te *guste / gustará*.
2. Estoy buscando un libro que *trata / trate* de filosofía hindú.
3. No lograron detener al carterista que *había robado / haya robado* a varias personas en una sola tarde.
4. Había algo que le *gustaría / guste* decir a su madre.
5. Ella no había contado con nadie que la *escuchó / escuchase* con tanta atención.
6. No conocía a las tres mujeres que *vivían / vivieran* en la casa al lado de la suya.
7. Escribió una novela que *fuera adaptada / fue adaptada* para el cine con mucho éxito.
8. Los alumnos que *terminen / terminan* el examen antes de tiempo deben esperar en sus sitios hasta que sea la hora de acabar.
9. Los socios que *vayan / van* a ir a la excursión del domingo deben pasar por secretaría a inscribirse.

B Completa con la forma más adecuada del verbo. Algunas veces cabe más de una opción.

1. Mario, tú sólo debes dejar entrar a los que te *enseñen* el carné de socio. (enseñar)
2. El Gobierno ha decretado nuevas ayudas para las personas que _____ dificultad para conseguir una vivienda. (tener)
3. Por favor, cuéntame una película que te _____ mucho. (gustar)
4. Ángel tenía la voz más dulce que _____ nunca. (escuchar)
5. Cuando estuviste en París, ¿conociste a alguien que se _____ de mí? Es que yo estuve en esa misma empresa más de dos años. (acordar)
6. Aunque te resulte increíble, aún hay jefes que _____ cartas, y secretarias que _____ nota. (dictar, tomar)
7. Hay gente a la que le _____ los toros y gente a la que no. (gustar)
8. Al principio de su noviazgo no había día en que no _____ una carta de amor. (recibir)
9. Mis padres eran de esos que _____ mucho por la educación de sus hijos. (preocuparse)
10. En el mercado siempre pedía carne que no _____ nada de grasa. (tener)
11. De pronto apareció un hijo mío, de cuya existencia yo no _____ ni idea. (tener)
12. No creo que en la sala haya alguien que _____ quién es Antonio López. (saber)
13. Los que _____ hacer paella, que levanten la mano. (saber)

C Completa las frases con una preposición + un pronombre relativo. En varios casos hay más de una opción.

en	con	a (al)	de (del)	por
el / la cual	los / las cuales	el / la / los / las que		donde

1. El último hombre *con el que* viví acabó siendo mi amigo.
2. Los tipos _____ creció eran duros y vocingleros.
3. En medio de la ciudad _____ vivo hay una plaza cuadrada y porticada.
4. Y entonces llegó un hombre _____ no había visto en mi vida
5. Sintió añoranza de los tiempos _____ los buenos modales estaban de moda.
6. Ninguna de las personas _____ conocía admitía pertenecer a la izquierda.
7. No olvido las flores _____ te presentabas ante mí cada semana.
8. Nicolás recordó una noche _____ salió a la terraza del club y se encontró con Natasha.
9. Empezaron a frecuentar lugares _____ encontraban a gente de su misma ideología.
10. La puerta del armario _____ guardaba los disfraces estaba abierta.
11. Junto a ella estaba el bolso _____ llevaba las medicinas.
12. Señaló la puerta con cerrojo _____ le había hablado anteriormente. Detrás estaba el sótano _____ ella y su hermano solían dormir.
13. María llevó el coche por la calle _____ de niña iba en bicicleta.

14. Le escribió una carta _____ le explicaba sus luchas con la empresa.

15. Te presento a Enrique, el chico _____ vive mi hija.

16. Mira, este es el diccionario nuevo _____ te hablé ayer.

17. De la película a mí me ha gustado mucho la escena _____ los protagonistas se re-
encuentran en la puerta del metro.

18. La carretera _____ llegamos al monasterio estaba llena de baches.

19. El empresario _____ trabajé el año pasado está detenido por estafa.

D **Completa con los pronombres relativos correspondientes.**

Me cuenta una joven médico, alumna mía de la Facultad de Medicina que una compañera suya de curso, *con la que* (1) se ha encontrado casualmente, le ha comentado que
está saliendo con un hombre estupendo: ingeniero, un par de años mayor que ella,
_____ (2) sintoniza bastante bien y _____ (3) se está enamorando. La chica
_____ (4) yo conozco se quedó pensativa tras el encuentro, _____ (5) sus-
citó en ella este monólogo: "Y yo, ¿cuándo encontraré un chico _____ (6) me
llene? ¿No podré tener algún día mi vida afectiva resuelta, con alguien _____ (7)
me lleve bien y pueda compartirlo todo?" Estas y otras preguntas circularon por su cabeza y a causa de ellas pasó unos días malos, baja de tono, entre melancólica e inquieta.

Enrique Rojas Montes, *La ilusión de vivir*, SALVAT

El lugar _____ (8) estaban no era
ni ciudad ni campo. Nicole fue seña-
lando con el dedo la escuela
_____ (9) había estudiado, las tiendas _____ (10) había trabajado y
los parques _____ (11) había ju-
gado con sus amigos.

Roberto: ¿Sabes _____ (12) vi el otro día?
Óscar: No, ¿a quién?
Roberto: A Luisa Martínez.
Óscar: ¿Y quién es Luisa Martínez?
Roberto: Sí, hombre, la chica _____ (13)
salí yo una temporada, cuando es-
tudiábamos segundo de bachiller.
Óscar: Ah, sí, ahora me acuerdo, aquella
del pelo largo, _____ (14) tenía
una papelería.

A. Buenos días, señora, ¿qué le pongo?
B. Buenos días, quería dos kilos de
filetes de ternera _____ (15)
sean tiernos, por favor.
A. Muy bien, señora, ¿algo más?
B. Sí, un kilo de carne para el cocido
_____ (16) no tenga mucha
grasa.

Carlos: ¿Tienes el mapa _____ (17) te di ayer?
Sergio: Sí, aquí está, ¿para qué lo quieres?
Carlos: Para mirarlo. Este no es el mismo camino
_____ (18) vinimos. Nos hemos perdido.
Sergio: Yo creo que vamos bien. Ayer, al venir, vimos también ese camino _____ (19)
sale a la derecha.

E De las frases siguientes, cuatro son correctas y las otras, incorrectas. Encuentra los errores y corrígelos.

1. Olalla se ha casado con un chico *quien* trabaja en una oficina.   *I. que*

2. No piensa volver a la casa donde vivió durante su adolescencia.   _____

3. La policía ha hallado el dinero al que se llevaron los ladrones en Vigo.   _____

4. Fueron a pedir información al médico quien había operado a su padre.   _____

5. Denunció al que lo atropellase al cruzar el paso de cebra.   _____

6. En el hospital me encontré a Gema, con que había estudiado el Bachillerato.   _____

7. Mira, te presento a mi primo Roberto, a quien te he hablado muchas veces.   _____

8. He leído una nueva teoría según la cual, dentro de poco, la gente
   vivirá 120 años.   _____

9. Yo creo que las personas las cuales tienen que tratar con el público
   deben tener mucha paciencia.   _____

10. Pepe, con que trabajé un tiempo, me ha llamado para pedirme dinero.   _____

11. Yo creo que Lorena no tiene nada quien la distinga de otra chica
    de su edad.   _____

12. Paula trajo una pierna de cordero que preparase la noche anterior.   _____

13. Me pidió el número de teléfono del banco donde trabajaba Pedro.   _____

14. Al salir del hospital conocí a quienes me habían salvado la vida en
    el incendio de mi casa.   _____

15. Acamparon a la orilla de un río, que podían pescar y bañarse.   _____

16. Hemos recibido más noticias de los secuestrados según las que
    están bien de salud.   _____

17. SOFINSA, la empresa que trabajaba antes, ha cerrado por quiebra.   _____

F Relaciona las dos partes de los refranes.

1. Quien bien te quiere   a) mojado se levanta.
2. A quien madruga   b) mal acaba.
3. Quien con niños se acuesta   c) halla.
4. Dime con quien andas   d) no mama.
5. Quien mal anda   e) por todo pasa.
6. Quien busca   f) sus males espanta.
7. El que no llora   g) te hará llorar.
8. El que se casa   h) y te diré quién eres.
9. Quien calla   i) otorga.
10. Quien canta   j) Dios le ayuda.

22. Acaban de decir en la tele el número ganador de la lotería.
Perífrasis verbales

Situaciones

1. Perífrasis con infinitivo

Deber + infinitivo Expresan obligación y necesidad.

Debes leer y estudiar más, si quieres aprobar el examen.

Deberían meter en la cárcel a todos los que no respetan las señales de tráfico.

Deber de + infinitivo El sentido básico es expresar probabilidad.

A. *¿Cuántos años crees que tiene Rosalía?*

B. *No sé… debe de tener cuatro o cinco más que yo, unos cuarenta y tres.*

En ocasiones, las dos perífrasis anteriores se confunden, de tal manera que para expresar la probabilidad en muchos casos se elide la preposición.

A. *¿Está Miguel en casa?*

B. *No, debe (de) estar de camino, porque ha dicho que vendría a las tres.*

Tener que + infinitivo Expresa obligación, necesidad o probabilidad.

Estos datos tienen que publicarse inmediatamente.

Tiene que haberle ocurrido algo porque ni ha venido ni ha llamado.

Haber de + infinitivo Pertenece a un registro literario. Expresa obligación y necesidad.

Hubo de morir mucha gente para que los gobiernos enviaran tropas a la zona.

Haber que + infinitivo Necesidad y obligación impersonal.

Ya sabes que en el campo siempre hay mucho que hacer.

Poder + infinitivo Puede tener varios significados: "posibilidad", "capacitación" o "permiso".

Si aparcas ahí, pueden ponerte una multa.

Llegamos tarde porque el autocar no podía correr más.

No se puede entrar al aula hasta que lo diga el profesor.

Ir a + infinitivo Expresamos futuro inmediato o intención.

Hace frío, voy a cerrar la ventana. / Si vas a venir, dínoslo.

Empezar / comenzar a + infinitivo Indica el comienzo de una acción.

Cuando quieras empezamos a preparar las cosas de la fiesta.

| Ponerse a + infinitivo | Se expresa un comienzo repentino.

*Mi hija, en cuanto viene del colegio **se pone a hacer** los deberes.*

| Echarse a + infinitivo | Indica también un comienzo repentino. Se emplea sólo con unos pocos infinitivos, pero muy frecuentemente. Se utiliza con *andar, caminar, correr, volar, temblar, reír, llorar*.

*Al ver a Mario con aquella pinta, me **eché a reír**.*

| Estar a punto de + infinitivo | Indica inminencia.

*Como tiene un trabajo tan arriesgado, **ha estado a punto de morir** varias veces.*

| Volver a + infinitivo | Denota repetición. A veces se producen frases ambiguas en las que el verbo *volver* no ha perdido su significado original de movimiento.

***Volvió a recoger** la carta.* (No se sabe si es la segunda vez que recoge la carta).

| Acabar de + infinitivo | Indica una acción ejecutada en un momento o época inmediatamente antes del momento del habla.

*Sí, Pedro y yo **acabamos de divorciarnos** y los chicos todavía no lo han superado.*

| Dejar de + infinitivo | Interrupción de una acción que venía desarrollándose.

*¿Cuándo vas a **dejar de jugar** con el niño? Ya eres mayorcito.*

| Venir a + infinitivo | Con ellas expresamos aproximación. Como en el caso de "*volver a*", pueden producirse oraciones ambiguas.

*Esta casa **vino a costar** treinta millones.*

*Algunos no **vinieron** a ver la película, sino a charlar.* (No se considera perífrasis).

| Llegar a + infinitivo | Expresa logro o culminación de un proceso.

*Los tres hermanos **llegaron a pelearse** por la herencia del padre.*

| Acabar por + infinitivo | Expresa la culminación de un proceso que lleva al sujeto a realizar la acción del infinitivo. Equivale a "*finalmente… + verbo*".

*Como había tantas discusiones inútiles en la tertulia, **acabó por no asistir** más.* (= Finalmente no asistió más).

2. Perífrasis de gerundio

► Como regla general, las perífrasis de gerundio presentan la acción vista en su desarrollo. Como ocurría en las que vimos anteriormente, algunas veces estas combinaciones no constituyen propiamente una perífrasis porque cada verbo conserva su propio significado.

*José **anda levantando** el pie izquierdo más que el derecho.* (El gerundio constituye un complemento circunstancial, responde a la pregunta *¿cómo anda José?*).

Estar + gerundio Es la perífrasis más usada, de tal forma que se podría considerar parte del paradigma verbal. Con *estar* + gerundio se indica una acción vista en su desarrollo, ya sea en pasado, presente o futuro. Se utiliza especialmente con verbos que expresan "actividades" o "realizaciones".

*El niño de los vecinos **estuvo llorando** toda la noche del sábado al domingo.*

*Jacinto se despertó cuando el tren **estaba entrando** en la estación.*

*Cuando tú vayas a París yo ya no **estaré viviendo** allí.*

*Estoy harta de que siempre **estés hablando** mal de todos.*

Ir + gerundio Además del valor de "acción en desarrollo" que se suele expresar con las perífrasis con gerundio, *ir* + gerundio añade un matiz "prospectivo", "progresivo" y "gradual". Suele ir acompañada de expresiones como *poco a poco, paulatinamente, progresivamente, a lo largo de los años, con el tiempo,* etc.

*Poco a poco se **iba volviendo** más comprensivo.*

***Ve preparando** a la niña, que tenemos que salir ya.*

Venir + gerundio Expresa una acción en curso que parte de un momento anterior y se acerca hacia el presente.

*Primero dijo que quería estudiar Periodismo, y ahora **viene diciendo** que no le interesa nada, que lo que quiere es estudiar Medicina.*

Andar + gerundio Su significado básico es muy similar al de *estar* + gerundio, pero puede aportar diversos matices como el de dar énfasis a la expresión, aproximación o ironía. Con el verbo *decir* equivale a "rumorear".

***Andan diciendo** por ahí que Luis está arruinado, ¿es verdad?*

Llevar + gerundio Con esta perífrasis se expresa el tiempo que dura una acción que empezó en el pasado y se desarrolla hasta el presente.

Para expresar la negación se utiliza *llevar* + *sin* + infinitivo.

***Llevan saliendo** juntos más de dos años.*

*Ya **lleva** una semana **sin hablar** con su novia por teléfono, no está muy animado.*

– Sólo se utiliza la perífrasis con el verbo en presente o pretérito imperfecto. No puede usarse con el verbo *llevar* en pretérito indefinido o perfecto.

*María **llevaba saliendo** con Roberto dos meses cuando éste tuvo el accidente.*

*María (~~llevó~~) **trabajando** un año en esa empresa.*

    estuvo

| **Seguir + gerundio** | Expresa la continuación de la acción en curso. Suele aparecer junto a *todavía*.

*¿Todavía **sigues vendiendo** pisos?*

3. Perífrasis de participio pasado

| **Estar + participio** | Con ella se expresa un estado resultante de una acción pasiva o media. Tiene un carácter resultativo, frente a la perífrasis con *ser* + participio, que constituye la voz pasiva.

*Este coche **está adaptado** para minusválidos.*

*Este coche **ha sido adaptado** para minusválidos.* (Voz pasiva).

| **Llevar + participio** | Presenta una sucesión de acciones acabadas que pueden acumularse. Se acompaña de complementos temporales como *ya, hasta ahora, por el momento* y de un complemento directo contable.

*Ya **llevo redactadas** más de cincuenta páginas de la tesis, estoy muy contento.*

*Los peregrinos **llevan recorridos** hasta ahora más de 300 km del Camino de Santiago.*

| **Tener + participio** | A diferencia del verbo en pretérito perfecto (*he hecho*) donde se expresa el proceso, con esta perífrasis se enfatiza el resultado final de la acción.

A. *Pablo, haz los deberes.*

B. *Ya los **tengo hechos**, mamá.*

■ Relaciona.

1. *Diego, deja ya de saltar en la cama, te vas a caer.*

2. *Mi jefe me tiene harto con sus exigencias, voy a acabar por dejar la empresa y buscarme otro trabajo.* _____

3. *¿Has oído lo que andan diciendo por ahí? Que tú y yo nos estamos haciendo ricos vendiendo pisos, ¿qué te parece?* _____

Práctica

A Elige las perífrasis adecuadas. Pueden ser una o dos las correctas, pero en ningún caso las tres.

1. Yo creo que lo de Pepa es excesivo, desde que murió su esposo, no __*a*__ al cementerio un solo día.
   - a) ha dejado de ir
   - b) está yendo
   - c) acaba de ir

2. Cuando le dijeron que había un incendio en su casa, dejó el trabajo y sin pensarlo _____.
   - a) echó a correr
   - b) tuvo que correr
   - c) fue a correr

3. Rápido, termina de poner la mesa, los invitados _____.
   - a) van a llegar
   - b) están a punto de llegar
   - c) se ponen a llegar

4. A medida que pasan los años, algunas personas _____ más intolerantes con los pequeños defectos ajenos.
   - a) se andan haciendo
   - b) se van volviendo
   - c) van a ponerse

5. Los periodistas _____ día y noche la casa de la famosa actriz a la espera de que de un momento a otro se produzca el desenlace fatal.
   - a) llevan vigilando
   - b) están vigilando
   - c) tienen vigilada

6. Hasta este momento, el doctor Cerezo _____ más de seiscientas operaciones de cadera, es un gran especialista.
   - a) lleva realizadas
   - b) está realizando
   - c) anda realizando

7. Laura dice que su madre le dio tantas verduras cuando era pequeña que _____ aborrecerlas.
   - a) dejó de
   - b) acabó de
   - c) acabó por

8. ¿Sabes a quién _____? A Ronaldo, el jugador de fútbol.
   - a) tengo que ver
   - b) acabo de ver
   - c) tengo visto

9. ¿Que Lucía va a dejar el trabajo y se va a ir a África? _____ loca, por su salud no podrá resistir allí más de un mes.
   - a) Debería estar
   - b) Debe estar
   - c) Debe de estar

B Reescribe cada frase utilizando una perífrasis. Puede haber más de una posibilidad.

1. El Córdoba ganó la liga el año pasado y este año también la ganará.

   El Córdoba <u>volverá a ganar</u> la liga este año, como el año pasado.

2. Alfonso entró a trabajar en la empresa en 2000. Todavía trabaja en la misma empresa.

   _____.

3. Hasta ahora he leído la mitad de los libros que ha mandado el profesor de literatura.

   _____.

4. El traumatólogo le ha dicho a María que es necesario que haga ejercicios especiales.

_____.

5. A. ¿Qué hora es?

   B. No lo sé, no tengo reloj, pero serán las dos, más o menos.

_____.

6. Según las nuevas normas de circulación, es obligatorio que los niños vayan siempre en una silla especial.

_____.

7. Estábamos tomando el sol en la playa y de repente empezó la lluvia.

_____.

8. Me han dicho hace unos minutos que la mujer del príncipe Felipe está embarazada, ¿es verdad?

_____.

9. Antes Andrés era muy callado, pero a medida que es mayor se hace más hablador.

_____.

10. Dicen que la nueva Ministra de Sanidad piensa prohibir el alcohol. ¿Será verdad?

_____.

11. ¿Todavía pintas cuadros de flores?

_____.

12. Es una vergüenza que no podamos dormir por el ruido del bar de abajo. Yo creo que es un deber
de las autoridades tomar alguna medida.

_____.

13. Antes yo me preocupaba mucho por cosas pequeñas, ahora ya no me preocupo más.

_____.

14. A. ¿Tú sabes cuánto gana Rafael?

    B. Pues no estoy seguro, pero creo que gana bastante porque vive como un rey.

_____.

15. Roberto, te he dicho muchas veces que no comas tantos dulces, no son buenos.

_____.

16. A. ¿Ya has terminado de corregir los exámenes?

    B. No, sólo he corregido la mitad.

_____.

23. *Se ve que no tienes nada que hacer.*
Expresión de la impersonalidad. La voz pasiva

Situaciones

1. Oraciones impersonales

► Suelen llamarse impersonales aquellas construcciones en las que no aparece un sujeto agente. El hablante omite el sujeto de la acción porque considera que no es necesario mencionarlo, bien porque no lo conozca o bien porque es demasiado obvio. Otras veces el hablante, al no concretar ningún sujeto, lo que pretende es hacer una afirmación generalizadora, que implique a "*todo el mundo*", "*la gente*".

Son impersonales las oraciones construidas con el verbo *haber*, las construidas con verbos meteorológicos, las que empiezan por *ser/estar/parecer* + adjetivo + *que*, las que se construyen con el pronombre *se*.

En la vida **hay que tener** *mucha paciencia con todo y con todos.*

En esta zona **llueve** *más que en el sur.*

Está comprobado que *los niños de ahora son más listos que los de antes.*

2. La voz pasiva

► En la voz pasiva el sujeto agente pasa a un segundo lugar, de tal forma que a veces llega a desaparecer. En español la construcción pasiva "típica" se utiliza preferentemente en textos históricos y periodísticos, pero no en la lengua hablada.

Este retablo **fue restaurado** *por Florentino González en 1957.*

Antonio Gutiérrez **ha sido nombrado** *director general de FACESA.*

Han sido detenidos *dos atracadores del Banco Central.*

Esta última noticia en la lengua hablada sería:

¿Te has enterado de que **han detenido** *a los dos atracadores del Banco Central?*

3. Otras formas de expresar impersonalidad

► En la lengua hablada y escrita tenemos varios recursos para no aludir directamente al sujeto agente de la acción.

Pasiva con *se*

► Estas construcciones suelen llevar un sujeto lógico (o paciente) que concuerda en número con el verbo en forma activa.

Se vende <u>piso.</u>

<u>Los dulces de chocolate</u> **se vendieron** *muy bien en la última feria de alimentación.*

Impersonal con *se*

► *En mi pueblo, si **se tiene** algo de dinero, **se vive** muy bien porque **se come** sano y no hay ni estrés.*

– Cuando el verbo es reflexivo, no se puede utilizar esta construcción y hay que usar "*la gente*" como sujeto.

*La gente en mi pueblo no **se levanta** antes de las ocho.*

Verbo en tercera persona del plural

► Alterna muchas veces con la voz pasiva.

Han dicho *en la radio que para mañana van a subir las temperaturas.*

Verbo en segunda persona del singular (*tú*)

► Es un recurso en el que el hablante apela a la simpatía del interlocutor, tratando de implicarlo en lo que transmite.

*Este cuadro es impresionante, lo **ves** y **te quedas** sin habla.*

Uno/a

► El hablante evita el uso de la primera persona (*yo*), también con intención de implicar al interlocutor o de generalizar.

*En ese trabajo, al principio, **uno** no sabe qué hacer, pero al final aprende.*

■ Completa las frases con el verbo correspondiente.

| se oye | se compra y vende | fue restaurado | se dan | se bordan | se prohíbe |

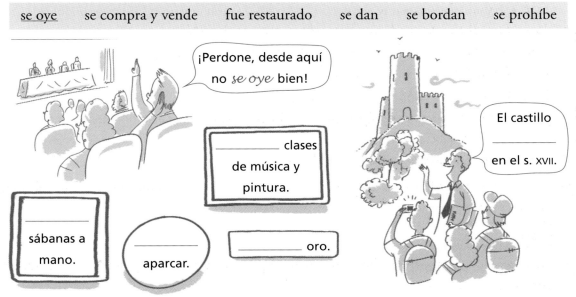

¡Perdone, desde aquí no *se oye* bien!

_____ clases de música y pintura.

_____ sábanas a mano.

_____ aparcar.

_____ oro.

El castillo _____ en el s. XVII.

A En el texto que sigue, los verbos que hemos señalado en cursiva aparecían originariamente en la forma *se + verbo activo*. Nosotros los hemos pasado a la voz pasiva, pero no queda natural. Vuelve a escribirlos como estaban al principio.

El chocolate, la gran pasión

Los españoles descubrieron el chocolate con la llegada de Hernán Cortés a México. El rey azteca Moctezuma recibió a Cortés con un vaso de oro lleno de "tchocoatl", una bebida compuesta de cacao, maíz molido, pimienta y especias.

Las plantaciones de cacaoteros se reparten a lo largo de toda la zona ecuatorial, entre el trópico de Cáncer, donde *son dadas*[(1)] las condiciones climáticas óptimas para crear una zona de sombra con árboles, bajo los que *son plantados*[(2)] los cacaoteros.

El cacao proviene de la especie "Theobroma cacao" que *es subdividida*[(3)] en dos grandes variedades, los "criollos", muy finos, y los "forasteros", más resistentes, productivos, pero más ásperos. Cuando los frutos están maduros, *son cortados*[(4)], y de un golpe de machete *son extraídas*[(5)] las habas que se ponen a fermentar. Seguidamente *son puestas*[(6)] a secar al sol, *son colocadas*[(7)] en sacos de yute y parten hacia los países industrializados.

Ya en la fábrica, las habas *son tostadas*[(8)] más o menos tiempo según su finalidad, para que el caco desarrolle todas sus cualidades aromáticas. Luego *son molidos*[(9)] los granos para obtener la pasta del cacao y *son seguidos*[(10)] dos procesos diferentes para obtener cacao en polvo o chocolate.

Cacao en polvo. Para su fabricación, *es eliminada*[(11)] la acidez del cacao líquido y a continuación *es molida*[(12)] la pasta, para extraer la mayor parte de la manteca de cacao.

Son obtenidas[(13)] unas tortas que *son hechas*[(14)] pasar por molinos hasta convertir el cacao en polvo.

Chocolate. Para su obtención, *es partido*[(15)] de la pasta del cacao a la que *es añadido*[(16)] azúcar, manteca de cacao, aromas; y leche, si procede. Esta mezcla *es amasada*[(17)], *es refinada*[(18)], pero aún así como no resulta agradable al paladar, *es sometida*[(19)] a una nueva fase, el "conchado" donde la mezcla *es removida*[(20)] lentamente durante uno o más días, para que desarrolle el aroma y sabor deseados. Cuanto más largo es este proceso, mejor es la calidad del chocolate. Aunque en forma líquida, el chocolate está ya elaborado. Después *es enfriado*[(21)] y *es moldeado*[(22)].

Revista *Clara* (Extracto)

1. _____   9. _____   17. _____

2. _____   10. _____   18. _____

3. _____   11. _____   19. _____

4. _____   12. _____   20. _____

5. _____   13. _____   21. _____

6. _____   14. _____   22. _____

7. _____   15. _____

8. _____   16. _____

B **Pasa estas noticias a voz pasiva, como fueron escritas originariamente. Haz las transformaciones necesarias.**

1. Diariamente <u>se denuncian</u> 350 conductores por beber demasiado.

   Diariamente 350 conductores son denunciados por beber demasiado.

2. La policía <u>detuvo</u> a un hombre, abogado de 39 años, cuando lo <u>sorprendió</u> dando hachazos contra un cajero automático para recuperar por la fuerza su tarjeta bancaria, retenida tras una malograda extracción de dinero.

   _____.

3. Las Cortes regionales de Aragón <u>aprobaron</u> ayer la reforma del Estatuto de Aragón. Ahora el Parlamento español <u>deberá aceptarla</u>.

   _____.

4. El director de un instituto <u>ha expulsado</u> a un estudiante de 18 años por acusar al centro en su página personal de Internet de tener las instalaciones abandonadas.

   _____.

5. Hoy <u>fumigarán</u> la plantación de chopos de Villanueva para acabar con los mosquitos.

   _____.

6. El domingo los alborotadores <u>incendiaron</u> varios autobuses en protesta por el cierre de los bares a las cuatro de la mañana.

   _____.

7. <u>Han detenido</u> y <u>han enviado</u> a prisión a Ana González acusada de tentativa de asesinato.

   _____.

En la entrevista que sigue aparecen varias formas de expresar impersonalidad. ¿Cuáles? Lee el texto y señala dónde aparecen.

1. *Se* + verbo activo   *se tiene que llevar; no se puede dar marcha atrás*

2. Verbo en tercera persona del plural (ellos) _____

3. Verbo en segunda persona del singular (tú) _____

4. *Uno / una*   _____

5. Verbo *haber*   _____

Entrevista a María Bayo, una de las sopranos españolas más internacionales.

✔ ¿Cómo <u>se tiene que llevar</u> una carrera?

✖ Creo que con mucho rigor, intentando ser inteligente. Quiero decir que no puedes dar un paso atrás. Hay que trabajar mucho, tener rigor.

✔ ¿Se refiere a la elección del repertorio?

✖ Sobre todo. Hay que tener claro qué posibilidades tiene tu voz, su color. Cuentas con unas posibilidades de tesitura, pero no te va todo el repertorio.

✔ ¿De qué color es su voz?

✖ Va muy bien para el repertorio francés, para el repertorio mozartiano… Es una voz apropiada para personajes con vitalidad, jóvenes.

✔ Y no muy dramáticos.

✖ Exacto. Pero porque hay una evolución lógica de la voz, que cambia con el paso de los años, y debes tener cuidado de no meterte en cosas muy dramáticas demasiado pronto. Hay que dejar que la voz evolucione por sí misma, que vaya paso a paso, para no perjudicarla. Y acometer personajes muy dramáticos no es bueno. Igual lo haces y ya no podrás volver atrás.

✔ ¿Quiere decir que si alguien canta algo que no le va a su voz, esa voz se estropea para siempre?

✖ Exacto, ya no se puede dar marcha atrás… También si cantas mucho, y no tienes una técnica buena y no sabes lo que estás haciendo. La voz se puede ir al traste en un momento. Así se han ido muchas grandes y bellísimas voces que han cantado algunos personajes antes de tiempo. Por eso hay que rodearse de gente que sea sincera contigo, que sepa lo que dice.

El País Semanal (Extracto)

se le pregunta	hay que hacer	es fácil	se tiene	se podrá seguir
hay que despreciar	Es posible	se dispone	se puede llegar

ORDESA Y MONTE PERDIDO
(Huesca)

Si *se le pregunta* [1] a cualquier guarda del parque nacional de Ordesa y Monte Perdido, en la provincia de Huesca, cuál es la mejor época para visitar la zona, la respuesta será, necesariamente, en otoño. Es en esta estación cuando el bosque despierta los sentidos de quien lo contempla y muestra toda su capacidad de seducción.

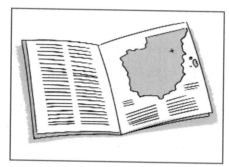

Para disfrutarlo, ni siquiera _____ [2] un gran esfuerzo físico. Pasado el verano, _____ [3] en coche desde el pueblecito de Torla hasta el aparcamiento, en pleno cañón del río Arazas. Basta caminar unos minutos para sumergirse de lleno en el bosque de abedules y fresnos, con abundantes enebros y bojes a ras de suelo.

Desde aquí _____ [4] una buena vista de los farallones calizos que bordean el cañón.

Pero si _____ [5] de fuerzas y tiempo, entre cuatro y cinco horas, _____ [6] el sendero que remonta el río, caudaloso en esta época, y descubrir las cascadas de Arripas, de la Cueva y del Estrecho, y un poco más arriba, el bosque de las hayas. Por aquí abunda el arándano, cuyos frutos sirven de alimento al urogallo.

_____ [7] regresar por la margen izquierda del torrente o recorrer el sendero estrecho, que enlaza con el circo de Cotatuero. En esta zona _____ [8] encontrarse con rebecos, que andan distraídos en otoño con el celo de las hembras. Desde Torla, una opción muy recomendable es la de ir en coche hasta la entrada del cañón de Añisclo.

No _____ [9] tampoco los alrededores del parque, con el bien conservado casco medieval de Aínsa o el parador de turismo de Bielsa.

Carlos Ara, *El País Semanal*

24. Por cierto, ¿sabes quién me dio recuerdos para ti?
Marcadores del discurso

Situaciones

1. Estructuradores de la información

Comentadores

► Introducen un nuevo comentario, distinto del discurso previo: *pues, pues bien, así las cosas.*

A. *¿Tú te acuerdas del cuadro del tío Ramón que heredó Lucía?*

B. *Claro.*

A. ***Pues** lo vi el otro día en una tienda de antigüedades. Pedían por él tres mil euros.*

Ordenadores

► Sirven para indicar el lugar que ocupa cada miembro dentro del discurso.

a) **Marcadores de apertura:** *en primer lugar, por una parte, por un lado.*

b) **De continuidad**: *en segundo lugar, por otra parte, asimismo, igualmente, del mismo modo.*

c) **Marcadores de cierre:** *por último, en último término, finalmente.*

> *Julia dijo que no pensaba casarse con Guillermo por varias razones: **en primer lugar**, porque Guillermo era un caradura, es decir, un irresponsable. **En segundo lugar**, porque el chico no tenía oficio ni beneficio; y, **por último**, porque ella a quien realmente quería era a Álex, su compañero de instituto, su amigo de toda la vida.*

Digresores

► Introducen un comentario lateral en relación con el tema central del discurso: *por cierto, a propósito.*

A. *¿Fuiste a la fiesta de Navidad?*

B. *Sí, me lo pasé muy bien. **Por cierto**, ¿sabes quién me dio recuerdos para ti?*

A. *¿Quién?*

B. *Alejandro, el profesor de Matemáticas.*

2. Conectores

Conectores aditivos

► Unen dos partes del discurso con la misma orientación argumentativa: *además, encima, incluso.*
*No me gusta este piso: es pequeño, antiguo y, **además**, caro.*

– Al utilizar *encima* el hablante pretende reforzar su argumento y en muchas ocasiones tiene también un matiz de queja, disgusto.

*Este piso no nos conviene, es pequeño, antiguo y, **encima**, caro.*

Conectores consecutivos

▶ Presentan la consecuencia de un comentario anterior: *por eso, por (lo) tanto, por consiguiente, en consecuencia, entonces, pues, así que, de modo que, entonces.*

*No hay bastante presupuesto para cambiar todos los ordenadores del departamento, **por lo tanto**, cambiaremos sólo la mitad.*

*Me debes 30.000 euros, **así que** no me vengas ahora con que no me puedes pagar.*

Conectores contraargumentativos

▶ Presentan un atenuante o supresor de la idea anterior: *en cambio, por el contrario, antes bien, sin embargo, no obstante, con todo, mientras que.*

– *En cambio* y *por el contrario* presentan un contraste o contradicción entre las dos partes.

*Rosa es rubia y delgada, **por el contrario**, su hermana es morena y rellenita.*

3. Reformuladores

Presentan una nueva formulación del miembro anterior.

Explicativos

▶ *O sea, es decir, esto es, a saber.*

– El más frecuente en la lengua coloquial es *o sea.*

A. *¿Vas a ir a la fiesta de Elena?*

B. *No, me duele un poco la cabeza.*

A. ***O sea**, que no tienes ganas, ¿no?*

*Se cree que Abraham vivió en el siglo XIX antes de Cristo, **es decir**, hace casi 3.800 años.*

De rectificación

▶ *Mejor dicho, mejor aún, más bien.*

*En los cafés del centro de Madrid estaban mal vistas las señoras, **mejor dicho**, estaba mal considerado que una señora entrase sola, sin ir acompañada de un caballero.*

*Yo creo que este filósofo no intenta moralizar, **más bien**, su obra está en relación con la formación de una sociedad como la nuestra.*

De distanciamiento

► Presentan como no muy relevante la idea anterior. Al mismo tiempo, presentan la segunda parte como una conclusión: *en cualquier caso, en todo caso, de todos modos, de cualquier manera.*

*Me dijeron que ya se había cumplido el plazo para echar la solicitud de beca, pero yo, **de todos modos**, la dejé, por si acaso.*

Recapitulativos

► *En suma, en conclusión, en definitiva, en fin, al fin y al cabo.*

*El hijo de los Martínez es un desastre, ni trabaja, ni estudia, pero no pueden echarlo a la calle porque, **al fin y al cabo**, es su hijo.*

A. ¿Que vas a dejar el trabajo que tienes para dedicarte a la pintura?

B. Sí, eso he dicho.

*A. A mí no me parece una buena idea pero, **en fin**, tú sabrás lo que haces.*

4. Operadores argumentativos

De refuerzo argumentativo

► *En realidad, en el fondo, de hecho.*

*Se queja mucho de su trabajo pero, **en el fondo**, está encantado.*

*No sé por qué me preocupo por Eulalia cuando, **en realidad**, lo que haga me tiene sin cuidado.*

De concreción

► *Concretamente, por ejemplo, en particular.*

*Me gustan todos los cuadros de Picasso, pero ese, **en particular**, me encanta.*

Práctica

A Completa cada frase siguiente con un conector del recuadro, sin repetir ninguno.

al fin y al cabo	de todos modos	mientras que	mejor dicho	sin embargo
ahora bien	Pues	Así las cosas	incluso	por eso

1. Alejandro no es el mejor profesional del mundo; *sin embargo*, creo que han cometido una injusticia al apartarlo del proyecto de renovación de la empresa.

2. Hace mucho ejercicio, _____ está tan bien de salud.

3. Yo no estoy enfadado con Pepe, _____ no estoy dispuesto a que me tome el pelo como lo ha hecho hasta ahora.

4. Lorenzo sale a correr todos los días, _____ cuando llueve o hace frío.

5. A. ¿Tú conoces a esa chica que sale en la tele anunciando el detergente Blancol?

   B. Sí, claro, esa alta, morena…

   A. _____ es la novia de mi primo Javier.

6. Pedro quería buscar otro trabajo, pero en su profesión no había muchos puestos libres. _____,
   prefirió quedarse donde estaba.

7. Yo no sé por qué María está tan orgullosa de su tipo, _____, chicas como ella las hay a montones.

8. A. ¿Sabes? Óscar dice que tú no le gustas mucho.

   B. ¿Sí?, bueno, no me importa, _____ no pensaba salir con él.

9. Rosalía odia las verduras, _____ a su hermana le encantan

10. Me dijo que no quería estudiar más, _____, que no quería asistir a clase porque mientras estaba en el aula se perdía la vida de la calle.

B Subraya la opción adecuada.

1. Luis dice que no está muy satisfecho de las notas de su hijo en los estudios, pero *en el fondo / antes bien*, le encanta que se dedique a la música.

2. Salomón de la Selva es el poeta neoclásico, *a saber / mejor dicho*, neogriego, más importante de su país.

3. La mujer de Joaquín, que *en cambio / por cierto*, es muy bonita, ha venido hoy a verme a la consulta porque quiere hacerse un arreglo de nariz.

4. Mi casa *en realidad / encima*, es la casa del gato, yo sólo pago la hipoteca.

5. Es preciso que la ética empape un poco nuestra vida. *Pues / En realidad*, si un médico trabaja fuera todo el día, ¿cuándo tiene tiempo de ponerse al día en las novedades?

6. Estoy harto. Yo soy el que organiza el viaje, el que va a la agencia, pregunta y, *al contrario / encima*, tengo que pagar por adelantado los billetes de todos, no hay derecho.

7. Los concursos de la tele interesan a todos, jóvenes, mayores *y sin embargo / e incluso* a los niños.

8. Si el médico te ha dicho que no vayas a trabajar, *pues / o sea* no vayas.

9. Muchos árboles están mal podados y *con todo / por eso* se les caen las hojas antes de tiempo.

10. Este programa lo han visto cuatro millones de personas, *es decir / antes bien*, el diez por ciento de la población.

11. Yo no estoy de acuerdo en que Lucía estudie Periodismo, pero, *de todos modos / por el contrario*, es ella la que tiene que decidir qué quiere estudiar.

12. Le compro a la niña todo lo que me pide y, *encima / en cambio*, se enfada.

13. Ramón les ha comunicado a sus padres que *al fin y al cabo / por fin* Ana y él han decidido casarse.

14. A. ¿Vas a ir a la comida de Navidad del trabajo?

   B. No, me voy al pueblo.

   A. *Entonces / Pues* yo sí, me apetece ver a la gente del turno de tarde.

C **Lee el texto siguiente y elige la opción correcta.**

El precio de la felicidad

Woody Allen dijo en cierta ocasión: "El dinero no da la felicidad, pero procura una sensación tan parecida, que se necesita un auténtico especialista para verificar la diferencia". _a)_ (1), a menudo se vincula el hecho de tener dinero con la felicidad, pero ¿hasta qué punto es el dinero causa de la felicidad? Vamos a investigar, a partir de diversas fuentes, la relación entre estos dos conceptos. _____ (2), y de entrada, cabría diferenciar, _____ (3), el concepto de felicidad, y, _____ (4), el de confort, el de bienestar y el de satisfacción material. Vamos por partes:

¿Qué nos hace sentirnos felices?

A partir de los datos del barómetro de la felicidad realizado en 22 países, el dinero queda lejos de los primeros puestos como procurador de felicidad. El aspecto que, con diferencia, se considera más importante a la hora de declararnos felices es la relación con nuestros amigos y familiares.
Si algo aparece también como un elemento importante para construir la felicidad personal es, sin duda, la relación con el trabajo y la disposición de tiempo de ocio. En España, el índice global de satisfacción con el trabajo se sitúa entre los más bajos de la muestra y a la cola de los europeos occidentales.
_____ (5), está claro que un número importante de ciudadanos tiende a relacionar el dinero más con el confort y la calidad de vida que con la felicidad.

¿Cuáles son entonces las características de las personas que se declaran felices?

_____ (6), son personas que declaran cultivar redes de afecto sólidas y relaciones personales de calidad, en las que abunda el diálogo, la espontaneidad, pero también la comprensión y la intimidad.
_____ (7), tienden a sentir que no son meros resultados de las circunstancias, sino que, de alguna manera, son responsables de lo que les sucede en la vida, sobre todo cuando las circunstancias se tuercen, y _____ (8), actúan para corregir esa situación.
_____ (9) suelen ser personas más abiertas a la hora de compartir sus emociones y ex-

presar sus estados de ánimo. _____(10), la tristeza, la depresión y la infelicidad está más presente en aquellos que tienden a reprimir sus emociones.

Aquellos que se sienten felices se declaran optimistas, aunque no ingenuos. Hacen de la adversidad una oportunidad de aprendizaje. Cuidan de su salud física, hacen actividades deportivas, cuidan su cuerpo. Cuanto mejor sea la salud física, y, en consecuencia, la higiene mental que ésta genere, mayor será la resistencia psicológica, el nivel de energía y la felicidad declarada. _____(11) dicen realizar un trabajo que les aporta satisfacción personal.

_____(12) se ha visto que variables como la edad, la clase social, los ingresos, el cociente intelectual y la educación no parecen tener mucha influencia en la felicidad de la gente. _____(13), que la felicidad no parece reservarse a un segmento concreto de la población.

_____(14), ¿cuál es la relación entre dinero y felicidad? Parece claro que el nivel de ingresos condiciona el confort y el bienestar, pero está débilmente relacionado con la felicidad, que tiene más que ver con temas del corazón, de la realización en el trabajo, de la salud y de dar sentido a esta vida.

Alex Rovira Celma, *El País Semanal* (Adaptado)

1. a) En efecto   b) Sin embargo   c) Por cierto   d) En consecuencia

2. a) Por otra parte   b) A propósito   c) En cualquier caso   d) A saber

3. a) en primer lugar   b) igualmente   c) por un lado   d) así las cosas

4. a) por otro   b) por último   c) además   d) encima

5. a) A propósito   b) En cambio   c) No obstante   d) Por fin

6. a) Por cierto   b) Pues   c) Por tanto   d) En primer lugar

7. a) En segundo lugar   b) Por consiguiente   c) Sin embargo   d) Por otro lado

8. a) por otro lado   b) por cierto   c) en consecuencia   d) encima

9. a) En cambio   b) También   c) Entonces   d) Antes bien

10. a) Incluso   b) Por el contrario   c) Además   d) Con todo

11. a) Asimismo   b) Entonces   c) Por el contrario   d) Mientras

12. a) Entonces   b) En cambio   c) Por último   d) Encima

13. a) Por lo tanto   b) Entonces   c) Al fin y al cabo   d) Es decir

14. a) Incluso   b) Con todo   c) Al fin   d) Entonces

25. ¿Público, publico o publicó?
La acentuación

1. Palabras tónicas y átonas

► Dentro de la lengua podemos distinguir las palabras tónicas (una de sus sílabas destaca entre las demás por su intensidad), y las átonas (ninguna de sus sílabas es más fuerte que las otras).

► Se consideran palabras **tónicas** las siguientes categorías:
Sustantivos, adjetivos, verbos, adverbios, pronombres y adjetivos interrogativos y exclamativos, los pronombres personales *él, ella, ello, ellos, ellas, yo, mí, tú, ti, sí, conmigo, contigo, consigo, nosotros, -as, vosotros,-as, usted, ustedes,* los pronombres demostrativos, posesivos, indefinidos.

► Son **átonas**:
Los artículos, las conjunciones, los pronombres relativos (excepto *el / la cual…*), los pronombres personales *me, te, se, le, la, los, las, nos, os.*

2. Agudas, llanas y esdrújulas

► Se llaman **agudas** las palabras cuya sílaba más fuerte es la última. Llevan tilde sólo las que terminan en vocal, en *-n* o en *-s*.
Madrid, calor, escribir, ciudad, integral, París, café, cantó, marroquí, canción.

► Se llaman **llanas** las palabras cuya penúltima sílaba se pronuncia más fuerte. Llevan tilde sólo las que no terminan en vocal, *-n* o *-s*.
Ventana, libro, coche, piscina, árbol, hábil, cadáver.

► Se llaman **esdrújulas** (o sobreesdrújulas) las palabras que tienen la sílaba más fuerte en el antepenúltimo lugar (o el anterior). Siempre llevan tilde.
Médico, teléfono, íntegro, llévaselo, lóbrega.

3. Monosílabos

► Las palabras de una sola sílaba se consideran agudas. Generalmente no deben llevar acento, salvo en los casos en que coinciden dos formas iguales que pueden llevar a confusión.

Los monosílabos más habituales son:

mi (pronombre posesivo)	*mí* (pronombre personal)
él (pronombre personal)	*el* (artículo determinado)
tú (pronombre personal)	*tu* (pronombre posesivo)
té (sustantivo)	*te* (pronombre)
sé (imperativo del verbo *ser* y presente de indicativo del verbo *saber*)	*se* (pronombre personal y reflexivo)
sí (pronombre reflexivo y adverbio afirmativo)	*si* (conjunción condicional e interrogativa indirecta y nota musical)
dé (subjuntivo del verbo *dar*)	*de* (preposición)
qué (interrogativo y exclamativo)	*que* (pronombre relativo y conjunción)

■ Lee las frases y escribe las tildes necesarias. ¿Qué función tiene la palabra subrayada? Relaciona cada frase con su imagen.

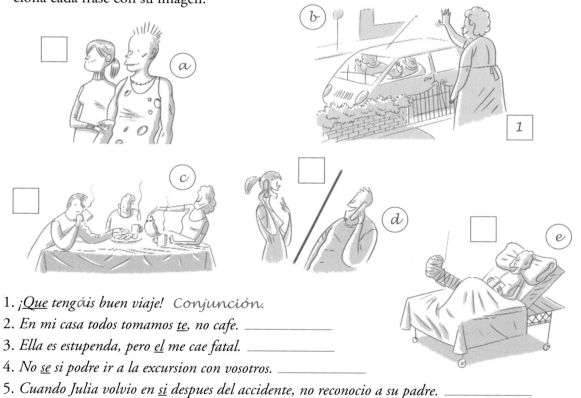

1. *¡Que tengáis buen viaje!* Conjunción.
2. *En mi casa todos tomamos te, no cafe.* _____
3. *Ella es estupenda, pero el me cae fatal.* _____
4. *No se si podre ir a la excursion con vosotros.* _____
5. *Cuando Julia volvio en si despues del accidente, no reconocio a su padre.* _____

4. Diptongos y triptongos

▶ Se llama **diptongo** a la unión de dos vocales cuando se pronuncian en una sola sílaba.

▶ Los diptongos pueden tener tres formas:

a) Una vocal abierta (*a, e, o*) + una vocal cerrada (*i, u*): **ai**re, p**ei**ne, veng**ái**s, p**au**sa.

b) Una vocal cerrada + una abierta: despa**cio**, p**ue**rta, p**ie**dra.

c) Una vocal cerrada + una vocal cerrada: v**iu**da, L**ui**s.

En caso de ser necesaria la tilde (según las reglas de acentuación), ésta se coloca sobre la vocal abierta. Si las dos vocales son cerradas (*u, i*), entonces se colocará sobre el segundo elemento del diptongo.

*H**ué**sped, lec**ción** vay**áis**, c**uí**dalo.*

▶ Un **triptongo** está formado por una vocal cerrada + una vocal abierta + una vocal cerrada y se pronuncian todas en una sola sílaba.
*B**uey**, estud**iéis**, apre**ciáis**.*

5. Hiatos

▶ Se llama **hiato** al fenómeno fonético que consiste en pronunciar separadamente dos vocales contiguas.

*Se-cre-ta-**rí**-a, **rí**-o, pa-**ís**, a-**hí**, D**í**-ez.*

▶ Los hiatos pueden estar formados por dos vocales abiertas (*área, león*), o por una vocal cerrada y otra abierta (*o-**í**-do, p**ú**-a*). En caso de que la vocal tónica sea la cerrada, la tilde recae sobre ésta, independientemente de las reglas ortográficas.

*Ma**ría**, b**aúl**, re**ír**, l**ío**, perfume**ría**.*

■ Relaciona.

1. *Felipe se rió mucho.* _____
2. *Celia es secretaria.* _____
3. *El río de mi pueblo no es muy grande.* _____
4. *Diez.* _____
5. *Le presento a Irene Díez.* _____
6. *Mira, ahí está la secretaria.* _____

6. Interrogativos y exclamativos

▶ Los interrogativos y exclamativos *qué, cuál/-es, quién/-es, cuánto/-a /-os/-as, dónde, cuándo, cómo* llevan tilde tanto en oraciones interrogativas directas como indirectas.

*¿**Quién** te lo ha dicho? / ¿**Cuál** te gusta más? / ¿**Dónde** se ha metido tu perro?*

*¡**Cómo** se ha puesto la niña el vestido! / ¡**Qué** rica está la tortilla! / ¡**Qué** desastre!*

*¿**Adónde** has ido? / ¿Por **dónde** habéis venido?*

*No sé **adónde** quieres ir por ahí. / Pregúntale **cómo** está su madre.*

7. Palabras compuestas

▶ Cuando se unen un imperativo y un pronombre personal en una sola palabra, se pondrá la tilde si el imperativo la llevaba originalmente. También se pone tilde si al unirse ambas palabras se forma otra con pronunciación esdrújula.

***Déme** ese papel, por favor. / **Dámelo**, por favor.*

▶ Los adverbios terminados en *-mente* llevan tilde si el adjetivo de donde proceden la tiene.

Fácil + mente → fácilmente.   Cómodo + mente → cómodamente.

8. Otros casos

▶ En algunos casos, al cambiar las palabras de género y número, cambian su sílaba tónica de lugar y, por tanto, la acentuación.

*Lec**ción** – lec**cio**nes; japo**nés** – japo**ne**sa;   **ré**gimen – re**gí**menes.*

▶ La palabra *solo* no lleva nunca tilde cuando es adjetivo. Cuando es un adverbio, lleva tilde en caso de ambigüedad, pero no es obligatoria.

Eduardo hoy está solo, no ha venido su compañero Pedro.

*No te enfades, yo **solo / sólo** quería hacerte una broma.*

▶ Los demostrativos *este, ese, aquel* y sus plurales nunca llevan tilde cuando son adjetivos. Cuando son pronombres, el uso de la tilde es optativo. Se suele utilizar en caso de ambigüedad.

***Estas** casas son más grandes que **aquellas / aquéllas**.*

***Este / Éste** es Ignacio y **aquel / aquél** es Pablo.*

▶ Los demostrativos neutros *esto, eso* y *aquello* son pronombres, pero no llevan tilde nunca, ya que no pueden confundirse con ninguna otra forma.

*¿Qué es **eso** que me han dicho de que te cambias de piso?*

Práctica

A Divide en sílabas las palabras siguientes y escribe la tilde donde sea necesaria.

Agudas		Llanas		Esdrújulas	
camion	*ca-mión*	invierno	_____	farmaceutico	_____
vendra	_____	movil	_____	automatico	_____
escribir	_____	habil	_____	rapido	_____
escribi	_____	sabio	_____	clausula	_____
caiman	_____	dieciseis	_____	vehiculo	_____
ciudad	_____	paises	_____	espontaneo	_____
rio	_____	deuda	_____	dimelo	_____
reunion	_____	feo	_____	guapisimo	_____
guion	_____	vino	_____	quedese	_____

B Subraya la palabra adecuada.

1. Yo no sé qué hace esta chica, que siempre se mete en *líos / lios*.

2. El jugador que tiene el número *diez / díez* ha sido expulsado del campo por darle un cabezazo a un jugador del equipo contrario.

3. El *río / rio / rió* que pasa cerca de mi pueblo ya no lleva ni una gota de agua.

4. La *secretaría / secretaria* tuvo que rehacer el texto de nuevo porque no lo *acentúo / acentuó* bien.

5. Este pájaro no está bien, no hay manera de hacer que *píe / pie / pié*.

6. A. ¿Qué tal la película?

   B. Bueno, a mí no me gustó mucho, pero Alejandra se *río / rió / rio* un montón.

7. A. ¿Qué te ha pasado en el *pie / pié / píe*?

   B. Que tropecé con una piedra y me rompí un dedo.

8. A. ¿Adónde tengo que ir para matricularme?

   B. A la *secretaria / secretaría* de la escuela.

9. A. Por favor, ¿está el señor *Díez / Diez*?

   B. Sí, ahora mismo le paso.

   A. Gracias.

10. A. Doctor, ¿ya tiene los resultados de los análisis?

    B. Sí, tengo que informarle de que tiene usted una *tenia / tenía*. Pero no se preocupe, no es grave, con estas pastillas que le voy a recetar, se pondrá bien.

11. Cuando llamamos por teléfono para avisar del incendio, los bomberos ya iban *hacía / hacia* allá.

12. El día que me examiné del carné de conducir *hacía / hacia* un calor horrible.

13. Siempre tengo buena nota en ortografía porque *acentuó / acentúo* bien.

14. A. ¿A qué hora se acabó ayer la conferencia?

   B. Muy tarde. Al final, una persona hizo una pregunta, el conferenciante se *lío / lió* y acabaron a las tantas.

C **Completa las frases siguientes con alguna de las posibilidades del recuadro.**

público / publico / <u>publicó</u>	tráfico / trafico / traficó	júbilo / jubilo / jubiló
hábitos / habito / habitó	árbitro / arbitro / arbitró	límite / limite / limité
término / termino / terminó		solícito / solicito / solicitó

1. Fernando *publicó* su primer libro en 2001.

2. El último inquilino que _____ en esta mansión era un conde que dicen que estaba loco.

3. Yo creo que el que _____ el partido del domingo pasado no tenía ni idea de fútbol, lo hizo fatal.

4. Cuando mi ex marido dijo que yo no tenía derecho a la casa, yo no dije nada, me _____ a mirarle a los ojos y a continuación me marché.

5. A. Y tu compañero Antonio, ¿qué tal?

   B. Pues no sé nada de él, en noviembre cumplió 65 años y se _____, y no ha vuelto por la oficina.

6. Cuando se hizo _____ el anuncio de la boda de los príncipes, mucha gente no se extrañó, ya lo sabía.

7. La Dirección General de _____ ha recomendado que se extreme la prudencia en la conducción en estos días de salida de vacaciones.

8. Los soldados recibieron con _____ la noticia de que la guerra había terminado.

9. Mientras yo _____ de preparar este ejercicio, tú puedes ir haciendo la cena, ¿no?

10. Cada año _____ una beca para irme a estudiar al extranjero pero, hasta ahora, nunca me la han dado.

11. La educación consiste en gran parte en inculcar buenos _____ en los niños.

12. María Luisa no es médica porque no _____ la carrera.

13. Ramón ahora es una persona honrada, pero a mí me consta que en su juventud _____ con drogas y estuvo en la cárcel por eso.

D Escribe la tilde donde sea necesaria.

1. Adios, que tengais buen viaje.

2. A. Ayer me encontre a Angel en la estacion de Atocha
   B. Ah, ¿si?, ¿y que te conto?
   A. Nada especial, que esta muy contento con su trabajo nuevo y que un dia de estos nos llamara para presentarnos a su novia.

3. A. Yo no se nada de biologia, ¿y tu?
   B. Yo si, estudie algo durante el Bachillerato, pero no me encanto, la verdad.

4. A. ¿Que tal le fue en la operacion a tu madre?
   B. Bien, cuando volvio en si despues de la anestesia, lo primero que hizo fue preguntar por sus hijos.

5. A. ¡Que bonita fue la pelicula!, ¿verdad?
   B. A mi no me gusto tanto como la otra, la de Antonio Banderas.

6. A. Alvaro me pidio que lo acompañara a esquiar, pero no quiero ir.
   B. Si tienes miedo, no vayas con el, quedate aqui.

7. A. ¿Que te paso el otro dia? Me dijeron que habias tenido un accidente.
   B. Si, el coche que iba delante se paro de golpe y yo choque contra el, pero no fue nada grave, ibamos muy despacio.

8. ¡Que te estes quieto, Alvaro!

9. A. ¿Que tal el viaje?
   B. Bien, pero para poder llevar nuestro pajaro de un pais a otro tuvimos que hacer un monton de tramites.

10. ¡Que guapa esta hoy Angela!

E En los titulares siguientes se han olvidado las tildes. Ponlas en su lugar.

> **1**
>
> El secretario y numero dos del Ministerio de Industria dimitio por diferencias con el ministro.

> **2**
>
> La investigacion del atentado determina que la explosion no ocurrio cuando decia el primer informe, sino un poco mas tarde.

> **3**
>
> Los paises mediterraneos acusan a la UE de desinteres en el tema de la inmigracion.

4

EL EX ALCALDE DE VILLANUEVA INGRESO EL SABADO EN PRISION POR PREVARICACION.

5

Hoy el termometro alcanzara los 40 grados centigrados en gran parte del pais.

6

Los farmaceuticos de Cordoba no estan de acuerdo con el Colegio de Medicos en cuanto al tratamiento de las alergias.

F En el anuncio siguiente hemos quitado todas las tildes. Escríbelas en su lugar correspondiente.

¿Tiene usted algun problema?

✔ ¿Le han cobrado de mas en la factura del telefono?

✔ ¿Sabria como actuar si le quitan puntos del carne de conducir?

✔ ¿Le gustaria reclamar por algo y no sabe como hacerlo?

✔ ¿Que haria si de madrugada le llaman por telefono desde la comisaria y le dicen que su hijo esta detenido?

Estos y otros problemas pueden ocurrirle a usted y a cualquiera.
Nosotros le ayudamos a resolverlos,
con una simple llamada telefonica.

No lo dude, hagase socio de nuestra compañia de abogados.

26. *Es muy tarde, así que date prisa.*
Oraciones consecutivas

Situaciones

▶ Se llaman así las estructuras que expresan la consecuencia que se sigue de lo expresado en la oración principal. Están introducidas por los nexos *así pues, así que, conque, luego, por consiguiente, por eso, por (lo) tanto, pues, de (tal) manera/modo que, tanto... que, de ahí que.*

Los de uso más común son *así que, así pues, por eso, por lo tanto.* Los nexos *luego, por consiguiente, de ahí que* pertenecen a un registro más culto. *Conque* es de uso coloquial y va seguido generalmente de un imperativo.

*Pienso, **luego** existo.*

*No tengo dinero, **así que** no puedo invitarte a comer.*

*Estuvo lloviendo todo el día y **por eso** no pudieron hacer nada en el exterior.*

*Llovió **tanto que** se inundaron las poblaciones de la ribera del río.*

▶ Las consecutivas suelen llevar el verbo en indicativo cuando se limitan a expresar la consecuencia de lo dicho anteriormente.

▶ No obstante, se construyen con subjuntivo

a) Las que empiezan con el nexo *de ahí que*:

*Fernando era un golfo sin trabajo ni escrúpulos, **de ahí que** sus padres no le <u>dejaran</u> nada en herencia.*

b) Las que conllevan un significado de "finalidad":

*Lo hizo **de tal manera que** nadie <u>se enterara</u>.* (= Como para que nadie se enterara)

*No era **tan incompetente como para que** lo <u>despidieran</u>.*

*Lo hizo **de tal manera que** nadie <u>se enteró</u>.* (Consecutiva pura)

■ Relaciona.

1. *Era tan alta tan alta que se comió un yogur y cuando llegó al estómago estaba caducado.* <u>d</u>

2. *Era tan bajito tan bajito que se subía a una canica y decía: "el mundo es mío".* _____

3. *Era tan tonto tan tonto que no tomaba leche fría porque no le cabía la vaca en la nevera.* _____

4. *Era una casa con las ventanas tan pequeñas que no entraban ni las moscas.* _____

A Completa con el nexo correspondiente: *luego, conque, así que, de ahí que, de tal manera que, tan (tanto) que, por consiguiente*. **A veces hay más de una opción.**

1. Estaba *tan* harta de él *que* lo dejó.

2. No pienso decirte nada más, _____ ya puedes irte.

3. El verano pasado no teníamos dinero ni para comprarnos bañadores, _____ nos quedamos en casa, sin playa.

4. Ellos eran ricos y cultos, mientras que la familia de la novia era humilde, _____ no vieran con buenos ojos aquel noviazgo.

5. El sobrino de Pepe se comportó _____ mal _____ no creo que lo invite nunca más.

6. Yo le aconsejé a Rosa que le contara la historia _____ que Pedro no se sintiera ofendido.

7. La niña tenía hambre _____ no paraba de llorar.

8. Los atracadores salieron mezclados con los clientes del banco, _____ que la policía no pudiera detenerlos.

9. Las pruebas presentadas contra el acusado eran insuficientes y _____ tuvieron que absolverlo.

10. El presupuesto para el año próximo no prevé fondos para renovar los equipos informáticos, _____ seguiremos con los actuales otro año más.

11. Preparó todo _____ que no nos enteramos de cuándo dejó la empresa.

12. ¿Todavía no has hecho los deberes? Si no los haces no sales, _____ ya puedes ponerte a hacerlos.

B Con los elementos que te damos, construye frases que expresen consecuencia. Puedes utilizar el nexo que estimes más conveniente.

1. Es muy alto / se le salen los pies de la cama.

Es tan alto que se le salen los pies de la cama.

2. La fruta estaba muy cara / compramos yogures.

_____.

3. En casa no se puede jugar con la pelota / vete a jugar al parque.

_____.

4. No ganan bastante dinero para comprarse un piso / viven con los padres.

_____.

5. Tenemos mucho trabajo en la oficina / este año no me van a dar vacaciones.

_____.

Repaso V

A **Une las dos frases para formar una sola de relativo.**

1. Dime la hora. Tengo que llamarte a esa hora.

   Dime la hora a la que tengo que llamarte.

2. Aquí están las cartas. Me refería a estas cartas.

   _____.

3. Encontré a Julián García. No veía a J. García hacía años.

   _____.

4. Dieron un premio a una muchacha. Hablamos de esa muchacha antes.

   _____.

5. Aquí está el estadio de fútbol. En este estadio se disputó la Copa de Europa.

   _____.

6. No conozco a esa mujer. Juan está hablando con ella.

   _____.

7. Compré el reloj en la tienda. Tú me hablaste de esa tienda.

   _____.

8. Este es mi amigo Pepe. Estudié con él en la Universidad de Sevilla.

   _____.

9. Ella trabaja para una empresa. La empresa es americana.

   _____.

B **En los siguientes ejemplos, analiza el significado de la perífrasis.**

1. Estas elecciones *deberían ser* un ejemplo para los países vecinos.   *Obligación*

2. Ya *va siendo* hora de que te cases, hijo mío, tienes 35 años y yo no voy a durar siempre.   _____

3. El teléfono no *dejó de sonar* en toda la mañana.   _____

4. El presidente de la sala *volverá a ser* nombrado dentro de 20 días.   _____

5. Hasta este momento *llevamos revisados* más de la mitad de los zapatos, no sé si hoy acabaremos de revisarlos todos.   _____

6. Pepe venía de la mano de su profesora, pero cuando vio a su madre, se soltó y *echó a correr* hacia ella.   _____

7. Tienes una voz malísima. *Deberías ir* al médico. _____

8. Entre unas cosas y otras, el alquiler del apartamento *viene a salir*

   por unos 450 euros? _____

9. A medida que *van vendiendo* la mercancía, *van reponiendo* existencias. _____

10. No te preocupes más, tu problema *estará solucionado* en unos días. _____

C **En los párrafos que siguen hemos omitido los conectores. Reescríbelos en el lugar correspondiente con ayuda del recuadro.**

| mejor dicho (2) | al fin y al cabo | en particular | en realidad (2) |

A

Para Marañón, la libertad, o *mejor dicho* [(1)], el liberalismo, no es cuestión de ideas, sino de conducta, y él se sitúa entre los liberales cuya actitud –dice– "se funda en la fidelidad más estricta a su actitud y su conducta de siempre".

B

Entonces hubo un bombardeo y mis amigos murieron. ¿Por qué sucedió así? ¿Por qué tuve yo la suerte de salvarme? No hay una respuesta. La vida _____ [(2)] es una tomadura de pelo, aunque nos la adornan un poco. Por eso me la tomo con sentido del humor. Un mundo en el que desde antes de nacer estás condenado a morir no te lo puedes tomar en serio.

C

Es preciso reconocer que nadie antes que Freud ha formulado desde el seno de la psiquiatría o de la psicología denuncias tan precisas, tan violentas y que a la vez lograsen un impacto tan intenso sobre la sociedad en general y sobre el hombre occidental _____ [(3)].

D

–¿Eso de vivir de lo que escribe es lo que usted quería siempre?

–Sí, aunque _____ [(4)], yo lo quería de otra manera, pero es lo que me ha tocado. Estoy contento, porque yo no tengo dificultades para publicar.

E

Realmente, lo que hoy consideramos pulsión creadora o _____ [(5)], transformadora, porque sólo trasformamos, puede ser resultante de una lucha anterior por la supervivencia. Así, por ejemplo, las pinturas primitivas no están tan relacionadas con el placer estético como con la supervivencia misma.

F

En un momento del libro, Elisa y Ansúrez muestran su nobleza y capacidad de rebeldía, pero pronto todo vuelve a disolverse en la anécdota y en el mal gusto. Hay mucho aquí de Cela, pero en Cela la procacidad y la exaltación goliardesca le impiden caer en la vulgaridad. El mal gusto es _____ [(6)], aquí, la nota dominante.

D De las frases siguientes, 8 son incorrectas. Encuentra los errores y corrígelos.

1. Miguel, no se _hablan_ con la boca llena.   _habla_
2. Desde aquí se ve perfectamente los detalles del cuadro.   _____
3. La catedral de Santiago fue construida en el siglo XII.   _____
4. A causa de la alfombra no se oyó los pasos del ladrón.   _____
5. ¿Sabes?, Ricardo ha sido robado en el metro.   _____
6. Luisa, hija, cuando te regalan algo se dice "gracias".   _____
7. Últimamente no se ven tanta gente fumando en el metro.   _____
8. Estos dulces se hacen en Sevilla.   _____
9. Para venir a España no es necesitada mucha ropa de abrigo.   _____
10. El inglés se habla en muchos países.   _____
11. Ha dicho en la radio que van a subir las temperaturas.   _____
12. Este año no se lleva nada las botas altas.   _____

E Completa el texto con los verbos del recuadro en la forma *se* + verbo activo.

deshojar	convertirse	lavar	someter	transportar
separar	mezclar	moler	batir	<u>recoger</u>

El aceite de oliva

La elaboración del aceite sigue diferentes etapas que van desde la recolección de la aceituna hasta el envasado del aceite para su venta y consumo.

La aceituna _se recoge_⁽¹⁾ en los meses de diciembre y enero y _____ ⁽²⁾ a la almazara donde _____ ⁽³⁾ en aceite de diferentes clases después de un proceso mecánico.

En la almazara los frutos _____ ⁽⁴⁾ y _____ ⁽⁵⁾ hasta que queden limpios. El proceso sigue con la molturación o triturado de la aceituna: _____ ⁽⁶⁾ la aceituna hasta que queda convertida en una pasta, es decir, una masa compuesta de bolsas de aceite, huesos y elementos sólidos. En la siguiente etapa, llamada de batido, esta masa _____ ⁽⁷⁾ continuamente y muy despacio para romper la emulsión de aceite y agua. Tras el batido, la aceituna _____ ⁽⁸⁾ a otro proceso con el fin de separar los líquidos contenidos en la pasta (aceite y alpechín) del conjunto sólido (pulpa y hueso). El proceso consiste básicamente en filtrar la pasta a través de unas esteras para extraer el aceite.

No todo el aceite resultante tienen la misma calidad, así que en último lugar _____ ⁽⁹⁾ o _____ ⁽¹⁰⁾ los diferentes tipos de aceite que tendrán usos diversos, algunos para el consumo y otros no aptos para consumir.

F Escribe las tildes necesarias.

Ale aparecio con el mismo vestido que llevaba en el avion (no tendra otro penso Benja, pero enseguida se avergonzo de su frivolidad), estaba linda y parecia contenta. El saludo, todavia formal, fue el pretexto para que las manos se reconocieran y lo celebraran. Hubo una ojeada de inspeccion reciproca y decidieron aprobarse con muy bueno sobresaliente.

Mientras esperaban el te y la torta de limon, ella dijo que te parece si empezamos desde el principio. ¿Por ejemplo? Por ejemplo por que te decidiste a tocar mis manos. No se, tal vez fue pura imaginacion, pero pense que tus manos me llamaban, era un riesgo, claro, pero un riesgo sabroso, asi que resolvi correrlo. Hiciste bien, dijo ella, porque era cierto que mis manos te llamaban. ¿Y eso?, balbuceo el numero ocho. Sucede que para vos soy una desconocida, yo en cambio te conozco, sos una figura publica que aparece en los diarios y en la television, te he visto jugar varias veces en el Estadio y en tu barrio, leo tus declaraciones, se que opinas del deporte y de tu mundo y siempre me ha gustado tu actitud, que no es comun entre los futbolistas. No reniego de mis compañeros, mas bien trato de comprenderlos. Ya se, ya se, pero ademas de todo eso, probablemente el punto principal es que me gustas, y mas me gusto que te atrevieras con mis manos, ya que, dadas las circunstancias, se precisaba un poquito de coraje para que tu cerebro le diera esa orden a tus largos dedos.

Mario Benedetti, *El césped*

G Forma frases uniendo las dos columnas con un nexo de relativo.

1. Recibió una carta de Luis — en la que — a) cenamos ayer.

2. Me gustó mucho el restaurante — cuyo — b) más te guste.

3. Cómprate el coche — la cual — c) le gustara el tenis.

4. Me gustaría salir con alguien — donde — d) nombre empieza por f.

5. Es un actor — a quien — e) había conocido en Benidorm.

6. Vive en una casa cerca de — que — f) hay un pantano.

7. Ya no volví a ver a los turistas — g) le pedía 3.000 euros.

Vocabulario

Vocabulario

1. Prefijación

A **Relaciona las imágenes con las palabras.**

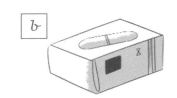

1. antibiótico _____b_____

2. transatlántico _____

3. extraterrestre _____

4. autoservicio _____

► Los prefijos más utilizados en español son:

in-/im-/i-	en-/em-	de-/des-/dis-	re-	ex-	sub-	tras-/trans-
imposible	encarcelar	descargar	reconstruir	expedir	subterráneo	transbordo
ilegal	enterrar	disconforme	renovar	exculpar	subcultura	transatlántico
increíble	encerrar	degenerar	reforzar	extraer	subrayar	trastienda
indeciso	embarcar	desalar	relimpio	extender	subgrupo	trasplantar

► Los prefijos **in-** (im-, i-) y **des-** (de-, dis-) son los más usados para formar contrarios.

hacer → **des**hacer   abrochar → **des**abrochar   pegar → **des**pegar

justo → **in**justo   seguro → **in**seguro   comestible → **in**comestible

► Otros prefijos.

Ante- *anteponer, antebrazo, anteayer*

Anti- *antiaéreo, antiarrugas, antibiótico*

Auto- *autoservicio, autocontrol, autoescuela*

Entre-/inter- *intercontinental, entreacto, interdental*

Extra- *extraordinario, extraoficial, extraterrestre*

Mono- *monoparental, monosílaba, monogamia*

Poli- *politeísmo, políglota, policlínica*

Post-/pos- *postmodernidad, posponer, posparto*

Pre- *precocinado, preinscripción, precalentamiento*

B Escribe la palabra correspondiente a la definición. Todas las palabras están en la exposición anterior.

1. *Antibiótico.*   Sustancia química que destruye las bacterias.

2. _____ Que combate o evita las arrugas

3. _____ Establecimiento donde se enseña a conducir automóviles.

4. _____ Que está o procede de fuera del planeta Tierra.

5. _____ Intermedio o descanso en una representación dramática.

6. _____ Alimento que ya está algo elaborado para cocinarlo rápidamente.

7. _____ Persona que conoce varias lenguas.

8. _____ Quitar la sal a una cosa.

9. _____ Que está por decidir.

10. _____ Embarcación de gran tamaño destinada a viajes largos de pasajeros.

11. _____ Sacar (a una persona) una cosa que está dentro de un lugar.

12. _____ Familia que sólo cuenta o con el padre o con la madre.

13. _____ Tiempo que sigue al parto.

14. _____ Librar de culpa o responsabilidad a una persona.

15. _____ Hacer que una cosa (o persona) sea más fuerte.

C Escribe el contrario. Utiliza los prefijos *im-/i-/in-* y *des-/dis-*.

1. perfecto	*imperfecto*	7. contento	_____
2. visible	_____	8. continuo	_____
3. prudente	_____	9. explicable	_____
4. oportuno	_____	10. presentable	_____
5. agradable	_____	11. lógico	_____
6. legal	_____	12. recuperable	_____

2. Sufijos nominalizadores

A **Elige el sustantivo adecuado.**

1. Rafa y Mayte tuvieron que cambiarse de casa por culpa de la *humedad* / *rivalidad*.

2. En España el proceso de *invención / adopción* de niños tarda alrededor de tres años.

3. Las *exigencias / resistencias* para encontrar un buen trabajo son cada vez más grandes.

4. Tuve que comprarme una *grapadora / secadora* nueva porque a la vieja se le rompió el motor.

▶ Los sufijos más frecuentes para formar nombres son:

-ción/-sión	-dad/-tad	-eza	-cia/-nza
perfección	bondad	bajeza	demencia
preocupación	igualdad	grandeza	paciencia
complicación	humedad	fortaleza	exigencia
división	amistad	pereza	residencia
invención	rivalidad	belleza	asistencia
canción	facilidad	simpleza	matanza
adopción	dificultad	pureza	enseñanza
agresión	libertad	agudeza	confianza

-mento/-miento	-ería	-ista	-or/-ora
pegamento	zapatería	socialista	pintor
aburrimiento	perfumería	artista	promotor
calentamiento	cristalería	madridista	agresor
estacionamiento	cervecería	independentista	revisor
llamamiento	pajarería	budista	reproductor
salvamento	orfebrería	separatista	lavadora
sentimiento	ganadería	juerguista	secadora
compartimento	albañilería	bromista	grapadora

▶ El sufijo **-ismo** sirve para expresar ideologías, creencias, o tendencias artísticas: *impresionismo, budismo, socialismo, cubismo.*

▶ Con el sufijo **-ista** podemos designar a las personas que siguen una ideología, una tendencia artística, una creencia. Pero también designan múltiples profesiones así como rasgos de carácter. Puede funcionar como nombre o como adjetivo: *Ernesto es muy **detallista**, siempre se acuerda de traerme un regalito de sus viajes.*

B Relaciona.

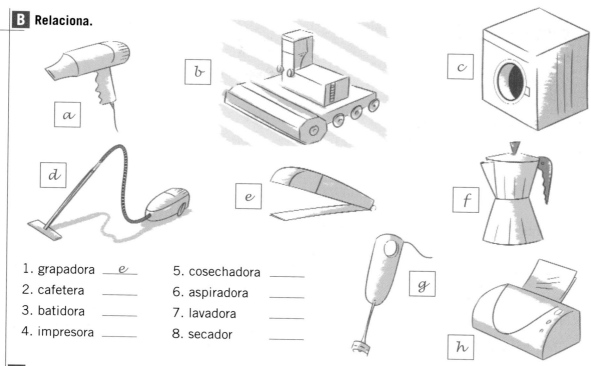

1. grapadora ___e___
2. cafetera _____
3. batidora _____
4. impresora _____

5. cosechadora _____
6. aspiradora _____
7. lavadora _____
8. secador _____

C Escribe la palabra correspondiente.

1. Lugar donde venden carne.   *Carnicería*

2. Lugar donde venden abrigos de piel.   _____

3. Tienda de plantas y cosas para el jardín.   _____

4. Lugar donde realizan limpieza en seco.   _____

5. Mueble donde se colocan los libros.   _____

6. Oficio relacionado con las instalaciones de agua.   _____

7. Conjunto de objetos de cristal.   _____

8. Oficio de hacer obras con ladrillos, cemento, etc.   _____

9. Lugar donde se hacen muebles de madera.   _____

D Relaciona cada serie con el sufijo correspondiente.

1. esperar, confiar, elegante

2. agredir, perder, inventar

3. enfriar, conocer, apartar

4. difícil, serio, precioso

5. bello, fuerte, grande

6. Buda, cristiano, islam

a) -miento/-mento

b) -sión/-ción

c) -ismo

d) -eza

e) -cia/-nza

f) -tad/-dad

E Completa las tablas.

-ción/-sión

1. conectar	*conexión*
2. corromper	_____
3. _____	creación
4. _____	prohibición
5. _____	perdición
6. combinar	_____
7. dividir	_____
8. moderar	_____

-tad/-dad

1. obligatorio	*obligatoriedad*
2. poder	_____
3. libre	_____
4. simple	_____
5. igual	_____
6. cruel	_____
7. grave	_____
8. malo	_____

-miento

1. desprender	*desprendimiento*
2. adelantar	_____
3. abastecer	_____
4. reconocer	_____
5. _____	pensamiento
6. _____	salvamento
7. _____	enfriamiento
8. recibir	_____

-eza

1. raro	*rareza*
2. fuerte	_____
3. rico	_____
4. malo	_____
5. _____	dureza
6. limpio	_____
7. _____	pureza
8. perezoso	_____

-cia/-nza

1. inteligente	*inteligencia*
2. creer	_____
3. _____	demencia
4. _____	esperanza
5. preferente	_____
6. competir	_____
7. asistir	_____
8. _____	conveniencia

-ismo

1. real	*realismo*
2. pésimo	_____
3. _____	nerviosismo
4. _____	activismo
5. _____	terrorismo
6. periodista	_____
7. ideal	_____
8. óptimo	_____

F Completa las frases con el derivado de los verbos y adjetivos del recuadro.

honesto   esperar   competir   rival   perezoso   recibir   <u>conectar</u>   bello   calentar   mover

1. La policía no ha encontrado ninguna <u>*conexión*</u> entre los dos homicidios ocurridos el fin de semana pasado, cree que se deben a autores distintos.

2. Ernesto se ha lesionado el hombro porque ha hecho un mal _____.

3. Todos los espectadores quedan conmovidos por la _____ de la actriz protagonista de la película.

4. La _____ es una virtud, pero hay que saber gestionarla.

5. Dice un refrán español que "la _____ es lo último que se pierde" y otro, que la "_____ es la madre de todos los vicios".

6. A Fernando Alonso sus paisanos le han hecho un _____ multitudinario, todo el pueblo estaba allí para recibirlo.

7. Los ecologistas han advertido de que el _____ del planeta provocará la subida de las temperaturas en los próximos veinte años.

8. En el mundo de los negocios, hay que luchar siempre por ser el mejor, la _____ es feroz.

9. La _____ entre los dos equipos es muy grande y hace que los encuentros de fútbol sean muy emocionantes.

3. Sufijos adjetivales

A ¿Qué adjetivo corresponde? Relaciónalo con las imágenes.

a

b

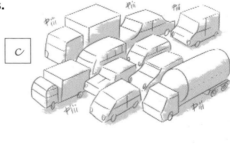

c

d

1. Un amigo que dice muchos chistes es *chistoso*.
2. Una calle llena de coches atascados y tocando la bocina es _____.
3. Un veneno que puede matar es _____.
4. Una flor que no es natural es _____.

155

► Los sufijos más frecuentes para formar adjetivos son:

-oso/-a	-ico/-a	-al	-able/-ible
ambicioso	patético	legal	recomendable
chistoso	alérgico	artesanal	invisible
canceroso	eléctrico	manual	impresentable
precioso	aromático	dominical	desechable
ruidoso	telefónico	matinal	inolvidable

-nte	-dor/-dora	-ivo
deprimente	encantador	comprensivo
alarmante	luchador	intuitivo
suavizante	hablador	receptivo
creciente	calculador	repetitivo
obediente	ganador	progresivo
dependiente	trabajador	explosivo

B **Relaciona cada frase con un adjetivo.**

1. Un veneno que puede matar.
2. Una persona muy contenta.
3. Un trabajo hecho con las manos.
4. El amor de la madre.
5. El amor de los hijos.
6. Un país del sur.
7. Una noticia poco creíble.
8. Amor de verdad.
9. Una persona que piensa mucho antes de hablar.
10. Una persona que comprende a los demás.
11. Una persona que tiene poco ánimo.
12. Un hijo que obedece a sus padres.

a) Increíble.
b) Obediente.
c) Calculadora.
d) Verdadero.
e) Letal.
f) Eufórica.
g) Depresiva.
h) Comprensiva.
i) Maternal.
j) Manual.
k) Filial.
l) Meridional.

C **Escribe el adjetivo correspondiente. Utiliza el sufijo -nte.**

1. Un estudiante que brilla.   Brillante.
2. Una noticia que sorprende.   _____.
3. Un niño que obedece.   _____.
4. Un calor que agobia.   _____.
5. Unas palabras que hieren.   _____.

6. Unas noticias que alarman. _____.

7. Una persona que combate. _____.

8. Un producto que fertiliza la tierra. _____.

9. Un agua que corre. _____.

10. Una demanda que crece. _____.

11. Una persona que no depende de nadie. _____.

12. Una familia que puede, que tiene bienes económicos. _____.

D **¿Qué adjetivo corresponde a estos nombres y verbos?**

1. Lluvia	*Lluvioso*	10. Predecir	_____
2. Nación	_____	11. Aceptar	_____
3. Lógica	_____	12. Asco	_____
4. Imagen	_____	13. Oír	_____
5. Filosofía	_____	14. Ver	_____
6. Músculo	_____	15. Mano	_____
7. Repetir	*Repetitivo*	16. Nube	_____
8. Destruir	_____	17. Ganar	_____
9. Viento	_____	18. Explotar	_____

E **Completa las frases con el adjetivo derivado de los nombres o verbos que aparecen entre paréntesis.**

1. El aspecto de los perros de mi vecino es *amenazador*. (amenaza)

2. El huerto se riega con un sistema _____ de aljibes y acequias. (ingenio)

3. Elena salió a la calle a la hora más _____ del día. (calor)

4. Augusto tenía una apariencia _____, a pesar de sus 60 años. (joven)

5. Felisa no es muy guapa, pero es _____. (atraer)

6. El hospital era un edificio antiguo y _____, a punto de caerse. (ruina)

7. La exposición del ponente tuvo un tono _____, dado el tema que trataba. (emoción)

8. Todos los objetos que hay en el salón del palacio son muy _____ por su antigüedad. (valor)

9. Lo que peor llevo de Manuel es el tono _____ con que habla a casi todo el mundo. (padre)

10. Los sindicatos creen que las condiciones que ha puesto la empresa a los trabajadores son _____. (aceptar)

4. *Sufijos diminutivos y aumentativos*

¡Menuda **casita** se ha comprado Javier!

▶ Los sufijos apreciativos (diminutivos, aumentativos, despectivos) añaden diferentes valores emocionales a la expresión. Aunque los diminutivos en principio son para hablar de cosas pequeñas, hay autores que afirman que su función principal es apreciativa, afectiva. Lo mismo cabe decir de los aumentativos: una *manaza* puede ser una mano muy grande, pero un *manazas* es una persona torpe.

▶ Los sufijos apreciativos pueden añadirse a los nombres, adjetivos y adverbios:
*cas**ita**, perr**azo**, gord**ito**, grand**ullón**, despac**ito**, cerqu**ita**.*

Sufijos diminutivos

▶ Los principales sufijos diminutivos son **-ito (-cito, -ecito), -ico (-cico, -ecico), -illo (-ecillo), -in (-ina), -uelo (-uela), -ete**:

mesa → *mesita/mesilla*	nieta → *nietecita/nietecilla*
hombre → *hombrecito*	flor → *florecita/florecilla*
pez → *pececito/pececillo*	nariz → *naricita/naricilla*
calle → *callejuela*	pequeño → *pequeñín*

▶ La forma en **-ito** es la estándar, mientras que la forma en **-illo** es la más usada en el sur, en Andalucía. El sufijo **-ico** se utiliza especialmente en el norte de España.

► En el lenguaje familiar, y sobre todo cuando hablamos con niños, es constante el uso de diminutivos. Unas veces porque nos referimos a cosas pequeñas, otras, porque queremos dar un valor afectuoso a la expresión:

*Jorge, ¿te has lavado las **manitas**? / Andrea, ponte el **abriguito**. / Clara, mira, un **pajarito**. / Diego, sécate, que estás **mojadito**. / Dale un beso a la **abuelita**. / Guarda tu **ropita** en el armario. / Vamos, ya falta **poquito**.*

► En el lenguaje coloquial, en general, el hablante quiere expresar cercanía, afecto:

*Espera un **momentito**, ya voy. / Nos vemos, hasta **lueguito**. / ¿Te apetece una **cervecita fresquita**?*

► Y en sentido irónico, puede ser despreciativo o magnificador:

*No me gustaba nada Pedro por el **bigotito** que tenía. / ¡Menuda **casita** se ha comprado Javier!*

► Las palabras acabadas en **-illo** se utilizan para rebajar la importancia de algo:

*No puedo ir a trabajar porque tengo un **problemilla** que resolver.*

► Muchas palabras formadas por derivación apreciativa han perdido el valor connotativo y son palabras "neutras": *martillo, cigarrillo, barbilla, bolsillo, bombilla, maletín.*

Sufijos aumentativos

► Los principales sufijos aumentativos son **-azo**, **-ón**, **-ote**, **-udo**:

*taz**ón**, zapat**ones**, perr**azo**, papel**ote**, barrig**udo**.*

► El valor principal es de aumento de tamaño o de intensidad, pero casi siempre va unido a otros valores apreciativos que pueden ser positivos o negativos:

*Ricardo es un **buenazo**. (= muy bueno) / Acabo de ver un **peliculón**, me ha encantado. / Pepe es un **manazas**, no sabe colgar un cuadro. / Después de dos meses a dieta, se dio el **gustazo** de comerse un cochinillo asado.*

► El sufijo **-azo** sirve también para designar golpes dados con partes del cuerpo o con objetos: *cañon**azo**, puñet**azo**, port**azo**, bal**azo**, porr**azo**:*

*Salió de la habitación dando un **portazo**.*

Sufijos peyorativos

► Su uso no es muy frecuente. Expresan valores despectivos. Los más frecuentes son **-aco**, **-ajo**, **-ejo**, **-ucho**:

*El niño de Marta es más bien **feúcho**, ¿no? / No sé para qué lees esos **libracos**, deberías leer otras cosas más útiles.*

Completa con una de las palabras del recuadro. Sobran tres.

> montonazo <u>bigotito</u> sueldazo bocazas copita tazón naricilla llavecita bolsillo
> casucha cuadernillo lagrimones tipazo callejuela ventanilla cochecito ratoncito maletín

1. Su novio era un chico joven con un *bigotito* que apenas se le veía y gafas redondas.

2. Lucía se subió a una silla del susto, ¿cómo puede alguien asustarse por un _____?

3. Dimos muchas vueltas por la parte antigua del pueblo y al final nos quedamos atrapados en una _____ sin salida.

4. Ernesto me dijo que estaba muy contento en el nuevo trabajo porque ganaba un _____.

5. El domingo estuvimos en la feria del pueblo de Puri y no nos gustó porque había un _____ de gente.

6. ¿Has visto qué _____ tiene la nueva Miss España?, es guapísima.

7. El médico le ha dicho a Carlos que puede tomarse una _____ de vino en la comida, que es bueno para el corazón.

8. Cuando su padre la regañó, a Isabel le caían los _____ por la cara y no podía evitarlo.

9. Hoy regalan con el periódico un _____ con el calendario de los partidos de fútbol de todo el año.

10. Ana, ¿has visto la _____ de mi joyero? Es que no la encuentro.

11. Ignacio todos los días desayuna un buen _____ de leche con cereales.

12. ¡Menudo _____ se ha comprado mi jefe!

13. El nuevo administrador no me gusta nada, es un _____ que va contando lo que no debe por ahí.

14. En el accidente de ayer, los bomberos no pudieron abrir las puertas del coche y tuvieron que sacar a los heridos por la _____.

15. Luis y Lola se han comprado una _____ a las afueras del pueblo que no vale nada.

B **Señala qué nombre reciben los golpes dados con:**

1. bastón	*bastonazo*	7. martillo	_____
2. puño	_____	8. vista	_____
3. puerta	_____	9. codo	_____
4. tijera	_____	10. flecha	_____
5. látigo	_____	11. guante	_____
6. rodilla	_____	12. ladrillo	_____

C **Completa las frases con uno de los nombres anteriores.**

1. A. ¿Qué le ha pasado a esta pared?

   B. Pues que el vecino está de obras, le ha dado *un martillazo* al tabique y ha hecho ese agujero, ¿qué te parece?

2. El domador que vimos ayer en el circo era estupendo, con sólo un _____ consiguió que el león se subiera a la silla.

3. El árbitro le sacó tarjeta roja a Fidel por haberle dado un _____ en el estómago al defensa contrario.

4. A. ¿Sabes que Susi se va a casar?

   B. No me digas, ¿con quién? Hace unos meses no salía con nadie.

   A. Chica, ha sido un _____, conoció a un hombre por Internet y se enamoraron la primera vez que se vieron.

5. A. Olga, voy a salir un momento, ¿puedes echarle un _____ al cocido que está en el fuego?

   B. Sí, claro.

6. Julia, cierra bien esa ventana, que con el aire está dando _____ y es muy molesto.

5. Sufijación verbal

A **Elige el verbo adecuado.**

1. El rosal ya *ha florecido* / *ha humedecido*.

2. Andrés antes era más bruto, pero ahora el carácter se le ha *dulcificado* / *ha intensificado*.

3. ¿Quién *ha endulzado* / *ha calentado* mi café? A mí me gusta sin azúcar.

4. Lo han metido en la cárcel por *falsear* / *firmar* documentos públicos.

florecer

Podemos observar tres tipos de formación de verbos.

► **Derivación directa**

ánimo → *animar*   plancha → *planchar*   contento → *contentar*   limpio → *limpiar*

► **Derivación por sufijos**

Los sufijos más frecuentes son:

-ear	**-izar**	**-ificar**	**-ecer**
marear	*humanizar*	*deificar*	*florecer*
redondear	*escolarizar*	*fructificar*	*humedecer*
clarear	*industrializar*	*edificar*	*oscurecer*
falsear	*localizar*	*testificar*	*robustecer*
malear	*aterrizar*	*pacificar*	*palidecer*
escasear	*dramatizar*	*dulcificar*	*agradecer*
tontear	*centralizar*	*fortificar*	*favorecer*
coquetear	*familiarizar*	*intensificar*	*languidecer*

► **Derivación por parasíntesis**

Son los verbos creados por un prefijo + raíz + sufijo:

en-/em-	**a-**	**des-**
em-baldos-ar	*a-bland-ar*	*des-pedaz-ar*
em-borrach-ar	*a-clar-ar*	*des-troz-ar*
en-trist-ecer	*a-delga-zar*	*des-arm-ar*
en-vej-ecer	*a-cort-ar*	*des-cabez-ar*
en-dulz-ar	*a-barat-ar*	

B **Haz el crucigrama.**

1. Poner electricidad a una cosa.

2. Hacer bromas.

3. Ponerse pálida una persona.

4. Dar golpes.

5. Tomar tierra, por ejemplo, los aviones.

6. Volver dulce algo.

7. Dar flores.

8. Mover los párpados.

9. Dar o producir terror.

C Completa las frases con los verbos anteriores.

1. En los últimos años se ha observado que las plantas *florecen* antes de tiempo debido al calentamiento del planeta.

2. En la finca de mis suegros tuvieron que _____ las vallas para que las vacas no salieran a la carretera.

3. El avión que venía de San Pablo no pudo _____ en El Prat a causa de la niebla y tuvo que volar hasta Zaragoza.

4. No te enfades con Manuel, mujer, es un buen chico, lo que ocurre es que se pasa el día _____.

5. Sara no puede ver películas de miedo, le _____ los monstruos, los fantasmas, los vampiros, incluso los asesinos.

6. A. Mamá, me ha entrado arenilla en el ojo.
   B. ¡Vaya!, _____ varias veces, ya verás cómo sale. Y si no, lávatelo con agua.

7. El homicida _____ varias veces a la víctima con un bastón, hasta que la mató.

8. Antes, de joven, Consuelo era muy mandona y antipática, pero con la edad, parece que se le _____ el carácter.

9. Cuando le contaron a Enrique que a su hijo lo habían detenido por vender droga, todos vimos cómo _____, se quedó sin habla, ¡qué disgusto!

D Escribe el verbo correspondiente.

1. delgado   *adelgazar*
2. borracho   _____
3. rojo   _____
4. terror   _____

5. mueble   _____
6. botella   _____
7. rincón   _____
8. oscuro   _____

9. largo   _____
10. loco   _____
11. peor   _____
12. brillante   _____

E Relaciona cada verbo con los conceptos más adecuados.

1. Modernizar
2. Amenizar
3. Alargar
4. Intensificar
5. Fortalecer
6. Falsear
7. Analizar

a) la búsqueda, el control, el ataque.
b) una falda, el camino, el tiempo.
c) una fiesta, el trayecto, el aburrimiento.
d) un certificado, una firma, unos resultados.
e) la sangre, unas pruebas, el tiempo.
f) un país, un peinado, una empresa.
g) el corazón, la colaboración, el espíritu.

F Escribe una frase con cada verbo de la actividad anterior.

Nuestro país se ha modernizado en los últimos años gracias al tesón de nuestros gobernantes.

_____ .

_____ .

_____ .

_____ .

_____ .

_____ .

G Lee el primer trabalenguas y completa los otros siguiendo la misma estructura.

El cielo está enladrillado,

¿quién lo desenladrillará?

el desenladrillador que lo desenladrille

buen desenladrillador será.

La casa está empaquetada,

¿quién la _____ ?

el _____ que la _____

buen _____ será.

El fregadero está atascado,

_____

_____

_____ .

6. Comidas

A **¿Conoces el nombre de estos condimentos?**

¿Cómo utilizarías los condimentos? Relaciona cada uno con una comida. Hay más de una combinación.

1. orégano

2. perejil

3. canela

4. laurel

5. azafrán

6. romero

7. pimentón

8. pimienta blanca (o negra)

a) sopa castellana de ajo

b) macarrones con tomate

c) paella valenciana

d) filete de ternera

e) lentejas estofadas

f) arroz con leche

g) sopa de pescado

h) cordero asado

B **A continuación tienes tres recetas de cocina. Lee los ingredientes y relaciónalos con las explicaciones correspondientes.**

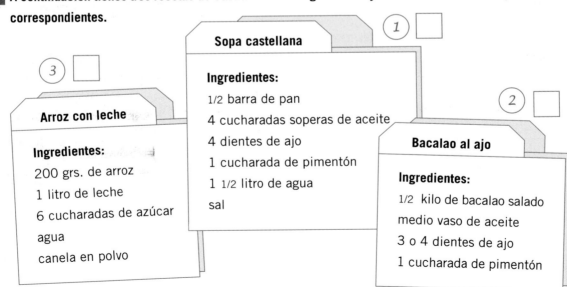

1 ☐

Sopa castellana

Ingredientes:

1/2 barra de pan

4 cucharadas soperas de aceite

4 dientes de ajo

1 cucharada de pimentón

1 1/2 litro de agua

sal

3 ☐

Arroz con leche

Ingredientes:

200 grs. de arroz

1 litro de leche

6 cucharadas de azúcar

agua

canela en polvo

2 ☐

Bacalao al ajo

Ingredientes:

1/2 kilo de bacalao salado

medio vaso de aceite

3 o 4 dientes de ajo

1 cucharada de pimentón

A

En un cazo se pone agua abundante a hervir. Cuando hierve se echa el arroz y se cuece unos diez minutos. Mientras tanto se pone en otro cazo la leche a cocer con la cáscara de limón. Cuando el arroz está medio cocido, se escurre y se echa inmediatamente en la leche cociendo. Se vuelve a dejar que hierva otros doce minutos (tiene que quedar blando, pero sueltos los granos). Se retira del fuego, se añade el azúcar y se revuelve. Se vierte en la fuente donde se vaya a servir y por último se adorna con canela en polvo.

B

Se corta la barra de pan en rebanadas. En una sartén se pone el aceite a calentar; cuando está caliente se echan los dientes de ajo pelados y se refríen bien hasta que se doren por completo. Se añade entonces el pan dejando que se fría bien. Cuando se le ha dado unas vueltas, se espolvorea con el pimentón removiendo bien con una cucharada de madera (cuidado, pues el pimentón se quema con facilidad). Se incorpora entonces el agua y la sal y, a fuego lento, se deja cocer despacio unos diez minutos. Se sirve en sopera.

C

Se parte el bacalao en trozos y se pone en remojo unas cuarenta y ocho horas para que suelte la sal. Se saca y se secan los trozos con cuidado con un paño de cocina. En una cacerola se pone el bacalao y se cubre de agua, se calienta a fuego lento. Cuando empieza a hervir, se retira del fuego.

En una sartén aparte se fríen los ajos, se añade el pimentón y esta salsa se echa por encima del bacalao cuando esté escurrido y en una fuente.

C Lee otra vez y busca en las recetas nombres de utensilios y recipientes de cocina y los verbos referidos a la acción de cocinar.

Utensilios		Verbos	
sartén		*cortar*	

¿Qué sabor tienen?

el yogur	*agrio*
el café sin azúcar	_____
el limón	_____
el melón	_____
la guindilla	_____
el agua	_____

E **Clasifica los siguientes nombres de alimentos.**

lentejas   lomo de cerdo   pechuga de pollo   boquerones
costillas de cordero   trucha   garbanzos   gambas   morcilla
percebes   langostinos   ostras   chorizo   jamón de york   acelgas
jamón serrano   salchichón   mejillones   coliflor   alcachofas
merluza   bacalao   alubias   solomillo de ternera   dorada   atún

Carne	Pescado	Legumbres	Embutidos	Mariscos
Costillas de cordero				

7. Animales y plantas

A **Relaciona cada animal con su nombre.**

1. camello   *a*

2. conejo   ____

3. caballo   ____

4. serpiente   ____

5. rana   ____

6. ratón   ____

7. oveja   ____

8. mono   ____

9. burro   ____

10. tiburón   ____

11. paloma   ____

12. oso   ____

13. ballena   ____

14. pavo   ____

15. cocodrilo   ____

B De la lista anterior, escribe los nombres de animales que cumplen las características siguientes.

1. Tienen cuatro patas: *camello, conejo,* _____.
2. Son mamíferos: _____.
3. Viven en el mar: _____.
4. Viven con el hombre: _____.
5. Tienen alas y plumas: _____.
6. Tienen pelo: _____.
7. Son reptiles: _____.
8. Viven en la selva: _____.
9. Nos dan lana: _____.

C Completa las frases con el nombre de un insecto.

mosquito

avispa

araña

mariposa

mosca

hormiga

1. A Ernesto no le gusta nada ir a su pueblo en verano porque hay muchos _____ y le pican en todo el cuerpo.

2. Pues yo conozco a un chico que tiene fobia a las _____, cada vez que ve alguna en el techo de alguna habitación, se pone a gritar.

3. También hay algunas personas que tienen alergia a las picaduras de _____. En la casa de mi abuela había muchas entre las uvas. Una vez me picó una en la mano y tuve que ir al hospital, se me puso la mano fatal.

4. A. ¿A ti te molestan las _____?
   B. Hombre, molestarme, molestarme, no. Me parecen un poco pesadas, y no me dejan descansar, pero vaya, en las casas de campo es inevitable que haya algunas.

5. En el jardín de mi vecino hay muchas _____ y a mi hija pequeña le encanta ver cómo desfilan de un lado para otro transportando granos de comida.

6. ¡Mira qué _____ tan bonita va volando por allí! A mi profesor de Ciencias Naturales le encantaban y tenía una buena colección de ellas.

D Completa las definiciones.

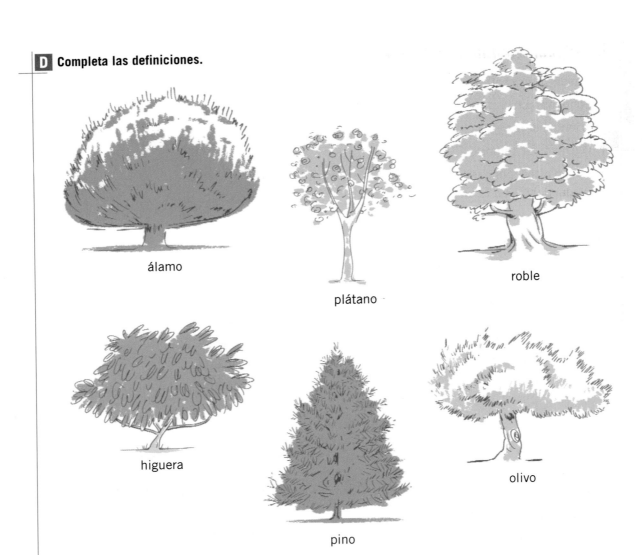

1. _____: Árbol de gran altura, de hojas ovaladas y madera blanca que se utiliza para fabricar papel.

2. _____: Árbol ornamental que se encuentra en las ciudades, alto, de tronco redondo, hojas palmeadas y fruto de bolas colgantes.

3. _____: Árbol de la familia de las coníferas, de tronco resinoso, hojas agrupadas en forma de aguja y fruto en piña.

4. _____: Árbol muy grande de hojas caducas y una bellota amarga por fruto, de madera muy apreciada en la construcción.

5. _____: Árbol frutal con hojas ásperas, recortadas en forma de estrella y flores en racimo, cuyo fruto es el higo.

6. _____: Árbol de hoja perenne de tronco leñoso, hojas pequeñas y flores blancas.

8. Lenguaje judicial / periodístico / economía

A Relaciona cada titular con la noticia correspondiente.

1. La depuradora de Villanueva reutilizará 110 hectómetros de agua al año. _____

2. Nadal debuta en la pista de hierba. _____

3. La mitad de España sufrirá tormentas. _____

4. La UE no aumentará las importaciones de aceite de oliva. _____

5. La inflación seguirá al alza, según el BCE. _____

A

El Banco Central Europeo advierte de que la inflación seguirá al alza este año y el que viene, con previsiones de subida del índice de precios al consumidor que van del 2,1% al 2,5% en este año y del 1,6% al 2,8% durante el año próximo.

B

BRUSELAS. Los países productores de aceite de oliva de la Unión Europea se enfrentaron ayer a otros estados miembros que pedían que se aumentaran las importaciones de este producto procedente de terceros países. El motivo que alegaban es el alto precio del aceite, que en el último año ha subido un 40% con respecto al año anterior. Entre otros factores, parece que esta subida fue debida a la gran sequía que se padeció en el campo el invierno anterior.

Ante la propuesta de abrir un cupo de importación con el fin de bajar los precios, España y el resto de países productores se opusieron alegando que los precios ya están bajando, y que se espera que bajen más, ante la expectativa de mejores cosechas.

C

Las precipitaciones, que se prolongarán hasta el próximo domingo, afectarán sobre todo a la mitad norte de la península, especialmente en la cornisa cantábrica. Pese a todo, los embalses están al 55% de su capacidad.

D

ALICANTE. El director general de obras públicas inauguró ayer la nueva conducción de aguas desde Villanueva al parque natural de Montañés. El director general afirmó que este proceso "reúne todas las garantías para mantener el agua en plenas condiciones y posibilitará un aprovechamiento máximo de los recursos hídricos de la Comunidad".

Por su parte, el alcalde de la localidad agradeció a las autoridades comunitarias esta nueva instalación, ya que "nuestra región es deficitaria en agua y debemos hacer todos los esfuerzos posibles por aprovechar nuestras aguas". Esta actuación se enmarca dentro de un plan más amplio que prevé otras 12 obras de saneamiento y canalizaciones de aguas.

E

El tenista español Pedro Nadal, hasta ahora bicampeón de Roland Garros, comenzará hoy su participación en el torneo de Quenn´s, donde cambiará la pista de tierra batida por la de hierba, una superficie donde no se mueve con demasiada comodidad. Su rival será el estadounidense Tom Fish. También jugará en dobles junto a Feliciano García.

B Lee las noticias y responde a las preguntas.

1. ¿Cuánto subirá el índice de precios este año?
2. ¿Por qué subió el precio del aceite un 40% el año anterior?
3. ¿Dónde va a llover próximamente?
4. ¿En qué consiste la obra inaugurada por el director general de obras públicas?
5. ¿Contra quién va a jugar Pedro Nadal en Quenn´s?

C Relaciona cada delito con su explicación.

1. Asesinato
2. Robo
3. Secuestro
4. Homicidio
5. Atraco
6. Chantaje
7. Fraude
8. Soborno
9. Falsificación

a) Amenaza de daño que se hace a una persona para obtener algún provecho.
b) Delito que consiste en matar a una persona.
c) Muerte que se da a una persona intencionadamente.
d) Engaño que se hace en contra de la ley para obtener un beneficio.
e) Tomar algo en contra de la voluntad de su dueño.
f) Acción de tomar a una persona para pedir algo a cambio de su libertad.
g) Entrega de dinero u otro valor que se hace a una persona para que ésta haga algo ilícito.
h) Hacer una copia de algo y hacerla pasar por auténtica.
i) Atacar un establecimiento o a una persona para robar.

D Escribe una frase con cada una de las palabras anteriores.

El administrativo de mi empresa ha sido denunciado por falsificar algunos cheques.

E Lee el texto y complétalo con las palabras del recuadro.

bancos	juez	sucursal (2)	realizar	caja	caso
fueron apresados	delito	atracadores	armas	banda

Una banda de atracadores, libre tras ser detenida in fraganti.

La policía les seguía desde hace meses. Atracaban _____ (1) con armas de fuego y amenazando a los empleados. El jueves pasado _____ (2) cuando se disponían a robar una sucursal del Banco Central de Cáceres.

La _____ (3) titular del Juzgado de Instrucción de Cáceres los puso en libertad. Fuentes judiciales aseguran que no tuvo otra opción. Tras el interrogatorio, el fiscal que se hizo cargo del _____ (4) no solicitó ninguna medida preventiva. Según las mismas fuentes, la Policía no aportó suficientes pruebas y datos para imputar algún _____ (5) a los detenidos.

Sin embargo, los policías que realizaron la detención están perplejos por la decisión. Estiman que el mero hecho de que se les sorprendiese robando y con _____ (6) es una prueba concluyente. Además, aseguran que uno de los detenidos disparó en la pierna al director de otra _____ (7) bancaria de otra ciudad durante otro asalto.

Según la Dirección General de la Policía, los cinco _____ (8) fueron sorprendidos in fraganti entrando por el conducto de ventilación de una sucursal de Cáceres. Pretendían acceder al interior de las instalaciones para _____ (9) un robo. En el momento de la detención los atracadores llevaban tres armas de fuego.

La _____ (10) siempre planificaba sus golpes con muchos días de antelación. Estudiaba las canalizaciones y los conductos de ventilación. Elegido el día del asalto, sobre las 6.00 horas, dos o tres componentes del grupo se introducían por las conducciones del aire y esperaban la llegada del director de la _____ (11). Cuando éste entraba en la oficina, se descolgaban del falso techo y obligaban al director a abrir la _____ (12) fuerte.

F Relaciona los términos de las dos columnas.

1. Atracar
2. Armas
3. Aportar
4. Sucursal
5. Pena
6. Poner
7. Medida
8. Sorprender

a) pruebas
b) un banco
c) de muerte
d) in fraganti
e) preventiva
f) de fuego
g) bancaria
h) en libertad

G Elige la opción más adecuada de las que se proponen.

Ahorre un 50% de energía con el aislamiento térmico de la fachada.

El sistema disminuye las pérdidas de frío y calor, lo que se nota en la factura.
El teléfono, la cesta de la compra, el agua, la electricidad… todo sube de precio y *además* [1] las familias gastan más energía que hace años. Es precisamente este gasto el que perjudica al medio ambiente.
En el mercado _____ [2] multitud de opciones para ahorrarla y la protección térmica de fachadas es una de las mejores. La función principal del aislamiento es reducir las emisiones de _____ [3] de calor o frío en fachadas, cubiertas y suelos, con el fin de reducir el gasto energético. De hecho, si comparamos un edificio _____ [4] aislar con uno aislado, el ahorro de energía es de un 50 por ciento.
Este sistema consiste en recubrir la vivienda con poliuretano rígido (material _____ [5] térmico de color amarillo) que permite reducir costes en la calefacción, el aire acondicionado, resiste al impacto y no propaga las llamas en caso de incendio.
El precio de la vivienda, aislada o sin aislar varía _____ [6] un uno por ciento. En España se empezaron a instalar edificios con estos acondicionamientos hace 28 años, pero lo cierto es que la mayoría de las viviendas españolas _____ [7] no están bien aisladas o su nivel de aislamiento es insuficiente.
Debido a la _____ [8] preocupación por el ahorro de energía, en los próximos años, los agentes responsables de edificación estarán _____ [9] a tomar medidas oportunas para optimizar el nivel de ahorro de energía de nuestras viviendas, las nuevas y las antiguas.

1. a) además	b) también	c) no obstante	d) por eso
2. a) están	b) aparecen	c) hay	d) son
3. a) perdición	b) salida	c) pérdidas	d) entrada
4. a) sin	b) para	c) por	d) entre
5. a) aislador	b) aislante	c) consistente	d) opaco
6. a) poco	b) ni	c) apenas	d) más
7. a) o bien	b) casi	c) desde	d) por supuesto
8. a) posible	b) creciente	c) repentina	d) adecuada
9. a) impulsados	b) permitidos	c) recomendados	d) obligados

9. Profesiones

A Mira las imágenes de herramientas y relaciónalas con el nombre. Luego escribe el nombre de un profesional que utilice esa herramienta.

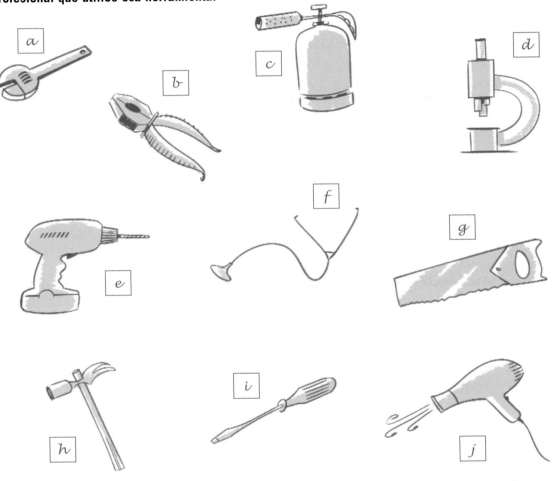

1. llave inglesa   *a*   *fontanero*
2. destornillador   ____   _____
3. soplete   ____   _____
4. fonendoscopio   ____   _____
5. microscopio   ____   _____

6. secador de pelo   ____   _____
7. sierra   ____   _____
8. martillo   ____   _____
9. alicates   ____   _____
10. taladradora   ____   _____

B Relaciona cada profesión con su función.

1. guarda forestal _____
2. guardia urbano _____
3. auxiliar de vuelo _____
4. programador informático _____
5. ingeniero industrial _____

6. vigilante jurado _____
7. técnico de laboratorio _____
8. encargado de obra _____
9. mecánico dentista _____

a) Es una profesión arriesgada especialmente en verano, cuando hay que apagar fuegos en la montaña.

b) Hay que viajar mucho en avión y atender a los pasajeros.

c) A veces es aburrido porque hay que estar muchas horas de pie en la puerta de bancos, oficinas, etc.

d) Es un trabajo artesano, en el que se necesita mucha paciencia para que las dentaduras queden perfectas.

e) En este trabajo se pasan las horas delante de un microscopio.

f) Es el responsable de que los edificios queden bien construidos.

g) Es el responsable de que no haya atascos ni coches mal aparcados.

h) Se encarga de diseñar y supervisar maquinaria.

i) Tiene que pasar muchas horas delante de los ordenadores.

C Reescribe los términos que hemos eliminado de los anuncios. Utiliza las palabras del recuadro como ayuda.

inmediata	experiencia (2)	carné	en equipo	puestos	solicitudes
empresas	venta	dedicada	manuales	contrato	geográfica	incorporación

Empresa de traducciones busca

REVISORES DE TRADUCCIONES TÉCNICAS
del ALEMÁN, INGLÉS y FRANCÉS al ESPAÑOL

✔ Incorporación *inmediata*[1] en las oficinas de Sevilla.

✔ Imprescindible _____[2] en puesto similar. Se valorará experiencia en traducción y revisión de patentes y _____[3] de maquinaria y automoción.

Interesados enviar CV únicamente por correo electrónico a rrhh@ahora.es, indicando la referencia "Revisor traducciones".

Empresa _____ (4) a la fabricación y comercialización
de sistemas de canalización, precisa incorporar

COMERCIALES DE VENTA DIRECTA
SECTOR CONSTRUCCIÓN

**Para sus empresas distribuidoras de material para la construcción,
saneamiento, obra civil, riego, etc., en distintos materiales.**

Los _____ (5) vacantes están en distintas zonas de España.

Se responsabilizará del desarrollo de negocio y mantenimiento de cartera. Sus clientes son _____ (6) constructoras e instaladores del sector de la construcción.

Perfil:

– Experiencia comercial en _____ (7) de material de construcción.

– Vocación comercial.

Se ofrece incorporación a una empresa importante, desarrollo profesional, formación continuada y retribución económica en función de los valores aportados.

MIRADONA — *supermercados de confianza*

NECESITA
ARQUITECTO TÉCNICO "APAREJADOR"

SE OFRECE:

– Continuidad laboral: _____ (8) FIJO desde el primer día de trabajo.

– _____ (9) inmediata.

– Interesante progresión salarial.

– Promoción interna.

REQUISITOS:

– Titulación: Arquitecto técnico "aparejador".

– Movilidad _____ (10), ámbito nacional.

– _____ (11) de conducir y coche propio.

– Buenas habilidades de comunicación y trabajo _____ (12).

– Se valorará _____ (13) como Jefe de Obra.

INTERESADOS:

Entrega y recogida de _____ (14) en los centros Miradona o por e-mail: anita@ Miradona.es

D A continuación aparecen algunos trabajos que realizan los menores en algunos países no desarrollados. ¿Existen estas profesiones en tu país?

Lavaautos

Cuidaautos

Limpiaparabrisas

Rebuscadores

Lustrabotas

Bolsoneros y carretilleros

Canillitas

Vendedores ambulantes

Completa las explicaciones de cada trabajo con algunos de los nombres anteriores.

Los *canillitas* [1] venden periódicos. Son contratados por un distribuidor, pero no tienen ningún derecho como trabajadores. A veces no pueden devolver ejemplares, por lo que deben pasar muchas horas en la calle.

Los _____ [2] limpian zapatos. Necesitan tener un cajón de lustres, betunes y cepillos. A veces comienzan a lustrar con un cajón prestado, trabajando "al partir", es decir, compartiendo el 50% de la ganancia con el dueño del cajón.

Los _____ [3] llevan los bolsos de los compradores del mercado o las carretillas con mercancías. Los carretilleros tienen una tarifa de acuerdo con el peso de la mercancía. Los bolsoneros no suelen tener tarifa fija, sino que trabajan a cambio de una propina.

Los _____ [4] trabajan también en el mercado. Niños y niñas llegan a las cinco o las seis de la mañana con bolsones o canastos vacíos para buscar en los basureros y puestos de venta verduras y frutas de desecho.

Hermana América (Fundación Cooperación y Educación, FUNCOE)

10. *Expresiones idiomáticas*

A **Relaciona las dos columnas.**

1. Llorar lágrimas de cocodrilo.

2. Haber gato encerrado.

3. Tener carne o piel de gallina.

4. No ser moco de pavo.

5. Tener risa de hiena.

6. Táctica del avestruz.

7. Por si las moscas.

8. Tener cintura de avispa.

a) Por si pasa lo que se imagina, aunque sea poco probable.

b) Haber una cosa oculta o sospechosa.

c) Risa propia de una persona cruel.

d) Actitud de alguien que trata de ignorar o evadirse de una dificultad.

e) No es despreciable, no es tarea fácil.

f) Cintura muy estrecha.

g) Aspecto que toma la piel por efecto del frío o de una emoción.

h) Lágrimas que vierte una persona por un dolor que no siente.

<u>Lágrimas de cocodrilo</u>	Se me pone la carne de gallina	Por si las moscas
Frío como un pescado	Hay gato encerrado	Que no es moco de pavo
Contrabando hormiga	Risa de hiena	Corre como un gamo
		Duerme como un lirón

El puerco espín mimoso

Esta mañana –dice el profesor– haremos un ejercicio de zoomiótica. Ustedes ya conocen que en el lenguaje popular hay muchos dichos, frases hechas, lugares comunes, etcétera, que incluyen nombres de animales. Verbigracia: vista de lince, talle de avispa y tantos otros. Bien, yo voy ahora a decirles datos, referencias, conductas humanas y ustedes deberán encontrar la metáfora zoológica correspondiente. ¿Entendido?

–Sí, profesor.

–Veamos entonces. Señorita Silvia. A un político, tan acaudalado como populista, se le quiebra la voz cuando se refiere a los pobres de la tierra.

–*Lágrimas de cocodrilo*[1].

–Exacto. Señor Rodríguez. ¿Qué siente cuando ve en la televisión ciertas matanzas de estudiantes?

–_____[2].

–Bien, señor Méndez. El nuevo ministro de Economía examina la situación del país y se alarma ante la faena que le espera.

–_____[3].

–Entre otras cosas. A ver, señorita Ortega. Tengo entendido que a su hermanito no hay quien lo despierte por las mañanas.

–Es cierto, _____[4].

–Esa era fácil, ¿no? Señor Duarte. Todos saben que A es un oscuro funcionario, uno del montón, y sin embargo, se ha comprado un Mercedes Benz.

–Evidentemente _____[5].

–No está mal. Ahora usted, señor Risso. En la frontera siempre hay buena gente que pasa ilegalmente pequeños artículos: radios a transistores, perfumes, relojes, cosas así.

–_____[6].

–Correcto. Señorita Undurraga. A aquel diputado lo insultaban, le mentaban la madre, y él nunca perdía la calma.

–Sangre de pato, o también _____[7].

—Doblemente adecuado. Señor Arosa. Auita, el fondista marroquí, acaba de establecer una nueva marca mundial.

—_____ (8) .

—Señor Sierra. Cuando aquel hombre se enteró de que su principal acreedor había muerto de un síncope, estalló en carcajadas.

—_____ (9) claro.

—Muy bien. Señorita López, ¿me disculparía si interrumpo sus palabras cruzadas?

—Oh, perdón, profesor.

—Digamos que un gángster, tras asaltar dos bancos en la misma jornada, regresa a su casa y se refugia en el amor y las caricias de su joven esposa.

—Este sí que es difícil, profesor. Pero veamos. ¡El puercoespín mimoso! ¿Puede ser?

—Le confieso que no lo tenía en mi nómina, Señorita Pérez, pero no está mal, no está nada mal. Es probable que algún día ingrese al lenguaje popular. Mañana mismo lo comunicaré a la Academia. Por las dudas, ¿sabe?

—Habrá querido decir _____ (10) , profesor.

—También, también. Prosiga con sus palabras cruzadas, por favor.

—Muchas gracias, profesor. Pero no vaya a pensar que ésta es mi táctica del avestruz.

—Touché.

Mario Benedetti

C **Relaciona cada expresión con su significado.**

1. Montar el número
2. Por narices
3. Pasar (o entrar) por el aro
4. Poner las cartas boca arriba
5. Rascarse la barriga
6. Remover (el) cielo y (la) tierra
7. Dejar a alguien plantado
8. Dormirse en los laureles
9. Echar chispas

a) Estar muy enfadado, indignado o colérico.

b) Dar un escándalo.

c) A la fuerza.

d) No acudir a una cita o abandonar a alguien en mitad de un proyecto.

e) No hacer nada, no trabajar.

f) Hacer muchas gestiones para tratar de solucionar un problema.

g) Ceder, tener que aceptar algo en contra de la propia voluntad.

h) Exponer claramente lo que se ocultaba.

i) Dejar de esforzarse después de haber conseguido un éxito.

D En los contextos siguientes, señala la expresión más adecuada, de las presentadas en la actividad anterior.

1. A. ¿Vas a ir a la reunión del miércoles?

   B. Claro que sí, y pienso _____, para que todo el mundo se entere de lo que están haciendo desde la Dirección.

   a) poner las cartas boca arriba   b) remover cielo y tierra   c) dejar a alguien plantado

2. A. Hola, Rosalía, ¿qué tal tus hijos?

   B. Bien. Bueno, el mayor está trabajando y tiene un sueldo estupendo, pero el pequeño se pasa el día _____, ni trabaja, ni estudia, ni ayuda en casa.

   a) durmiéndose en los laureles   b) echando chispas   c) rascándose la barriga

3. A. ¿Qué haces, Roberto, estás estudiando?

   B. A ver, tengo que estudiar _____, si no mi madre se cabrea y no me da ni un duro.

   a) montando el número   b) pasando por el aro   c) por narices

4. A. ¿Qué pasa?, ¿por qué grita tanto el jefe?

   B. Es que ha llegado a las diez y ha encontrado a todo el departamento de nóminas alrededor del ordenador, viendo un partido del Mundial de fútbol, y claro, _____.

   a) ha montado un número   b) ha removido cielo y tierra   c) ha pasado por el aro

5. A. ¿Qué le pasa a Enrique? Parece que está muy afectado por algo.

   B. Claro, es que su novia acaba de _____.

   a) remover el cielo y la tierra   b) dejarle plantado   c) ponerle las cartas boca arriba

6. A. ¿Has visto a tu padre?

   B. No, ¿qué le pasa?

   A. Está que _____ porque le has devuelto el coche con una abolladura.

   a) monta el número   b) echa chispas   c) pasa por el aro

7. A. A mí me gusta el profesor de Literatura, ¿a ti no?

   B. No está mal, pero yo creo que desde que consiguió la cátedra, _____.

   a) ha puesto las cartas boca arriba   b) se ha dormido en los laureles   c) se ha rascado la barriga.

E Completa las conversaciones con las expresiones del recuadro.

> Llevarse el gato al agua   Ponerle el cascabel al gato   Darse con un canto en los dientes
>
> Hacérsele un nudo en la garganta   Levantarse con el pie izquierdo
>
> Poner a alguien de vuelta y media   Estar hasta las narices

1. A. ¿Sabes? Pablo y Rosa se han comprado un piso pequeño, lejos de Madrid.

   B. Pues ya pueden *darse con un canto en los dientes* si pueden pagarlo, otros jóvenes de su misma edad no tienen la más mínima posibilidad de comprar una vivienda.

2. Ayer, cuando vi en el telediario las imágenes del terremoto en Irán, _____ de ver tanta gente sufriendo y sin casa.

3. A. No hay derecho, aquí cada día trabajamos más horas, se nos exige más y el sueldo no sube. Tenemos que protestar.

   B. Sí, tienes razón, pero a ver quién es el valiente que _____.

4. A. Bueno, al final, ¿cómo terminó anoche la discusión de los presupuestos?

   B. Al final _____ Rodrigo, el jefe de Departamento Comercial, como siempre.

5. A. Hola, Vicente, ¿qué tal?

   B. Vaya, regular, hoy parece que _____. Primero no funcionaba el agua caliente, luego se me ha derramado el café en la camisa, y al venir al trabajo he pillado un atasco tremendo en la carretera por culpa de unas obras.

6. El martes pasado, Lucía aprovechó que no había venido su compañero Vicente y lo _____, nos contó que era un déspota, un vago, un incompetente, que no la ayudaba en nada, en fin, un número.

7. A. Hola, ¿qué tal estás?

   B. Pues si te digo la verdad, regular. _____ de intentar ser buena trabajadora, buena madre, buena esposa, buena amiga de mis amigas; yo también me canso, me hundo, me equivoco, necesito que me mimen, como todo el mundo.

Índice de conjunciones y nexos

		Unidad
A condición de que	condicional	U. 19
Además	conector discursivo	U. 24
A fin de que	final	U. 17
A medida que	temporal	U. 18
A menos que	condicional	U. 19
A no ser que	condicional	U. 19
Antes (de) que	temporal	U. 18
A pesar de (que)	concesiva	U. 20
Así pues	consecutiva	U. 26
Así que	consecutiva	U. 26
Aunque	concesiva	U. 20
Aun cuando	concesiva	U. 20
Cada vez que	temporal	U. 18
Como	causal	U. 16
Como	condicional	U. 19
Como si	condicional-comparativa	U. 19
Con el fin de que	final	U. 17
Con el objeto de que	final	U. 17
Con que	consecutivo	U. 26
Con tal de que	condicional	U. 19
Cuando	temporal	U. 18
Cuyo	relativo	U. 21
Dado que	causal	U. 16
De ahí que	consecutiva	U. 26
De forma / manera / modo que	consecutiva	U. 26
Desde que	temporal	U. 18
El/La/ cual Los/Las cuales	relativo	U. 21

En cuanto	temporal	U. 18
En (el) caso de que	condicional	U. 19
Excepto que	condicional	U. 19
Hasta que	temporal	U. 18
Luego	consecutivo	U. 26
Luego	temporal	U. 18
Mientras	temporal	U. 18
Mientras (que)	condicional	U. 19
Para que	final	U. 17
Porque	final	U. 17
Porque	causal	U. 16
Por + adverbio + que	concesivo	U. 20
Por consiguiente	consecutiva	U. 26
Por eso	consecutiva	U. 26
Por lo tanto	consecutivo	U. 26
Por más / mucho ...que	concesiva	U. 20
Por muy + adjetivo + que	concesiva	U. 20
Pues	consecutiva	U. 26
Pues	causal	U. 16
Puesto que	causal	U. 16
Quien, -es	relativo	U. 21
Salvo que	condicional	U. 19
Según	temporal	U. 18
Si	condicional	U. 19
Si bien	concesivo	U. 20
Siempre que	condicional	U. 19
Siempre que	temporal	U. 18
Siempre y cuando	condicional	U. 19
Tan pronto como	temporal	U. 18
Ya que	causal	U. 16

Verbos

Verbos regulares

► TRABAJAR

INDICATIVO

Presente	Pretérito indefinido	Pretérito imperfecto	Futuro
trabajo	trabajé	trabajaba	trabajaré
trabajas	trabajaste	trabajabas	trabajarás
trabaja	trabajó	trabajaba	trabajará
trabajamos	trabajamos	trabajábamos	trabajaremos
trabajáis	trabajasteis	trabajabais	trabajaréis
trabajan	trabajaron	trabajaban	trabajarán

Pretérito perfecto	Pretérito pluscuamperfecto
he trabajado	había trabajado
has trabajado	habías trabajado
ha trabajado	había trabajado
hemos trabajado	habíamos trabajado
habéis trabajado	habíais trabajado
han trabajado	habían trabajado

IMPERATIVO

(Afirmativo/negativo)

trabaja / no trabajes   (tú)

trabaje / no trabaje   (Vd.)

trabajad / no trabajéis (vosotros)

trabajen / no trabajen (Vds.)

SUBJUNTIVO

Presente	Pretérito perfecto	Pretérito imperfecto
trabaje	haya trabajado	trabajara / trabajase
trabajes	hayas trabajado	trabajaras / trabajases
trabaje	haya trabajado	trabajara / trabajase
trabajemos	hayamos trabajado	trabajáramos / trabajásemos
trabajéis	hayáis trabajado	trabajarais / trabajaseis
trabajen	hayan trabajado	trabajaran / trabajasen

► COMER

INDICATIVO

Presente	Pretérito indefinido	Pretérito imperfecto	Futuro
como	comí	comía	comeré
comes	comiste	comías	comerás
come	comió	comía	comerá
comemos	comimos	comíamos	comeremos
coméis	comisteis	comíais	comeréis
comen	comieron	comían	comerán

Pretérito perfecto	Pretérito pluscuamperfecto	IMPERATIVO
		(Afirmativo/negativo)
he comido	había comido	come / no comas (tú)
has comido	habías comido	coma / no coma (Vd.)
ha comido	había comido	comed / no comáis (vosotros)
hemos comido	habíamos comido	coman / no coman (Vds.)
habéis comido	habíais comido	
han comido	habían comido	

SUBJUNTIVO

Presente	Pretérito perfecto	Pretérito imperfecto
coma	haya comido	comiera / comiese
comas	hayas comido	comieras / comieses
coma	haya comido	comiera / comiese
comamos	hayamos comido	comiéramos / comiésemos
comáis	hayáis comido	comierais / comieseis
coman	hayan comido	comieran / comiesen

► VIVIR

INDICATIVO

Presente	Pretérito indefinido	Pretérito imperfecto	Futuro
vivo	viví	vivía	viviré
vives	viviste	vivías	vivirás
vive	vivió	vivía	vivirá
vivimos	vivimos	vivíamos	viviremos
vivís	vivisteis	vivíais	viviréis
viven	vivieron	vivían	vivirán

Pretérito perfecto	Pretérito pluscuamperfecto	IMPERATIVO (Afirmativo/negativo)
he vivido	había vivido	vive / no vivas (tú)
has vivido	habías vivido	viva / no viva (Vd.)
ha vivido	había vivido	vivid / no viváis (vosotros)
hemos vivido	habíamos vivido	vivan / no vivan (Vds.)
habéis vivido	habíais vivido	
han vivido	habían vivido	

SUBJUNTIVO

Presente	Pretérito perfecto	Pretérito imperfecto
viva	haya vivido	viviera / viviese
vivas	hayas vivido	vivieras / vivieses
viva	haya vivido	viviera / viviese
vivamos	hayamos vivido	viviéramos / viviésemos
viváis	hayáis vivido	vivierais / vivieseis
vivan	hayan vivido	vivieran / viviesen

Verbos irregulares

► ACORDAR(SE)

	INDICATIVO		IMPERATIVO		SUBJUNTIVO	
Presente	Indefinido	Futuro			Presente	Pretérito imperfecto
(me) acuerdo	acordé	acordaré	acuérda(te)	(tú)	acuerde	acordara/acordase
(te) acuerdas	acordaste	acordarás	acuérde(se)	(Vd.)	acuerdes	acordaras/acordases
(se) acuerda	acordó	acordará	acorda(os)	(vos.)	acuerde	acordara/acordase
(nos) acordamos	acordamos	acordaremos	acuérden(se)	(Vds.)	acordemos	acordáramos/acordásemos
(os) acordáis	acordasteis	acordaréis			acordéis	acordarais/acordaseis
(se) acuerdan	acordaron	acordarán			acuerden	acordaran/acordasen

► ACOSTAR(SE)

	INDICATIVO		IMPERATIVO		SUBJUNTIVO	
Presente	Indefinido	Futuro			Presente	Pretérito imperfecto
(me) acuesto	acosté	acostaré	acuésta(te)	(tú)	acueste	acostara/acostase
(te) acuestas	acostaste	acostarás	acuéste(se)	(Vd.)	acuestes	acostaras/acostases
(se) acuesta	acostó	acostará	acosta(os)	(vos.)	acueste	acostara/acostase
(nos) acostamos	acostamos	acostaremos	acuésten(se)	(Vds.)	acostemos	acostáramos/acostásemos
(os) acostáis	acostasteis	acostaréis			acostéis	acostarais/acostaseis
(se) acuestan	acostaron	acostarán			acuesten	acostaran/acostasen

► ANDAR

	INDICATIVO		IMPERATIVO		SUBJUNTIVO	
Presente	Indefinido	Futuro			Presente	Pretérito imperfecto
ando	anduve	andaré	anda	(tú)	ande	anduviera/anduviese
andas	anduviste	andarás	ande	(Vd.)	andes	anduvieras/anduvieses
anda	anduvo	andará	andad	(vos.)	ande	anduviera/anduviese
andamos	anduvimos	andaremos	anden	(Vds.)	andemos	anduviéramos/anduviésemos
andáis	anduvisteis	andaréis			andéis	anduvierais/anduvieseis
andan	anduvieron	andarán			anden	anduvieran/anduviesen

► APROBAR

INDICATIVO			IMPERATIVO	SUBJUNTIVO	
Presente	Indefinido	Futuro		Presente	Pretérito imperfecto
apruebo	aprobé	aprobaré	aprueba (tú)	apruebe	aprobara/aprobase
apruebas	aprobaste	aprobarás	apruebe (Vd.)	apruebes	aprobaras/aprobases
aprueba	aprobó	aprobará	aprobad (vos.)	apruebe	aprobara/aprobase
aprobamos	aprobamos	aprobaremos	aprueben (Vds.)	aprobemos	aprobáramos/aprobásemos
aprobáis	aprobasteis	aprobaréis		aprobéis	aprobarais/aprobaseis
aprueban	aprobaron	aprobarán		aprueben	aprobaran/aprobasen

► CERRAR

INDICATIVO			IMPERATIVO	SUBJUNTIVO	
Presente	Indefinido	Futuro		Presente	Pretérito imperfecto
cierro	cerré	cerraré	cierra (tú)	cierre	cerrara/cerrase
cierras	cerraste	cerrarás	cierre (Vd.)	cierres	cerraras/cerrases
cierra	cerró	cerrará	cerrad (vos.)	cierre	cerrara/cerrase
cerramos	cerramos	cerraremos	cierren (Vds.)	cerremos	cerráramos/cerrásemos
cerráis	cerrasteis	cerraréis		cerréis	cerrarais/cerraseis
cierran	cerraron	cerrarán		cierren	cerraran/cerrasen

► CONOCER

INDICATIVO			IMPERATIVO	SUBJUNTIVO	
Presente	Indefinido	Futuro		Presente	Pretérito imperfecto
conozco	conocí	conoceré	conoce (tú)	conozca	conociera/conociese
conoces	conociste	conocerás	conozca (Vd.)	conozcas	conocieras/conocieses
conoce	conoció	conocerá	conoced (vos.)	conozca	conociera/conociese
conocemos	conocimos	conoceremos	conozcan (Vds.)	conozcamos	conociéramos/conociésemos
conocéis	conocisteis	conoceréis		conozcáis	conocierais/conocieseis
conocen	conocieron	conocerán		conozcan	conocieran/conociesen

▶ DAR

INDICATIVO			IMPERATIVO		SUBJUNTIVO	
Presente	Indefinido	Futuro			Presente	Pretérito imperfecto
doy	di	daré	da	(tú)	dé	diera/diese
das	diste	darás	dé	(Vd.)	des	dieras/dieses
da	dio	dará	dad	(vos.)	dé	diera/diese
damos	dimos	daremos	den	(Vds.)	demos	diéramos/diésemos
dais	disteis	daréis			deis	dierais/dieseis
dan	dieron	darán			den	dieran/diesen

▶ DECIR

INDICATIVO			IMPERATIVO		SUBJUNTIVO	
Presente	Indefinido	Futuro			Presente	Pretérito imperfecto
digo	dije	diré	di	(tú)	diga	dijera/dijese
dices	dijiste	dirás	diga	(Vd.)	digas	dijeras/dijeses
dice	dijo	dirá	decid	(vos.)	diga	dijera/dijese
decimos	dijimos	diremos	digan	(Vds.)	digamos	dijéramos/dijésemos
decís	dijisteis	diréis			digáis	dijerais/dijeseis
dicen	dijeron	dirán			digan	dijeran/dijesen

▶ DESPERTAR(SE)

INDICATIVO			IMPERATIVO		SUBJUNTIVO	
Presente	Indefinido	Futuro			Presente	Pretérito imperfecto
(me) despierto	desperté	despertaré	despierta	(tú)	despierte	despertara/despertase
(te) despiertas	despertaste	despertarás	despierte	(Vd.)	despiertes	despertaras/despertases
(se) despierta	despertó	despertará	desperta(os)	(vos.)	despierte	despertara/despertase
(nos) despertamos	despertamos	despertaremos	despierten	(Vds.)	despertemos	despertáramos/despertásemos
(os) despertáis	despertasteis	despertaréis			despertéis	despertarais/despertaseis
(se) despiertan	despertaron	despertarán			despierten	despertaran/despertasen

► DIVERTIR(SE)

INDICATIVO			IMPERATIVO		SUBJUNTIVO	
Presente	**Indefinido**	**Futuro**			**Presente**	**Pretérito imperfecto**
(me) divierto	divertí	divertiré	diviérte(te)	(tú)	divierta	divirtiera/divirtiese
(te) diviertes	divertiste	divertirás	diviérta(se)	(Vd.)	diviertas	divirtieras/divirtieses
(se) divierte	divirtió	divertirá	divertí(os)	(vos.)	divierta	divirtiera/divirtiese
(nos) divertimos	divertimos	divertiremos	diviértan(se)	(Vds.)	divirtamos	divirtiéramos/divirtiésemos
(os) divertís	divertisteis	divertiréis			divirtáis	divirtierais/divirtieseis
(se) divierten	divirtieron	divertirán			diviertan	divirtieran/divirtiesen

► DORMIR

INDICATIVO			IMPERATIVO		SUBJUNTIVO	
Presente	**Indefinido**	**Futuro**			**Presente**	**Pretérito imperfecto**
duermo	dormí	dormiré	duerme	(tú)	duerma	durmiera/durmiese
duermes	dormiste	dormirás	duerma	(Vd.)	duermas	durmieras/durmieses
duerme	durmió	dormirá	dormid	(vos.)	duerma	durmiera/durmiese
dormimos	dormimos	dormiremos	duerman	(Vds.)	durmamos	durmiéramos/durmiésemos
dormís	dormisteis	dormiréis			durmáis	durmierais/durmieseis
duermen	durmieron	dormirán			duerman	durmieran/durmiesen

► EMPEZAR

INDICATIVO			IMPERATIVO		SUBJUNTIVO	
Presente	**Indefinido**	**Futuro**			**Presente**	**Pretérito imperfecto**
empiezo	empecé	empezaré	empieza	(tú)	empiece	empezara/empezase
empiezas	empezaste	empezarás	empiece	(Vd.)	empieces	empezaras/empezases
empieza	empezó	empezará	empezad	(vos.)	empiece	empezara/empezase
empezamos	empezamos	empezaremos	empiecen	(Vds.)	empecemos	empezáramos/empezásemos
empezáis	empezasteis	empezaréis			empecéis	empezarais/empezaseis
empiezan	empezaron	empezarán			empiecen	empezaran/empezasen

► ENCONTRAR

INDICATIVO			IMPERATIVO		SUBJUNTIVO	
Presente	Indefinido	Futuro			Presente	Pretérito imperfecto
encuentro	encontré	encontraré	encuentra	(tú)	encuentre	encontrara/encontrase
encuentras	encontraste	encontrarás	encuentre	(Vd.)	encuentres	encontraras/encontrases
encuentra	encontró	encontrará	encontrad	(vos.)	encuentre	encontrara/encontrase
encontramos	encontramos	encontraremos	encuentren	(Vds.)	encontremos	encontráramos/encontrásemos
encontráis	encontrasteis	encontraréis			encontréis	encontrarais/encontraseis
encuentran	encontraron	encontrarán			encuentren	encontraran/encontrasen

► ESTAR

INDICATIVO			IMPERATIVO		SUBJUNTIVO	
Presente	Indefinido	Futuro			Presente	Pretérito imperfecto
estoy	estuve	estaré	está/no estés	(tú)	esté	estuviera/estuviese
estás	estuviste	estarás	esté/no esté	(Vd.)	estés	estuvieras/estuvieses
está	estuvo	estará	estad/no estéis	(vos.)	esté	estuviera/estuviese
estamos	estuvimos	estaremos	estén/no estén	(Vds.)	estemos	estuviéramos/estuviésemos
estáis	estuvisteis	estaréis			estéis	estuvierais/estuvieseis
están	estuvieron	estarán			estén	estuvieran/estuviesen

► HACER

INDICATIVO			IMPERATIVO		SUBJUNTIVO	
Presente	Indefinido	Futuro			Presente	Pretérito imperfecto
hago	hice	haré	haz/no hagas	(tú)	haga	hiciera/hiciese
haces	hiciste	harás	haga/no haga	(Vd.)	hagas	hicieras/hicieses
hace	hizo	hará	haced/no hagáis	(vos.)	haga	hiciera/hiciese
hacemos	hicimos	haremos	hagan/no hagan	(Vds.)	hagamos	hiciéramos/hiciésemos
hacéis	hicisteis	haréis			hagáis	hicierais/hicieseis
hacen	hicieron	harán			hagan	hicieran/hiciesen

► HABER

	INDICATIVO		IMPERATIVO		SUBJUNTIVO	
Presente	Indefinido	Futuro			Presente	Pretérito imperfecto
he	hube	habré	he/no hayas	(tú)	haya	hubiera/hubiese
has	hubiste	habrás	haya/no haya	(Vd.)	hayas	hubieras/hubieses
ha	hubo	habrá	habed/no hayáis	(vos.)	haya	hubiera/hubiese
hemos	hubimos	habremos	hayan/no hayan	(Vds.)	hayamos	hubiéramos/hubiésemos
habéis	hubisteis	habréis			hayáis	hubierais/hubieseis
han	hubieron	habrán			hayan	hubieran/hubiesen

► IR

	INDICATIVO		IMPERATIVO		SUBJUNTIVO	
Presente	Indefinido	Futuro			Presente	Pretérito imperfecto
voy	fui	iré	ve/no vayas	(tú)	vaya	fuera/fuese
vas	fuiste	irás	vaya/no vaya	(Vd.)	vayas	fueras/fueses
va	fue	irá	id/no vayáis	(vos.)	vaya	fuera/fuese
vamos	fuimos	iremos	vayan/no vayan	(Vds.)	vayamos	fuéramos/fuésemos
vais	fuisteis	iréis			vayáis	fuerais/fueseis
van	fueron	irán			vayan	fueran/fuesen

► JUGAR

	INDICATIVO		IMPERATIVO		SUBJUNTIVO	
Presente	Indefinido	Futuro			Presente	Pretérito imperfecto
juego	jugué	jugaré	juega/no juegues	(tú)	juegue	jugara/jugase
juegas	jugaste	jugarás	juegue/no juegue	(Vd.)	juegues	jugaras/jugases
juega	jugó	jugará	jugad/no juguéis	(vos.)	juegue	jugara/jugase
jugamos	jugamos	jugaremos	jueguen/no jueguen	(Vds.)	juguemos	jugáramos/jugásemos
jugáis	jugasteis	jugaréis			juguéis	jugarais/jugaseis
juegan	jugaron	jugarán			jueguen	jugaran/jugasen

► LEER

	INDICATIVO		IMPERATIVO	SUBJUNTIVO	
Presente	**Indefinido**	**Futuro**		**Presente**	**Pretérito imperfecto**
leo	leí	leeré	lee /no leas (tú)	lea	leyera/leyese
lees	leíste	leerás	lea/no lea (Vd.)	leas	leyeras/leyeses
lee	leyó	leerá	leed/no leáis (vos.)	lea	leyera/leyese
leemos	leímos	leeremos	lean/no lean (Vds.)	leamos	leyéramos/leyésemos
leéis	leísteis	leeréis		leáis	leyerais/leyeseis
leen	leyeron	leerán		lean	leyeran/leyesen

► OÍR

	INDICATIVO		IMPERATIVO	SUBJUNTIVO	
Presente	**Indefinido**	**Futuro**		**Presente**	**Pretérito imperfecto**
oigo	oí	oiré	oye/no oigas (tú)	oiga	oyera/oyese
oyes	oíste	oirás	oiga/no oiga (Vd.)	oigas	oyeras/oyeses
oye	oyó	oirá	oíd/no oigáis (vos.)	oiga	oyera/oyese
oímos	oímos	oiremos	oigan/no oigan (Vds.)	oigamos	oyéramos/oyésemos
oís	oísteis	oiréis		oigáis	oyerais/oyeseis
oyen	oyeron	oirán		oigan	oyeran/oyesen

► PEDIR

	INDICATIVO		IMPERATIVO	SUBJUNTIVO	
Presente	**Indefinido**	**Futuro**		**Presente**	**Pretérito imperfecto**
pido	pedí	pediré	pide/no pidas (tú)	pida	pidiera/pidiese
pides	pediste	pedirás	pida/no pida (Vd.)	pidas	pidieras/pidieses
pide	pidió	pedirá	pedid/no pidáis (vos.)	pida	pidiera/pidiese
pedimos	pedimos	pediremos	pidan/no pidan (Vds.)	pidamos	pidiéramos/pidiésemos
pedís	pedisteis	pediréis		pidáis	pidierais/pidieseis
piden	pidieron	pedirán		pidan	pidieran/pidiesen

► PREFERIR

INDICATIVO			IMPERATIVO		SUBJUNTIVO	
Presente	**Indefinido**	**Futuro**			**Presente**	**Pretérito imperfecto**
prefiero	preferí	preferiré	prefiere/no prefieras	(tú)	prefiera	prefiriera/prefiriese
prefieres	preferiste	preferirás	prefiera/no prefiera	(Vd.)	prefieras	prefirieras/prefirieses
prefiere	prefirió	preferirá	preferid/no prefiráis	(vos.)	prefiera	prefiriera/prefiriese
preferimos	preferimos	preferiremos	prefieran/no prefieran	(Vds.)	prefiramos	prefiriéramos/prefiriésemos
preferís	preferisteis	preferiréis			prefiráis	prefirierais/prefirieseis
prefieren	prefirieron	preferirán			prefieran	prefirieran/prefiriesen

► PODER

INDICATIVO			IMPERATIVO		SUBJUNTIVO	
Presente	**Indefinido**	**Futuro**			**Presente**	**Pretérito imperfecto**
puedo	pude	podré	puede/no puedas	(tú)	pueda	pudiera/pudiese
puedes	pudiste	podrás	pueda/no pueda	(Vd.)	puedas	pudieras/pudieses
puede	pudo	podrá	poded/no podáis	(vos.)	pueda	pudiera/pudiese
podemos	pudimos	podremos	puedan/no puedan	(Vds.)	podamos	pudiéramos/pudiésemos
podéis	pudisteis	podréis			podáis	pudierais/pudieseis
pueden	pudieron	podrán			puedan	pudieran/pudiesen

► PONER

INDICATIVO			IMPERATIVO		SUBJUNTIVO	
Presente	**Indefinido**	**Futuro**			**Presente**	**Pretérito imperfecto**
pongo	puse	pondré	pon/no pongas	(tú)	ponga	pusiera/pusiese
pones	pusiste	pondrás	ponga/no ponga	(Vd.)	pongas	pusieras/pusieses
pone	puso	pondrá	poned/no pongáis	(vos.)	ponga	pusiera/pusiese
ponemos	pusimos	pondremos	pongan/no pongan	(Vds.)	pongamos	pusiéramos/pusiésemos
ponéis	pusisteis	pondréis			pongáis	pusierais/pusieseis
ponen	pusieron	pondrán			pongan	pusieran/pusiesen

► QUERER

	INDICATIVO		IMPERATIVO		SUBJUNTIVO	
Presente	Indefinido	Futuro			Presente	Pretérito imperfecto
quiero	quise	querré	quiere/no quieras	(tú)	quiera	quisiera/quisiese
quieres	quisiste	querrás	quiera/no quiera	(Vd.)	quieras	quisieras/quisieses
quiere	quiso	querrá	quered/no queráis	(vos.)	quiera	quisiera/quisiese
queremos	quisimos	querremos	quieran/no quieran	(Vds.)	queramos	quisiéramos/quisiésemos
queréis	quisisteis	querréis			queráis	quisierais/quisieseis
quieren	quisieron	querrán			quieran	quisieran/quisiesen

► RECORDAR

	INDICATIVO		IMPERATIVO		SUBJUNTIVO	
Presente	Indefinido	Futuro			Presente	Pretérito imperfecto
recuerdo	recordé	recordaré	recuerda/no recuerdes	(tú)	recuerde	recordara/recordase
recuerdas	recordaste	recordarás	recuerde/no recuerde	(Vd.)	recuerdes	recordaras/recordases
recuerda	recordó	recordará	recordad/no recordéis	(vos.)	recuerde	recordara/recordase
recordamos	recordamos	recordaremos	recuerden/no recuerden	(Vds.)	recordemos	recordáramos/recordásemos
recordáis	recordasteis	recordaréis			recordéis	recordarais/recordaseis
recuerdan	recordaron	recordarán			recuerden	recordaran/recordasen

► SABER

	INDICATIVO		IMPERATIVO		SUBJUNTIVO	
Presente	Indefinido	Futuro			Presente	Pretérito imperfecto
sé	supe	sabré	sabe/no sepas	(tú)	sepa	supiera/supiese
sabes	supiste	sabrás	sepa/no sepa	(Vd.)	sepas	supieras/supieses
sabe	supo	sabrá	sabed/no sepáis	(vos.)	sepa	supiera/supiese
sabemos	supimos	sabremos	sepan/no sepan	(Vds.)	sepamos	supiéramos/supiésemos
sabéis	supisteis	sabréis			sepáis	supierais/supieseis
saben	supieron	sabrán			sepan	supieran/supiesen

► SALIR

	INDICATIVO		IMPERATIVO		SUBJUNTIVO	
Presente	Indefinido	Futuro			Presente	Pretérito imperfecto
salgo	salí	saldré	sal/no salgas	(tú)	salga	saliera/saliese
sales	saliste	saldrás	salga/no salga	(Vd.)	salgas	salieras/salieses
sale	salió	saldrá	salid/no salgáis	(vos.)	salga	saliera/saliese
salimos	salimos	saldremos	salgan/no salgan	(Vds.)	salgamos	saliéramos/saliésemos
salís	salisteis	saldréis			salgáis	salierais/salieseis
salen	salieron	saldrán			salgan	salieran/saliesen

► SEGUIR

	INDICATIVO		IMPERATIVO		SUBJUNTIVO	
Presente	Indefinido	Futuro			Presente	Pretérito imperfecto
sigo	seguí	seguiré	sigue/no sigas	(tú)	siga	siguiera/siguiese
sigues	seguiste	seguirás	siga/no siga	(Vd.)	sigas	siguieras/siguieses
sigue	siguió	seguirá	seguid/no sigáis	(vos.)	siga	siguiera/siguiese
seguimos	seguimos	seguiremos	sigan/no sigan	(Vds.)	sigamos	siguiéramos/siguiésemos
seguís	seguisteis	seguiréis			sigáis	siguierais/siguieseis
siguen	siguieron	seguirán			sigan	siguieran/siguiesen

► SER

	INDICATIVO		IMPERATIVO		SUBJUNTIVO	
Presente	Indefinido	Futuro			Presente	Pretérito imperfecto
soy	fui	seré	sé/no seas	(tú)	sea	fuera/fuese
eres	fuiste	serás	sea/no sea	(Vd.)	seas	fueras/fueses
es	fue	será	sed/no seáis	(vos.)	sea	fuera/fuese
somos	fuimos	seremos	sean/no sean	(Vds.)	seamos	fuéramos/fuésemos
sois	fuisteis	seréis			seáis	fuerais/fueseis
son	fueron	serán			sean	fueran/fuesen

► SERVIR

INDICATIVO			IMPERATIVO	SUBJUNTIVO	
Presente	Indefinido	Futuro		Presente	Pretérito imperfecto
sirvo	serví	serviré	sirve/no sirvas (tú)	sirva	sirviera/sirviese
sirves	serviste	servirás	sirva/no sirva (Vd.)	sirvas	sirvieras/sirvieses
sirve	sirvió	servirá	servid/no sirváis (vos.)	sirva	sirviera/sirviese
servimos	servimos	serviremos	sirvan/no sirvan (Vds.)	sirvamos	sirviéramos/sirviésemos
servís	servisteis	serviréis		sirváis	sirvierais/sirvieseis
sirven	sirvieron	servirán		sirvan	sirvieran/sirviesen

► TRADUCIR

INDICATIVO			IMPERATIVO	SUBJUNTIVO	
Presente	Indefinido	Futuro		Presente	Pretérito imperfecto
traduzco	traduje	traduciré	traduce/no traduzcas (tú)	traduzca	tradujera/tradujese
traduces	tradujiste	traducirás	traduzca/no traduzca (Vd.)	traduzcas	tradujeras/tradujeses
traduce	tradujo	traducirá	traducid/no traduzcáis (vos.)	traduzca	tradujera/tradujese
traducimos	tradujimos	traduciremos	traduzcan/no traduzcan (Vds.)	traduzcamos	tradujéramos/tradujésemos
traducís	tradujisteis	traduciréis		traduzcáis	tradujerais/tradujeseis
traducen	tradujeron	traducirán		traduzcan	tradujeran/tradujesen

► VENIR

INDICATIVO			IMPERATIVO	SUBJUNTIVO	
Presente	Indefinido	Futuro		Presente	Pretérito imperfecto
vengo	vine	vendré	ven/no vengas (tú)	venga	viniera/viniese
vienes	viniste	vendrás	venga/no venga (Vd.)	vengas	vinieras/vinieses
viene	vino	vendrá	venid/no vengáis (vos.)	venga	viniera/viniese
venimos	vinimos	vendremos	vengan/no vengan (Vds.)	vengamos	viniéramos/viniésemos
venís	vinisteis	vendréis		vengáis	vinierais/vinieseis
vienen	vinieron	vendrán		vengan	vinieran/viniesen

► VOLVER

INDICATIVO			IMPERATIVO	SUBJUNTIVO	
Presente	Indefinido	Futuro		Presente	Pretérito imperfecto
vuelvo	volví	volveré	vuelve/no vuelvas (tú)	vuelva	volviera/volviese
vuelves	volviste	volverás	vuelva/no vuelva (Vd.)	vuelvas	volvieras/volvieses
vuelve	volvió	volverá	volved/no volváis (vos.)	vuelva	volviera/volviese
volvemos	volvimos	volveremos	vuelvan/no vuelvan (Vds.)	volvamos	volviéramos/volviésemos
volvéis	volvisteis	volveréis		volváis	volvierais/volvieseis
vuelven	volvieron	volverán		vuelvan	volvieran/volviesen

Clave

Gramática

Unidad 1

Situaciones:

A. 1. *Mi tío Ernesto ha ganado;* **2.** *ganó.* **B. 1.** *vivía;* **2.** *tenía;* **3.** *llamaba;* **4.** *necesitaba;* **5.** *quería / quiso;* **6.** *dijo;* **7.** *era.*

A **1.** *robaron / salía / acercó / agarró / llevaba / salió;* **2.** *quería / fue;* **3.** *equivocó / cogió / iba;* **4.** *casé / hacía / había separado;* **5.** *llamó / dijo / podía / estaba;* **6.** *han dicho / ha habido / han muerto;* **7.** *ha habido;* **8.** *ibas / practicabas;* **9.** *compramos / vivíamos / ahorrábamos;* **10.** *ha salido / quería;* **11.** *han ido.*

B **1.** *¿Has escrito un poema alguna vez?* **2.** *¿Has subido en avión alguna vez?* **3.** *¿Has tenido novio/a alguna vez?* **4.** *¿Has bebido alcohol alguna vez?* **5.** *¿Has montado en moto alguna vez?* **6.** *¿Has conducido un coche alguna vez?* **7.** *¿Has salido al extranjero alguna vez?* **8.** *¿Has tenido un hijo?* **9.** *¿Has salido en la televisión alguna vez?* **10.** *¿Has ganado un premio alguna vez?*

1. *he escrito;* **2.** *Subí;* **3.** *he tenido;* **4.** *bebí;* **5.** *he montado;* **6.** *he conducido;* **7.** *he salido;* **8.** *he tenido;* **9.** *salí;* **10.** *he ganado.*

C **1.** *Has probado;* **2.** *Habías estado;* **3.** *había visto o ha visto;* **4.** *había visto;* **5.** *Habías estado / vine;* **6.** *he encontrado / ha dicho / ha tenido;* **7.** *había enamorado;* **8.** *ha llegado / habían escapado.*

D **1.** *preguntó / conocía / era / había visto;* **2.** *murió / viajaba;* **3.** *ha estado;* **4.** *estudiaba / gustaba;* **5.** *ha escrito / ha tenido / ha ganado;* **6.** *llamó / estaba;* **7.** *conoció / había terminado.*

E **1.** *conquistó;* **2.** *hicieron;* **3.** *Nació;* **4.** *eran;* **5.** *vió;* **6.** *olvidó;* **7.** *salió;* **8.** *actuó;* **9.** *rio;* **10.** *fue;* **11.** *embarcó;* **12.** *estaba;* **13.** *ocurrrían;* **14.** *ocurrió;* **15.** *estaba;* **16.** *rodó o hizo;* **17.** *llegó;* **18.** *declinó;* **19.** *estaba;* **20.** *tuvo;* **21.** *hizo o rodó;* **22.** *hubo;* **23.** *conoció;* **24.** *tenía;* **25.** *se casaron;* **26.** *tuvieron;* **27.** *se trasladó;* **28.** *murió.*

Unidad 2

Situaciones:

1. *b: Hum... qué bien huelen estas flores;* **2.** *a: El perro está oliendo la droga en la maleta;* **3.** *c: Estoy cansada, ayer trabajé / estuve trabajando hasta las tantas.*

A **1.** *estuve viendo / salí / estábamos mirando / puso / quedamos;* **2.** *he estado trabajando / estoy trabajando / llamó / estoy durmiendo;* **3.** *piensas / están saliendo;* **4.** *estoy pensando;* **5.** *ha estado tomando;* **6.** *hacemos / sabrán;* **7.** *estaré esquiando;* **8.** *falta / estoy terminando;* **9.** *vivía;* **10.** *conocí / estaba haciendo;* **11.** *ha estado sonando / he terminado.*

B **1.** *estoy escribiendo;* **2.** *Estoy;* **3.** *estoy aprendiendo;* **4.** *estoy;* **5.** *hemos estado hablando;* **6.** *ha sido;* **7.** *se siente;* **8.** *toca;* **9.** *parecen;* **10.** *somos;* **11.** *estábamos saliendo;* **12.** *se ha acercado;* **13.** *ha invitado;* **14.** *hemos estado hablando / hemos hablado;* **15.** *He quedado;* **16.** *me estoy enamorando.*

Unidad 3

Situaciones:

1. *d*; **2.** *a*; **3.** *b*; **4.** *c*.

A **Hacer:** *haz / no hagas; haga / no haga; haced / no hagáis; hagan / no hagan;* **Decir:** *di / no digas; diga / no diga; decid / no digáis; digan / no digan;* **Cerrar:** *cierra / no cierres; cierre / no cierre; cerrad / no cerréis; cierren / no cierren;* **Ir:** *ve / no vayas; vaya / no vaya; id / no vayáis; vayan / no vayan.*

B **1.** *No la compres;* **2.** *No se lo envíes;* **3.** *No las pruebes;* **4.** *No los hagas;* **5.** *No la traigas;* **6.** *No lo pruebes;* **7.** *No la cierres;* **8.** *No me la des;* **9.** *No se lo digas;* **10.** *No me las pagues;* **11.** *No se lo pongas;* **12.** *No me lo diga;* **13.** *No se la des;* **14.** *No nos las des.*

C **1.** *Siéntate;* **2.** *No te cases;* **3.** *Peinaos;* **4.** *No te preocupes;* **5.** *No se relajen;* **6.** *No te bañes;* **7.** *No os calléis;* **8.** *Acuéstate;* **9.** *No os levantéis;* **10.** *Báñate;* **11.** *No se tumbe;* **12.** *Decidíos.*

D **1.** *g);* **2.** *h);* **3.** *f);* **4.** *a);* **5.** *c);* **6.** *d);* **7.** *e);* **8.** *b).*

E **1.** *Sí, díselo ya. / No, no se lo digas todavía;* **2.** *Sí, pónselos ya. / No, no se los pongas todavía;* **3.** *Sí, tráeselo ya. / No, no se lo traigas todavía;* **4.** *Sí, dásela ya. / No, no se la des todavía;* **5.** *Sí, tráemelas ya. / No, no me las traigas todavía;* **6.** *Sí, cuéntanoslo ya. / No, no nos lo cuentes todavía;* **7.** *Sí, regálaselo ya. / No, no se lo regales todavía;* **8.** *Sí, cuéntanoslo ya. / No, no nos lo cuentes todavía;* **9.** *Sí, páganoslo ya. / No, no nos lo pagues todavía;* **10.** *Sí, explícanoslo ya. / No, no nos lo expliques todavía.*

F **1.** *Perdone;* **2.** *abrid;* **3.** *dejen;* **4.** *bajen;* **5.** *Participe;* **6.** *ven;* **7.** *Reserva;* **8.** *Disfruta / pagues;* **9.** *deje.*

G **1.** *Evite;* **2.** *Beba;* **3.** *Refrésquese;* **4.** *Protéjase / salga;* **5.** *Utilice / proteja;* **6.** *deje;* **7.** *utilice;* **8.** *Cuide.*

Unidad 4

Situaciones:

Tendrá hambre. Estará mojado. Le dolerá la tripa / la boca. No tendrá sueño. Estará aburrido.

A **1.** *e);* **2.** *f);* **3.** *g);* **4.** *a);* **5.** *h);* **6.** *d);* **7.** *c);* **8.** *b).*

B **1.** *habré terminado;* **2.** *habrán pintado;* **3.** *traeré / habré leído;* **4.** *tendré;* **5.** *habrán llegado;* **6.** *iré;* **7.** *pediremos;* **8.** *habré acostado / podremos;* **9.** *tendré;* **10.** *habrá quemado.*

C Semilibre. Posibles opciones. **1.** *Habrá problemas de tráfico;* **2.** *Habrán salido a cenar;* **3.** *Se habrá quedado en el parque jugando;* **4.** *Estará averiado;* **5.** *Estarán de vacaciones;* **6.** *Se le habrá olvidado;* **7.** *Estará estresado.*

D **1.** *iniciará;* **2.** *tendrá;* **3.** *ofreció;* **4.** *comprobará;* **5.** *suministrará;* **6.** *renunciaremos.*

E **1.** *estaré tomando el sol;* **2.** *seré;* **3.** *estaré casado;* **4.** *será madre.*

Unidad 5

Situaciones:

1. *b: A. No sé qué le pasará a Toby: no come, no ladra… B. Estará deprimido o enfermo. Deberías llevarlo al veterinario;* **2.** *a: A. ¿Has visto lo delgada que está Paloma? B. Sí, habrá hecho alguna dieta especial;* **3.** *c: A. ¿Sa-*

bes que el viernes pasado el director llamó a Pérez a su despacho? B. Bueno, tendría alguna pregunta que hacerle, es normal.

A 1. *llegaría;* **2.** *se llevarían;* **3.** *gustaría;* **4.** *habrán discutido;* **5.** *preocuparía;* **6.** *estará enamorado;* **7.** *me habré jubilado;* **8.** *será;* **9.** *pasará / Estará / tendrá.*

Repaso I

A 1. *empezó;* **2.** *Fue;* **3.** *había;* **4.** *me apunté;* **5.** *bajábamos;* **6.** *pisábamos;* **7.** *escalábamos;* **8.** *era;* **9.** *teníamos;* **10.** *ha sido o fue;* **11.** *hizo;* **12.** *pensé;* **13.** *llegué;* **14.** *iba;* **15.** *habían impedido;* **16.** *llegué;* **17.** *estaba;* **18.** *pensaba;* **19.** *llegaría;* **20.** *llevaba;* **21.** *iba;* **22.** *sentí o sentía;* **23.** *caían;* **24.** *veíamos;* **25.** *sabíamos;* **26.** *estuve;* **27.** *estaba;* **28.** *vi;* **29.** *llevábamos;* **30.** *estaba;* **31.** *hacía;* **32.** *dormíamos;* **33.** *comía;* **34.** *encontramos;* **35.** *había visto.*

B 1. *Ayer mi familia y yo estuvimos pescando todo el día en el río;* **3.** *Antes mi marido fumaba mucho;* **4.** *Mis tíos han estado/estuvieron viviendo en París muchos años;* **5.** *Mis tíos se conocieron cuando estuvieron viviendo en París;* **6.** *Paco me dijo que estaría trabajando en esa empresa hasta marzo;* **7.** *Cuando estábamos hablando con el médico, llegó una enfermera para llevárselo a Urgencias;* **8.** *Ayer estuve jugando al tenis con Elena;* **9.** *Me encontré con Rodolfo y me dijo que estaba harto de todo;* **12.** *A. ¿Qué tal te ha ido el verano? B. Bien, viajé por Europa todo el mes de julio;* **13.** *Óscar estuvo/ha estado trabajando conmigo mucho tiempo en mi departamento;* **14.** *Ayer, cuando el Real Madrid estaba ganando por uno a cero, Raúl se cayó y al final, perdieron.*

C 1. *Haga;* **2.** *eche / hierva;* **3.** *Haga;* **4.** *Procure;* **5.** *entre;* **6.** *Suba / ponga;* **7.** *Tenga.*

Unidad 6

Situaciones:

1. *El capital / La capital;* **2.** *El pendiente / La pendiente;* **3.** *El cometa / La cometa;* **4.** *El cura / La cura.*

A **Masculino:** *el hotel, el coche, el poema, el pijama, el teorema, el problema, el diploma, el paisaje, el garaje, el viaje, el crucigrama, el idioma;* **Femenino:** *la luz, la carne, la reacción, la moto, la foto, la sal, la colección, la virtud.*

B 1. *un ramo;* **2.** *la bolsa;* **3.** *una cura;* **4.** *el capital;* **5.** *una rama;* **6.** *un bolso / uno / bonito / negro / lo;* **7.** *un pendiente;* **8.** *el cólera;* **9.** *la guía;* **10.** *el orden;* **11.** *la ciruela;* **12.** *una pendiente;* **13.** *el cabeza;* **14.** *El guía.*

C *Un color oscuro. Una habitación luminosa. Un panorama agotador. Unos temas polémicos. Unas fotos desenfocadas. Una juventud alocada. Unas excursiones guiadas por la ciudad. Un viaje maravilloso. Unas paredes agrietadas. Una región pantanosa.*

D *Semilibre. Posibles opciones. Ha pintado la habitación de un color oscuro; La casa tiene una habitación luminosa; La gira americana que harán tiene un panorama agotador; El presidente trató unos temas polémicos; El fotógrafo nos hizo unas fotos desenfocadas; Los principales problemas se deben a una juventud alocada; El ayuntamiento ha organizado unas excursiones guiadas por la ciudad; El verano pasado hicimos un viaje maravilloso; Al entrar en el piso nos encontramos con unas paredes agrietadas; Tuvimos que pasar por una región pantanosa.*

E A. 1. *el*; **2.** *el*; **3.** *el*; **4.** *una*; **5.** *la*; **6.** *un*; **7.** *la*; **8.** *un*; **9.** *el*; **B. 1.** *el*; **2.** *piloto*; **3.** *la*; **4.** *directora*; **5.** *la*; **6.** *bióloga*; **7.** *el*; **8.** *actor*; **C. 1.** *El*; **2.** *la*; **3.** *las*; **4.** *un*; **5.** *la*; **6.** *la*; **7.** *los*.

Unidad 7

Situaciones:

1. *a*; **2.** *d*; **3.** *b*; **4.** *f*; **5.** *c*; **6.** *e*.

1. *Abrelatas*; **2.** *Tragaperras*; **3.** *Altavoces*; **4.** *Champús anticaspa*.

A 1. *camiones*; **2.** *disfraces*; **3.** *meses*; **4.** *déficit*; **5.** *sofás*; **6.** *tren*; **7.** *ballet*; **8.** *mamá*; **9.** *regímenes*; **10.** *tijeras*; **11.** *chalé*; **12.** *iraníes*; **13.** *tesis*; **14.** *menú*; **15.** *análisis*; **16.** *países*; **17.** *carnés*; **18.** *álbum*; **19.** *faxes*; **20.** *souvenir*.

B 1. *álbumes*; **2.** *tren*; **3.** *análisis*; **4.** *déficit*; **5.** *regímenes*; **6.** *menús*; **7.** *ballet*; **8.** *tijeras*; **9.** *tesis*; **10.** *iraníes*; **11.** *faxes*; **12.** *souvenirs*.

C 1. *b)*; **2.** *g)*; **3.** *h)*; **4.** *a)*; **5.** *f)*; **6.** *d)*; **7.** *i)*; **8.** *e)*; **9.** *c)*.

Unidad 8

Situaciones:

1. *la / un / Ø*; **2.** *lo / Lo / el / la*.

A 1. *No puedes imaginarte lo que come mi hijo mayor*; **2.** *No puedes imaginarte lo guapa que es la novia de Ángel*; **3.** *No puedes imaginarte lo lejos que viven Eduardo y María*; **4.** *No puedes imaginarte lo que viajan Paola y Mario*; **5.** *No puedes imaginarte lo nerviosa que está Laura por el examen de conducir*; **6.** *No puedes imaginarte lo bien que dibuja la hija de Pedro*; **7.** *No puedes imaginarte lo mal que conduce Ernesto*; **8.** *No puedes imaginarte lo lento que es este autobús*; **9.** *No puedes imaginarte lo trabajadora que es Rosalía*.

B 1. *el / una / un / un / lo / las / una*; **2.** *Ø / el*; **3.** *un / la / El / un / la*; **4.** *Lo / La / Ø / las / el / la / lo / Lo / una / el*; **5.** *lo / un / Ø / Ø*; **6.** *Unos / El / unos / una / el*; **7.** *El / lo / Ø / lo / lo / los*; **8.** *Ø / una*; **9.** *lo / lo / lo / lo*; **10.** *el / el / el / lo / lo*.

C 1. *c)*; **2.** *e)*; **3.** *b)*; **4.** *f)*; **5.** *g)*; **6.** *a)*; **7.** *d)*.

D 1. *la*; **2.** *el*; **3.** *un*; **4.** *una*; **5.** *un*; **6.** *el*; **7.** *Ø*; **8.** *los*; **9.** *La*; **10.** *un*; **11.** *los*; **12.** *los*; **13.** *los*; **14.** *las*; **15.** *el*.

Unidad 9

Situaciones:

1. *c*; **2.** *a*; **3.** *b*.

A 1. *b)*; **2.** *a)*; **3.** *b)*; **4.** *b)*; **5.** *a)*; **6.** *b)*; **7.** *b)*; **8.** *b)*; **9.** *a)*; **10.** *b)*.

B 1. *A. ¿Diga? B. Hola, Julia, tu madre está en la oficina y no tiene las llaves de casa, tienes que llevárselas antes de las cuatro, ¿vale? A. Vale, papá, no te preocupes, se las llevaré*; **2.** *¿Le has dado las fotos a Paco? Te dije que se las dieras*; **3.** *El otro día llevaba la cartera en el bolsillo de atrás y me la robaron. Tengo que* *ir a la comisaría a denunciar el robo;* **4.** *A. ¿Le has enviado los libros a Rocío? B. No, se los enviaré mañana, hoy no puedo;* **5.** *A. ¡Vaya restaurante tan malo! ¿Quién te lo ha recomendado? B. Me lo recomendó Susana. Me dijo que era muy bueno;* **6.** *A. Paloma, Rosa dice que quiere verte. B. Sí, pero yo no quiero verla, estoy enfadada con ella;* **7.** *A. Pedro, ¿dónde está mi diccionario de inglés? B. Se lo presté. A. Pues pídeselo porque lo necesito yo;* **8.** *A. ¿Se las has dado? B. No, no lo he visto desde el viernes. A. Pues dáselas cuando venga esta tarde.*

C **1.** *Jacinto recogió los platos sucios y los llevó a la cocina;* **2.** *Olalla se fue a EE UU a estudiar el bachillerato y ya no volvió a España;* **3.** *Rafa y Mayte le compraron un coche a su hijo porque acabó los estudios con muy buenas notas;* **4.** *¿A quién se le ha ocurrido aparcar ese camión aquí? No podemos pasar;* **5.** *El director general de industria que visitó la fábrica se interesó por los procesos de producción de maquinaria agrícola;* **6.** *¿Le has preguntado a Roberto si va a venir con nosotros al fútbol?;* **7.** *Paola es la mayor, le lleva tres años a Pablo;* **8.** *¿Le has llevado las camisas a Luisa para que las planche?;* **9.** *¿Te has dado cuenta de que Diego se parece mucho a su padre?;* **10.** *Yo no sé si Juan estudia algo, se pasa todo el día en el ordenador;* **11.** *El domingo salimos de casa con retraso y llegamos tarde al aeropuerto;* **12.** *No tenemos agua porque ayer alguien se bebió la última que quedaba;* **13.** *Mi vecino es ludópata. Todos los fines de semana va al casino y se gasta el sueldo en jugar;* **14.** *¿A ti te parece bien que Ángel se vaya todos los sábados a jugar al casino?;* **15.** *Yo, a mis amigos no los llamo todos los días, pero les escribo correos y estoy pendiente de ellos;* **16.** *Este libro no te lo lleves, por favor, no lo he leído todavía;* **17.** *Quedamos con Alex y Elena en vernos el día de Navidad, pero al final no pudimos vernos porque Alex se puso enfermo;* **18.** *Natalia y Tatiana tenían que arreglar papeles para ir a EE UU y los arreglaron gracias a un amigo en la embajada;* **19.** *Para Navidad a la profesora de religión le regalaron una biblia en piel;* **20.** *A los chicos se les explicó la situación económica de la familia cuando terminaron de cenar.*

D **1.** *se me ha estropeado;* **2.** *se me ha olvidado;* **3.** *se me ha escapado;* **4.** *se me han olvidado;* **5.** *se me ha estropeado;* **6.** *se me ha perdido;* **7.** *se le olvida;* **8.** *se le olvidó ;* **9.** *se le han perdido;* **10.** *se le pasa.*

E **1.** *Olvidó el móvil en la mesilla de noche;* **2.** *Ella nunca se olvida de llamar a sus amigos por su cumpleaños;* **1.** *Enrique sale de la oficina a las siete;* **2.** *Enrique siempre se sale por la puerta de atrás;* **1.** *El año pasado fuimos a Viena a conocer a sus padres;* **2.** *Nos fuimos del teatro en cuanto acabó la función;* **1.** *La gente todavía se ríe de las películas de Charlot;* **2.** *La gente está harta y ya no le ríe los chistes a Fernando;* **1.** *Hasta ahora se ha tomado lo que le ha mandado el médico;* **2.** *Eduardo nunca ha tomado antibióticos.*

F **1.** *se;* **2.** *se;* **3.** *la;* **4.** *la;* **5.** *la;* **6.** *la;* **7.** *le;* **8.** *le;* **9.** *se;* **10.** *la;* **11.** *le;* **12.** *se;* **13.** *se;* **14.** *la;* **15.** *se;* **16.** *se;* **17.** *la;* **18.** *la;* **19.** *le;* **20.** *se;* **21.** *la;* **22.** *me;* **23.** *se;* **24.** *la;* **25.** *se;* **26.** *le;* **27.** *la;* **28.** *se;* **29.** *la;* **30.** *se;* **31.** *le;* **32.** *la;* **33.** *le;* **34.** *se;* **35.** *la;* **36.** *se;* **37.** *le;* **38.** *se;* **39.** *se;* **40.** *le;* **41.** *te;* **42.** *te;* **43.** *le;* **44.** *le;* **45.** *le.*

Unidad 10

Situaciones:

1. *con;* **2.** *en;* **3.** *de;* **4.** *Por.*

A **1.** *con / en / a / a / de;* **2.** *de / en / de / a (al) / sin;* **3.** *a / con / a / de / de;* **4.** *de / a / de (del) / a / en / en / en / a / de (del) / por / a / en;* **5.** *de / con / sin / sin / de;* **6.** *a / de / a / en;* **7.** *por / a (al) / sin / con / de (del);* **8.** *con / de / Por / de;* **9.** *a / sin / contra / por / en;* **10.** *Por / a / por / por / a / a;* **11.** *Para / para / por;* **12.** *de / para / Para;* **13.** *de / por;* **14.** *con / a / con / con.*

B **1.** *a finales de;* **2.** *a punto de;* **3.** *en vez de;* **4.** *a causa del;* **5.** *A lo largo de;* **6.** *en medio de;* **7.** *a favor del.*

C 1. *en / hasta;* **2.** *en / hasta;* **3.** *con / para / de;* **4.** *por / con / Por / en / en / a / A / en / de (del).*

D 1. *en;* **2.** *con;* **3.** *con;* **4.** *de;* **5.** *con;* **6.** *sin;* **7.** *sin;* **8.** *entre;* **9.** *en;* **10.** *a;* **11.** *en;* **12.** *sin;* **13.** *sin;* **14.** *por;* **15.** *por;* **16.** *a;* **17.** *de;* **18.** *a;* **19.** *de (del);* **20.** *de;* **21.** *a;* **22.** *a;* **23.** *a;* **24.** *a;* **25.** *en.*

Repaso II

A 1. *lo necesario;* **2.** *lo suficiente;* **3.** *lo imprescindible o lo justo;* **4.** *lo posible;* **5.** *lo justo o lo imprescindible;* **6.** *a lo lejos;* **7.** *en lo sucesivo / lo antes posible;* **8.** *en lo posible;* **9.** *A lo largo de.*

B 1. *me;* **2.** *te;* **3.** *te;* **4.** *se / se;* **5.** *os;* **6.** *les / les;* **7.** *le / le;* **8.** *se;* **9.** *les / les;* **10.** *me;* **11.** *me;* **12.** *te;* **13.** *te / me;* **14.** *Se / se;* **15.** *se.*

C 1. *A Jorge le aburren los dibujos animados;* **2.** *Andrés se relaja jugando al pádel con sus socios del bufete;* **3.** *Alguna gente se divierte con las películas violentas, pero yo no;* **4.** *He dormido sólo cuatro horas y estoy que no me tengo en pie;* **5.** *Rosalía es muy susceptible, se molesta con cualquier cosa;* **6.** *Daos prisa, se va a hacer tarde y vas a perder el tren;* **7.** *Todos los compañeros nos sorprendimos mucho cuando Eduardo dejó el trabajo;* **8.** *Ha ganado el premio de poesía y se le ha subido la fama a la cabeza.*

D 1. *de;* **2.** *de;* **3.** *en;* **4.** *de;* **5.** *en;* **6.** *de;* **7.** *de;* **8.** *con;* **9.** *con;* **10.** *por;* **11.** *por;* **12.** *a;* **13.** *por;* **14.** *a;* **15.** *de;* **16.** *a;* **17.** *en.*

Unidad 11

Situaciones:

1. *Estás / es;* **2.** *Es / estamos.*

A 1. *está / soy o estoy;* **2.** *estáis / es / está;* **3.** *están;* **4.** *es;* **5.** *Estás / estoy;* **6.** *es / seas;* **7.** *es / ser;* **8.** *estás / estaba;* **9.** *es / es / son;* **10.** *Estoy;* **11.** *será;* **12.** *Es / está / está;* **13.** *está / era;* **14.** *somos o estamos.*

B 1. *era;* **2.** *estaba;* **3.** *estaba;* **4.** *Era;* **5.** *era;* **6.** *era;* **7.** *era;* **8.** *era;* **9.** *estaba;* **10.** *estaban.*

C 2. *A las siete de la tarde muchos millones de espectadores estaban atentos a la final de la Copa del Mundo en Brasil;* **5.** *En agosto no pudimos ir de vacaciones porque Federica no estaba buena;* **6.** *Doctor, el paciente de la habitación 35 ya está consciente, ha vuelto en sí;* **8.** *Cuando quieras, salimos, nosotros estamos listos;* **9.** *He llamado a Paola pero me ha dicho que hoy no va a salir porque no está muy católica;* **10.** *Mis padres estaban muy orgullosos de que yo estudiara Medicina.*

Unidad 12

Situaciones:

quería / terminara / casaríamos / tendríamos.

A 1. *Dile a Pepe que te deje el diccionario de inglés;* **2.** *Dile a Carlota que no se coma tus macarrones;* **3.** *Dile a Diego que deje de ver la tele y estudie;* **4.** *Dile a Carlota que recoja la mesa;* **5.** *Dile a papá que venga a comer;* **6.** *Dile a Carlota que te devuelva el mando de la tele.*

B 1. *Cristina me preguntó si quería más café y yo le contesté que ya había tomado bastante;* **2.** *Ellos me preguntaron si iba a ir con ellos a la playa y yo les contesté que iría la semana siguiente;* **3.** *Mi madre me pre-*

guntó si había hecho ya los deberes y yo le contesté que los haría más tarde; **4.** *Celia le preguntó a Laura si había visto la última película de Almodóvar, y Laura le contestó que sí, pero que no le había gustado mucho;* **5.** *Yo le pregunté a Miguel que dónde estaban los papeles del banco, y él me dijo que los había dejado en la carpeta roja.*

C **1.** *No me gusta la música clásica;* **2.** *Quiero vivir contigo;* **3.** *¿Cómo te sientes?;* **4.** *Ana, ¿has visto a tu hermano?;* **5.** *Te he mentido, no he estado con Pepe el domingo anterior;* **6.** *¿Cuándo vendrás a mi casa?;* **7.** *¿Tenéis problemas de dinero?;* **8.** *Tenemos para el primer año, pero para el próximo año tendremos que pedir un préstamo al banco;* **9.** *Quiero cambiar de trabajo porque la empresa cada vez va peor y no hay esperanzas de mejorar;* **10.** *Conocí a tu abuelo en la fiesta de mi pueblo y me enamoré de él el primer día que lo vi;* **11.** *Puede venir a recoger el coche mañana, que ya estará arreglado;* **12.** *Voy a ver a unos clientes de Oviedo.*

D **1.** *Mi mujer tenía mucho trabajo y por eso me ha pedido que hoy lleve yo el pan;* **2.** *Antes de entrar al quirófano, el médico me dijo que no me preocupara, que todo iría bien;* **3.** *Julia anoche me dijo que no hiciera comida para ella, que hoy comería en casa;* **4.** *Clara no quería salir de casa y yo le dije que se diera prisa, que llegaríamos tarde;* **5.** *Lucía me ha pedido que fuera pronto, que teníamos que ir al médico con Pablo;* **6.** *Ayer Mario se olvidó la cartera en casa y me pidió que le prestara 50 euros;* **7.** *Luis no tenía tiempo y me pidió que llamara a Telefónica;* **8.** *Fui al médico porque no podía dormir bien y el médico me recomendó que me tomara la vida con calma;* **9.** *Ayer estuve aquí y usted me dijo que volviera hoy;* **10.** *En diciembre, Óscar me pidió que le prestara mi diccionario de árabe y todavía no me lo ha devuelto;* **11.** *Yo llevaba la camisa abierta, pero mi madre dijo que me la pusiera bien.*

E **1.** *diga;* **2.** *se olvide;* **3.** *compre;* **4.** *pase;* **5.** *saque;* **6.** *podrá;* **7.** *tiene;* **8.** *llamaras;* **9.** *contaras;* **10.** *cambió;* **11.** *trabaja;* **12.** *gana;* **13.** *querían;* **14.** *quería;* **15.** *se casaran;* **16.** *dejaron;* **17.** *está.*

F **1.** *a), b);* **2.** *a); c);* **3.** *b), c);* **4.** *a), c);* **5.** *b), c);* **6.** *b), c);* **7.** *a), c).*

G **1.** *esperara;* **2.** *deje;* **3.** *tome;* **4.** *hiciera;* **5.** *cambiara;* **6.** *colocara;* **7.** *envolviera;* **8.** *hablara;* **9.** *pagara;* **10.** *tome;* **11.** *tome;* **12.** *viajemos;* **13.** *fuera.*

H Le tenía advertido:
—*que no **viniera**:* transmite una advertencia o sugerencia que hizo el hablante en el pasado.
—*que la vida **es** muy dura, que si en el pueblo **es** difícil... **hay** que buscársela...:* se puede considerar como una verdad general válida ahora y siempre.
—*que ya **era** muy mayor...:* transmite una información que dio en pasado.
—*que sólo **quieren** mozos nuevos:* presente para hablar de una verdad general, válida en el presente, ahora.
—*que **iba** a andar a la busca... que nunca **encontraría**...:* transmite una información que se dio en el pasado.

Unidad 13

A **1.** *Me gustaría que fuéramos andando;* **2.** *¿Te gustaría tener una casa así?;* **3.** *Quisiera casarme con un hombre como tú;* **4.** *Le gustaría que esa historia no acabase nunca;* **5.** *Les gustaría que su hija estudiara otra carrera;* **6.** *A los profesores les gustaría que sus estudiantes trabajaran;* **7.** *A Maribel le gustaría tener más tiempo libre.*

B **1.** *Esperaba que Eugenio estuviera/hubiera estado en casa;* **2.** *Le agradecí mucho que me atendiera/hubiera atendido tan amablemente;* **3.** *¿No te importaba lo que dijera/hubiera dicho la gente?;* **4.** *Está harto de que en la oficina se rían/hayan reído/rieran de él;* **5.** *No quiso que fuéramos a verlo al hospital;* **6.** *A Irene no le gus-*

tará que le cuentes la noticia a su madre. / A Irene no le ha gustado que le cuentes/hayas contado/con la noticia a su madre; **7.** *¿Quieres que tu padre te compre el coche?*; **8.** *Hemos sentido que no puedas/h.* *podido/pudieras venir de vacaciones con nosotros. / Sentimos que no puedas/hayas podido/pudieras venir de vacaciones con nosotros. / Sentiremos que no puedas venir de vacaciones con nosotros.*

C Respuesta libre.

D **1.** *quieras;* **2.** *alimentes;* **3.** *cuides;* **4.** *eduques;* **5.** *lleves;* **6.** *cepilles;* **7.** *saques;* **8.** *lleves;* **9.** *busques;* **10.** *juegues;* **11.** *estés;* **12.** *abandones.*

Unidad 14

Situaciones:

han subido / subirán / hayan subido / subirán / subirán / subirían.

A **1.** *e);* **2.** *b);* **3.** *a);* **4.** *f);* **5.** *d);* **6.** *g);* **7.** *c);* **8.** *h).*

B **1.** *No pensé que fueras al concierto con tus compañeros de la universidad;* **2.** *No creía que ya hubieras terminado el proyecto de los americanos;* **3.** *Ellos no veían que la empresa fuera mal;* **4.** *La policía no supuso que el ladrón fuera el vecino de la víctima;* **5.** *No creían que los pisos dejaran de subir de precio;* **6.** *No imaginé que Roberto quisiera casarse con Olga;* **7.** *No imaginaba que en Galicia tuvieran problemas de sequía;* **8.** *Nadie sabía que en febrero hubiera habido un golpe de Estado en ese país;* **9.** *Nadie informó de que nuestro director fuera corrupto.*

C **1.** *reflejan;* **2.** *existiera;* **3.** *sea;* **4.** *haber;* **5.** *van / vayan;* **6.** *estuviera;* **7.** *tiene;* **8.** *denuncia;* **9.** *moriría;* **10.** *importe / viene / venga;* **11.** *estuviera;* **12.** *se relajara;* **13.** *debía;* **14.** *estaba;* **15.** *conocías;* **16.** *ha sido.*

Unidad 15

Situaciones:

1. *suban;* **2.** *haga;* **3.** *hagan;* **4.** *tengamos.*

A **1.** *se dedique;* **2.** *arreglaría;* **3.** *se cayó;* **4.** *autorizara;* **5.** *se separara;* **6.** *haya bajado;* **7.** *haya dejado;* **8.** *ser / encontrar / llueva / llamen / valore.*

B **1.** *diga;* **2.** *permitan;* **3.** *implante;* **4.** *recaiga;* **5.** *hagamos;* **6.** *pueda;* **7.** *puedan.*

C **1.** *a, c;* **2.** *b, c;* **3.** *b, c;* **4.** *c;* **5.** *b;* **6.** *a, b;* **7.** *b;* **8.** *b;* **9.** *c;* **10.** *c.*

Repaso III

A **1.** *fue;* **2.** *estaban;* **3.** *está;* **4.** *ha sido;* **5.** *ha sido;* **6.** *están;* **7.** *fue;* **8.** *son;* **9.** *está;* **10.** *está.*

B **1.** *salga;* **2.** *esté;* **3.** *haya encontrado;* **4.** *consultaran;* **5.** *fuera;* **6.** *cuente;* **7.** *se entere;* **8.** *volviera;* **9.** *tuviera;* **10.** *hayas ido;* **11.** *pidiera / se quedaran;* **12.** *llamaras;* **13.** *deje;* **14.** *fallen;* **15.** *sean;* **16.** *lanzara;* **17.** *ayudes;* **18.** *talaran;* **19.** *llamáramos;* **20.** *pusieras;* **21.** *habían subido / siguiéramos;* **22.** *esperáramos;* **23.** *llamaras;* **24.** *fuéramos.*

C 1. *pasó;* 2. *preparara* o *preparase;* 3. *hiciera;* 4. *era;* 5. *atendió* o *había atendido;* 6. *interesó;* 7. *persistía;* 8. *había aquejado;* 9. *confiaba;* 10. *habían servido;* 11. *veía;* 12. *Podría;* 13. *Creía;* 14. *había;* 15. *encontraba;* 16. *pensaba;* 17. *liquide;* 18. *esté;* 19. *iré;* 20. *esperaré;* 21. *salga;* 22. *volveré.*

Unidad 16

Situaciones:

1. *d);* 2. *b);* 3. *a);* 4. *c).*

A 1. *pues* o *que;* 2. *pues* o *porque;* 3. *Ya que* o *Puesto que;* 4. *que;* 5. *porque* o *pues;* 6. *Ya que* o *Dado que;* 7. *pues* o *ya que;* 8. *que* o *porque;* 9. *porque* o *ya que;* 10. *ya que* o *porque;* 11. *Como;* 12. *Puesto que* o *Como;* 13. *ya que* o *pues;* 14. *Ya que* o *Puesto que;* 15. *Dado que* o *Puesto que.*

B 1. *me gustara / obligó;* 2. *habían enseñado;* 3. *tenga;* 4. *quiera / estoy;* 5. *tengan / han comprado;* 6. *viene;* 7. *prefirió;* 8. *decía;* 9. *reaccionara;* 10. *ignoren;* 11. *era;* 12. *quería;* 13. *quisiera / necesitaba.*

C 1. *por qué;* 2. *Por qué;* 3. *por qué;* 4. *porqué;* 5. *por qué;* 6. *por que, porque;* 7. *por que;* 8. *por qué;* 9. *porqué;* 10. *por que* o *porque;* 11. *por que;* 12. *por qué / por qué.*

Unidad 17

Situaciones:

1. *a: has comprado / hacer;* 2. *b: vino / llevarse;* 3. *c: te olvides.*

A 1. *ver;* 2. *quedara;* 3. *echar;* 4. *ahuyentar;* 5. *que puedas;* 6. *avisar;* 7. *que venga;* 8. *escribir;* 9. *que volviera;* 10. *poder;* 11. *puedan;* 12. *que saliera.*

Unidad 18

A 1. *después de que;* 2. *mientras / a medida que;* 3. *En cuanto;* 4. *hasta que;* 5. *Al;* 6. *después de que;* 7. *Mientras;* 8. *A medida que* o *Según;* 9. *Antes de que* o *Después de que;* 10. *Desde que;* 11. *Según* o *A medida que;* 12. *siempre que* o *cada vez que;* 13. *en cuanto / así que;* 14. *Mientras;* 15. *A medida que* o *Según;* 16. *nada más* o *al;* 17. *mientras;* 18. *Al* o *Nada más;* 19. *A medida que / Mientras;* 20. *Cada vez que* o *Siempre que.*

B 1. *vayan / haya hablado;* 2. *dejar;* 3. *intente;* 4. *pudiera;* 5. *apareciera;* 6. *conocerse;* 7. *ver;* 8. *empiezas;* 9. *se despertó;* 10. *vuelva;* 11. *llegara;* 12. *fue / llevó;* 13. *llegar;* 14. *oyó;* 15. *dio;* 16. *volviera;* 17. *bajar;* 18. *esté;* 19. *lleguen / hayan llegado;* 20. *mejore;* 21. *tengas;* 22. *aplaudieran / pidieran / se enfrentaran;* 23. *cerraran* o *cerrasen / se fueran;* 24. *necesitaste.*

C 1. *palpiten;* 2. *vista;* 3. *haya;* 4. *sepa;* 5. *haya;* 6. *prosigan;* 7. *exista;* 8. *haya.*

D 1. *Al principio;* 2. *cuando;* 3. *entonces;* 4. *Ahora;* 5. *después;* 6. *entonces;* 7. *antes;* 8. *De pronto;* 9. *Luego;* 10. *después.*

E Libre.

Unidad 19

Situaciones:

1. *a: queda;* **2.** *b: regalamos;* **3.** *c: vas;* **4.** *d: puedes.*

A 1. *han extraviado;* **2.** *hubiera construido;* **3.** *solicitó;* **4.** *creería;* **5.** *denunciarían;* **6.** *amaras;* **7.** *hubiera sido;* **8.** *llenas;* **9.** *seguir;* **10.** *haber sido.*

B 1. *Si Roberto quisiera a Lucía, se casaría con ella;* **2.** *Si Enrique hubiera respetado el stop, no le hubieran o habrían puesto una multa;* **3.** *Si Javier no hubiera bebido tanto el sábado, no hubiera tenido un accidente con el coche;* **4.** *Si Lucía le hubiera contado toda la verdad al médico, éste hubiera acertado el diagnóstico;* **5.** *Si hubieras escrito a la compañía telefónica, te hubieran dado de baja;* **6.** *Si Ismael hubiera estudiado cuando era joven, ahora no tendría que trabajar en cualquier cosa;* **7.** *Si no se hubiera gastado los ahorros en un crucero, ahora podría pagar el alquiler del piso;* **8.** *Si hubiera reservado el hotel en la playa, ahora tendría donde dormir.*

C 1. *a no ser que;* **2.** *Con tal de que;* **3.** *En el caso de que;* **4.** *a no ser que;* **5.** *Como;* **6.** *como si;* **7.** *con tal de;* **8.** *siempre que;* **9.** *como si;* **10.** *Si;* **11.** *siempre que;* **12.** *como;* **13.** *En el caso de que;* **14.** *Si.*

D 1. *dispusiera;* **2.** *se presentara;* **3.** *entretuviera;* **4.** *vendieran;* **5.** *apagara;* **6.** *estuviera;* **7.** *confirmaran;* **8.** *formaran;* **9.** *pusieran;* **10.** *ocurriera;* **11.** *cantaría.*

E 1. *hubiera oído u oyera;* **2.** *hubiera sentado;* **3.** *hubiera estado o estuviera;* **4.** *fuera;* **5.** *pasara o hubiera pasado;* **6.** *acabara o hubiera acabado;* **7.** *importara;* **8.** *diera o hubiera dado.*

F 1. *hubieras oído;* **2.** *sentiría;* **3.** *sabe;* **4.** *hubiera salido;* **5.** *hubiera preparado;* **6.** *moriríamos;* **7.** *pudiera / pueda;* **8.** *viene;* **9.** *surja;* **10.** *se asomara / viera;* **11.** *necesiten;* **12.** *hubiera estado;* **13.** *enterara;* **14.** *hubiera acompañado;* **15.** *quieres;* **16.** *morirían;* **17.** *hubiera caído;* **18.** *hubiera / evitarían;* **19.** *invites;* **20.** *preguntaba;* **21.** *haya percatado;* **22.** *abandonara / abandona.*

G 1. *a);* **2.** *f);* **3.** *c);* **4.** *i);* **5.** *b);* **6.** *j);* **7.** *d);* **8.** *k);* **9.** *h);* **10.** *g);* **11.** *e);* **12.** *l).*
Si canto soy un cantueso. Si leo soy un león. Si emano soy una mano. Si amo soy un amasijo. Si lucho soy un serrucho. Si como soy como soy. Si río soy un río de risa. Si duermo enfermo de dormir. Si fumo me fumo hasta el humo. Si hablo me escucha el diablo. Si miento invento una verdad. Si me hundo me Carlos Edmundo.

H Respuesta libre.

Unidad 20

Situaciones:

1. *hace / bañan;* **2.** *hiciera / bañaría;* **3.** *hubiera hecho / habría bañado.*

A 1. *j);* **2.** *f);* **3.** *k);* **4.** *b);* **5.** *a);* **6.** *g);* **7.** *h);* **8.** *i);* **9.** *e);* **10.** *c);* **11.** *d).*

B Semilibre. Posibles opciones. **1.** *Por más que buscamos las llaves de Pedro por todas partes, no las encontramos;* **2.** *A pesar de que Eugenio hace mucha gimnasia, no consigue adelgazar;* **3.** *Aunque este coche es muy barato, no puedo comprármelo;* **4.** *Por mucho que te empeñes, no vas a convencerme de que vaya contigo a Canarias;* **5.** *Aunque a Olalla le gusta estar morena y toma el sol todos los días, sigue casi blanca;* **6.** *Por más que le dio vueltas al problema de Lola, no encontró ninguna solución;* **7.** *Por muchos años que vivieras,* *nunca podrías hacer todo lo que deseas;* **8.** *Por más que intento olvidar a Jaime, no lo consigo;* **9.** *Aunque buscamos al perrito de Lorena mucho tiempo, no lo encontramos;* **10.** *A pesar de que ha estudiado muy poco, yo confío en que aprobará;* **11.** *Aunque tenía / tuviera razones para matarlo, no debería haberlo hecho.*

C 1. *tenía;* **2.** *sigan;* **3.** *advirtieron;* **4.** *eran;* **5.** *había viajado;* **6.** *había dejado;* **7.** *terminó;* **8.** *era;* **9.** *maltrataba;* **10.** *utilizaba;* **11.** *era;* **12.** *haya viajado.*

D 1. *vaya;* **2.** *creía / creyera;* **3.** *estuviera, estaba;* **4.** *dijera;* **5.** *haya terminado, ha terminado;* **6.** *estuviera;* **7.** *cueste, cuesta;* **8.** *hayas contado;* **9.** *encontrara;* **10.** *hubieran invitado;* **11.** *presentara, presentaba;* **12.** *trabaje.*

E Semilibre. Posibles opciones.**1.** *aunque le quería;* **2.** *a pesar de que lo intentó;* **3.** *por mucho que lo intente;* **4.** *por más vueltas que le doy.*

Repaso IV

A 1. *ya que;* **2.** *por qué / Porque;* **3.** *Como;* **4.** *que;* **5.** *ya que.*

B *Ayer me llamó Mario para pedirme que salga con él. No sé por qué estoy nerviosa. Lo conozco desde hace tres años y me gusta mucho porque es trabajador, inteligente y además tiene sentido del humor. Pero no me gusta tanto como para salir con él, porque no estoy realmente enamorada de él. He llamado a Celia para que me aconseje y me ha dicho que no debo preocuparme, ya que Mario es un chico muy majo y no se enfadará si le digo que no.*

C 1. *pensaba;* **2.** *esté;* **3.** *haya viajado / haya visto / haya vivido;* **4.** *traían, trajeran;* **5.** *inviertas;* **6.** *contemplaba, contemplara;* **7.** *quedaba;* **8.** *comiera o coma;* **9.** *sea;* **10.** *vino o ha venido;* **11.** *hubiéramos encontrado;* **12.** *adentraras;* **13.** *tengas.*

Unidad 21

Situaciones:

1. *Los que;* **2.** *en el que o donde;* **3.** *al que;* **4.** *el que.*

A 1. *guste;* **2.** *trata o trate;* **3.** *había robado;* **4.** *gustaría;* **5.** *escuchase;* **6.** *vivían;* **7.** *fue;* **8.** *terminen;* **9.** *vayan.*

B 1. *enseñen;* **2.** *tengan;* **3.** *guste o haya gustado;* **4.** *he escuchado;* **5.** *acordara;* **6.** *dictan / toman;* **7.** *gustan;* **8.** *recibiera;* **9.** *se preocupaban;* **10.** *tuviera;* **11.** *tenía;* **12.** *sepa;* **13.** *sepan.*

C 1. *con el que;* **2.** *con los que;* **3.** *en la que o en donde;* **4.** *al que o al cual;* **5.** *en los que o en los cuales;* **6.** *a las que;* **7.** *con las que;* **8.** *en la que o en la cual;* **9.** *en los que o en los cuales;* **10.** *en la que o en la cual;* **11.** *en el que o en el cual;* **12.** *de la que o por la cual / en el que o en el cual o en donde;* **13.** *por donde;* **14.** *en la que o en la cual;* **15.** *con el que;* **16.** *del que o del cual;* **17.** *en la que o en la cual;* **18.** *por la que;* **19.** *con el que.*

D 1. *con la que;* **2.** *con el que o con quien;* **3.** *del que;* **4.** *que;* **5.** *lo que;* **6.** *que;* **7.** *con el que;* **8.** *donde;* **9.** *en la que;* **10.** *en las que;* **11.** *en los que;* **12.** *a quien;* **13.** *con la que;* **14.** *que;* **15.** *que;* **16.** *que;* **17.** *que;* **18.** *por el que;* **19.** *que.*

E 1. *Olalla se ha casado con un chico que trabaja en la oficina;* **3.** *La policía ha hallado el dinero que se llevaron los ladrones en Vigo;* **4.** *Fueron a pedir información al médico que había operado a su padre;* **5.** *Denunció al que lo atropelló al cruzar el paso de cebra;* **6.** *En el hospital me encontré a Gema, con la que había estudiado el Ba-*

chillerato; **7.** *Mira, te presento a mi primo Roberto, del que te he hablado muchas veces;* **9.** *Yo creo que las personas que tienen que tratar con el público deben tener mucha paciencia;* **10.** *Pepe, con el que trabajé un tiempo, me ha llamado para pedirme dinero;* **11.** *Yo creo que Lorena no tiene nada que la distinga de otra chica de su edad;* **12.** *Paula trajo una pierna de cordero que preparó la noche anterior;* **15.** *Acamparon a la orilla de un río, en el que podían pescar y bañarse;* **16.** *Hemos recibido más noticias de los secuestrados según las cuales están bien de salud;* **17.** *SOFINSA, la empresa en la que trabajaba antes, ha cerrado por quiebra*

F 1. *g);* **2.** *j);* **3.** *a);* **4.** *h);* **5.** *b);* **6.** *c);* **7.** *d);* **8.** *e);* **9.** *i);* **10.** *f).*

Unidad 22

Situaciones:
1. *c;* **2.** *a;* **3.** *b.*

A 1. *a);* **2.** *a);* **3.** *a), b);* **4.** *b);* **5.** *b), c);* **6.** *a);* **7.** *c);* **8.** *a), b);* **9.** *c).*

B Semilibre. Posibles opciones. **1.** *El Córdoba volverá a ganar la liga este año, como el año pasado;* **2.** *Alfonso lleva trabajando en la misma empresa desde el 2000;* **3.** *Hasta ahora llevo leídos la mitad de los libros que ha mandado el profesor de literatura;* **4.** *El traumatólogo le ha dicho a María que debe hacer ejercicios especiales;* **5.** *A. ¿Qué hora es? B. No lo sé, deben de ser las dos, más o menos;* **6.** *Según las nuevas normas de circulación, los niños tienen que ir siempre en una silla especial;* **7.** *Cuando estábamos tomando el sol en la playa, empezó a llover;* **8.** *Me acaban de decir que la mujer del príncipe Felipe va a tener un hijo, ¿es verdad?;* **9.** *Antes Andrés era muy callado, pero a medida que se va haciendo mayor, es más hablador;* **10.** *Andan diciendo que la nueva Ministra de Sanidad está pensando prohibir el alcohol. ¿Será verdad?;* **11.** *¿Todavía sigues pintando cuadros de flores?;* **12.** *Es una vergüenza que no podamos dormir por el ruido del bar de abajo. Yo creo que las autoridades deberían tomar alguna medida;* **13.** *Antes yo me preocupaba mucho por cosas pequeñas, ahora he dejado de preocuparme;* **14.** *A. ¿Tú sabes cuánto gana Rafael? B. Pues no estoy seguro, pero debe de ganar bastante porque vive como un rey;* **15.** *Roberto, te tengo dicho que no debes comer tantos dulces, no son buenos;* **16.** *A. ¿Ya has terminado de corregir los exámenes? B. No, sólo llevo corregidos la mitad.*

Unidad 23

A 1. *se dan;* **2.** *se plantan;* **3.** *se subdivide;* **4.** *se cortan;* **5.** *se extraen;* **6.** *se ponen;* **7.** *se colocan;* **8.** *se tuestan;* **9.** *se muelen;* **10.** *se siguen;* **11.** *se elimina;* **12.** *se muele;* **13.** *Se obtienen;* **14.** *se hacen;* **15.** *se parte;* **16.** *se añade;* **17.** *se amasa;* **18.** *se refina;* **19.** *se somete;* **20.** *se remueve;* **21.** *se enfría;* **22.** *se moldea.*

B 1. *Diariamente 350 conductores son denunciados por beber demasiado;* **2.** *Un abogado de 39 años fue detenido por la policía cuando fue sorprendido dando hachazos contra un cajero automático para recuperar por la fuerza su tarjeta bancaria, retenida tras una malograda extracción de dinero;* **3.** *La reforma del Estatuto de Aragón fue aprobada ayer por las Cortes regionales de Aragón. Ahora deberá ser aceptada por el Parlamento español;* **4.** *Un estudiante de 18 años ha sido expulsado por el director de un instituto por acusar al centro en su página personal de Internet de tener las instalaciones abandonadas;* **5.** *La plantación de chopos de Villanueva será fumigada hoy para acabar con los mosquitos;* **6.** *Varios autobuses fueron incendiados por unos alborotadores en protesta por el cierre de los bares a las cuatro de la mañana;* **7.** *Ana González ha sido detenida y enviada a prisión acusada de tentativa de asesinato.*

C 1. *se tiene que llevar / no se puede dar;* **2.** *han cantado / se han ido;* **3.** *no puedes dar / cuentas con... / debes tener cuidado;* **4.** *alguien canta;* **5.** *hay que trabajar / hay que tener claro / hay que dejar.*

D 1. *se le pregunta;* **2.** *hay que hacer;* **3.** *se puede llegar;* **4.** *se tiene;* **5.** *se dispone;* **6.** *se podrá seguir;* **7.** *Es posible;* **8.** *es fácil;* **9.** *hay que despreciar.*

Unidad 24

A 1. *sin embargo;* **2.** *por eso;* **3.** *ahora bien;* **4.** *incluso;* **5.** *Pues;* **6.** *Así las cosas;* **7.** *al fin y al cabo;* **8.** *de todos modos;* **9.** *mientras que;* **10.** *mejor dicho.*

B 1. *en el fondo;* **2.** *mejor dicho;* **3.** *por cierto;* **4.** *en realidad;* **5.** *Pues;* **6.** *encima;* **7.** *e incluso;* **8.** *pues;* **9.** *por eso;* **10.** *es decir;* **11.** *de todos modos;* **12.** *encima;* **13.** *por fin;* **14.** *Pues.*

C 1. *a);* **2.** *c);* **3.** *c);* **4.** *a);* **5.** *c);* **6.** *d);* **7.** *a);* **8.** *c);* **9.** *b);* **10.** *b);* **11.** *a);* **12.** *c);* **13.** *d);* **14.** *d).*

Unidad 25

Situaciones:

1. *¡Que tengáis buen viaje! Conjunción: b;* **2.** *En mi casa todos tomamos té, no café. Sustantivo: c;* **3.** *Ella es estupenda, pero él me cae fatal. Pronombre personal: a;* **4.** *No sé si podré ir a la excursión con vosotros. Verbo saber: d;* **5.** *Cuando Julia volvió en sí después del accidente, no reconoció a su padre. Pronombre reflexivo: e.*

Relaciona:

1. *a;* **2.** *d;* **3.** *b;* **4.** *e;* **5.** *f;* **6.** *c.*

A **Agudas:** *ca-mión, ven-drá, es-cri-bir, es-cri-bí, cai-mán, ciu-dad, rió, reu-nión, guión;* **Llanas:** *in-vier-no, mó-vil, há-bil, sa-bio, die-ci-séis, pa-í-ses, deu-da, fe-o, vi-no;* **Esdrújulas:** *far-ma-céu-ti-co, au-to-má-ti-co, rá-pi-do, cláu-su-la, ve-hí-cu-lo, es-pon-tá-ne-o, dí-me-lo, gua-pí-si-mo, qué-de-se.*

B 1. *líos;* **2.** *diez;* **3.** *río;* **4.** *secretaria / acentuó;* **5.** *píe;* **6.** *rió;* **7.** *pie;* **8.** *secretaría;* **9.** *Díez;* **10.** *tenia;* **11.** *hacia;* **12.** *hacía;* **13.** *acentúo;* **14.** *lio.*

C 1. *publicó;* **2.** *habitó;* **3.** *arbitró;* **4.** *limité;* **5.** *jubiló;* **6.** *público;* **7.** *Tráfico;* **8.** *júbilo;* **9.** *termino;* **10.** *solicito;* **11.** *hábitos;* **12.** *terminó;* **13.** *traficó.*

D 1. *Adiós, que tengáis buen viaje;* **2.** *A. Ayer me encontré a Ángel en la estación de Atocha. B. Ah, ¿sí?, ¿y que te contó? A. Nada especial, que está muy contento con su trabajo nuevo y que un día de estos nos llamará para presentarnos a su novia;* **3.** *A. Yo no sé nada de biología, ¿y tú? B. Yo sí, estudié algo durante el Bachillerato, pero no me encantó, la verdad;* **4.** *A. ¿Qué tal le fue la operación a tu madre? B. Bien, cuando volvió en sí después de la anestesia, lo primero que hizo fue preguntar por sus hijos;* **5.** *A. ¡Qué bonita fue la película!, ¿verdad? B. A mí no me gustó tanto como la otra, la de Antonio Banderas;* **6.** *A. Álvaro me pidió que lo acompañara a esquiar, pero no quiero ir. B. Si tienes miedo, no vayas con él, quédate aquí;* **7.** *A. ¿Qué te pasó el otro día? Me dijeron que habías tenido un accidente. B. Sí, el coche que iba delante se paró de golpe y yo choqué contra él, pero no fue nada grave, íbamos muy despacio;* **8.** *¡Que te estés quieto, Álvaro!;* **9.** *A. ¿Qué tal el viaje? B. Bien, pero para poder llevar nuestro pájaro de un país a otro tuvimos que hacer un montón de trámites;* **10.** *¡Qué guapa está hoy Ángela!*

E 1. *El secretario y número dos del Ministerio de Industria dimitió por diferencias con el ministro;* **2.** *La investigación del atentado determina que la explosión no ocurrió cuando decía el primer informe, sino un poco más tarde;* **3.** *Los países mediterráneos acusan a la UE de desinterés en el tema de la inmigración;* **4.** *El ex* alcalde de Villanueva ingresó el sábado en prisión por prevaricación; **5.** Hoy el termómetro alcanzará los 40 grados centígrados en gran parte del país; **6.** Los farmacéuticos de Córdoba no están de acuerdo con el Colegio de Médicos en cuanto al tratamiento de las alergias.

F *¿Tiene usted algún problema? ¿Le han cobrado de más en la factura del teléfono? ¿Sabría cómo actuar si le quitan puntos del carné de conducir? ¿Le gustaría reclamar por algo y no sabe cómo hacerlo? ¿Qué haría si de madrugada le llaman por teléfono desde la comisaría y le dicen que su hijo está detenido? Estos y otros problemas pueden ocurrirle a usted y a cualquiera. Nosotros le ayudamos a resolverlos, con una simple llamada telefónica. No lo dude, hágase socio de nuestra compañía de abogados.*

Unidad 26

Situaciones:

1. d); **2.** a); **3.** b); **4.** c).

A **1.** tan… que; **2.** así que / de tal manera que; **3.** así que / de tal manera que; **4.** de ahí que; **5.** tan… que; **6.** de tal manera que; **7.** así que; **8.** de tal manera que; **9.** por consiguiente; **10.** así que; **11.** de tal manera que; **12.** conque / así que.

B **1.** Es tan alto que se le salen los pies de la cama. **2.** La fruta estaba tan cara que compramos yogures. **3.** En casa no se puede jugar con la pelota así que vete a jugar al parque. **4.** No ganan bastante dinero para comprarse un piso, por eso viven con sus padres. **5.** Tenemos tanto trabajo en la oficina que este año no me van a dar vacaciones.

Repaso V

A **1.** Dime la hora a la que tengo que llamarte; **2.** Aquí están las cartas a las que me refería; **3.** Encontré a Julián García al que no veía hacía años; **4.** Dieron un premio a la muchacha de la que hablamos antes; **5.** Aquí está el estadio de fútbol en el que se disputó la Copa de Europa; **6.** No conozco a esa mujer con la que Juan está hablando; **7.** Compré el reloj en la tienda de la que tú me hablaste; **8.** Este es mi amigo Pepe con el que estudié en la Universidad de Sevilla; **9.** Ella trabaja para una empresa que es americana.

B **1.** Obligación; **2.** Acción en desarrollo; **3.** Interrupción de la acción; **4.** Repetición; **5.** Sucesión de acciones acabadas que pueden acumularse; **6.** Comienzo repentino de la acción; **7.** Obligación; **8.** Aproximación; **9.** Acción en desarrollo; **10.** Estado resultante de una acción pasiva o media.

C **1.** mejor dicho; **2.** en realidad; **3.** en particular; **4.** en realidad; **5.** mejor dicho; **6.** al fin y al cabo.

D **1.** Miguel, no se habla con la boca llena; **2.** Desde aquí se ven perfectamente los detalles del cuadro; **4.** A causa de la alfombra no se oyeron los pasos del ladrón; **5.** ¿Sabes? Han robado a Ricardo en el metro; **7.** Últimamente no se ve tanta gente fumando en el metro; **9.** Para venir a España no se necesita mucha ropa de abrigo; **11.** Han dicho en la radio que van a subir las temperaturas; **12.** Este año no se llevan nada las botas altas.

E **1.** se recoge; **2.** se transporta; **3.** se convierte; **4.** se deshojan; **5.** se lavan; **6.** se muele; **7.** se bate; **8.** se somete; **9.** se separan; **10.** se mezclan.

F *Ale apareció con el mismo vestido que llevaba en el avión (no tendrá otro pensó Benja, pero enseguida se avergonzó de su frivolidad), estaba linda y parecía contenta. El saludo, todavía formal, fue el pretexto para* *que las manos reconocieran y lo celebraran. Hubo una ojeada de inspección recíproca y decidieron aprobarse con muy bueno sobresaliente.*

Mientras esperaban el té y la torta de limón, ella le dijo qué te parece si empezamos desde el principio. ¿Por ejemplo? Por ejemplo por qué te decidiste a tocar mis manos. No sé, tal vez fue pura imaginación, pero pensé que tus manos me llamaban, era un riesgo, claro, pero un riesgo sabroso, así que resolví correrlo. Hiciste bien, dijo ella, porque era cierto que mis manos te llamaban. ¿Y eso?, balbuceó el número ocho. Sucede que para vos soy una desconocida, yo en cambio te conozco, sos una figura pública que aparece en los diarios y en la televisión, te he visto jugar varias veces en el Estadio y en tu barrio, leo tus declaraciones, sé qué opinas del deporte y de tu mundo y siempre me ha gustado tu actitud, que no es común entre los futbolistas. No reniego de mis compañeros, más bien trato de comprenderlos. Ya sé, ya sé, pero además de todo eso, probablemente el punto principal es que me gustas, y más me gustó que te atrevieras con mis manos, ya que, dadas las circunstancias, se precisaba un poquito de coraje para que tu cerebro le diera esa orden a tus largos dedos.

G **1.** *Recibió una carta de Luis en la que le pedía 3.000 euros;* **2.** *Me gustó mucho el restaurante donde cenamos ayer;* **3.** *Cómprate el coche que más te guste;* **4.** *Me gustaría salir con alguien a quien le gustara el tenis;* **5.** *Es un actor cuyo nombre comienza por f;* **6.** *Vive en una casa cerca de la cual hay un pantano;* **7.** *Ya no volví a ver a los turistas que había conocido en Benidorm.*

Clave

Vocabulario

Unidad 1

A **1.** *b;* **2.** *a;* **3.** *d;* **4.** *c.*

B **1.** *Antibiótico;* **2.** *Antiarrugas;* **3.** *Autoescuela;* **4.** *Extraterrestre;* **5.** *Entreacto;* **6.** *Precocinado;* **7.** *Políglota;* **8.** *Desalar;* **9.** *Indeciso;* **10.** *Transatlántico;* **11.** *Extraer;* **12.** *Monoparental;* **13.** *Posparto;* **14.** *Exculpar;* **15.** *Reforzar.*

C **1.** *imperfecto;* **2.** *invisible;* **3.** *imprudente;* **4.** *inoportuno;* **5.** *desagradable;* **6.** *ilegal;* **7.** *descontento;* **8.** *discontinuo;* **9.** *inexplicable;* **10.** *impresentable;* **11.** *ilógico;* **12.** *irrecuperable.*

Unidad 2

A **1.** *humedad;* **2.** *adopción;* **3.** *exigencias;* **4.** *secadora.*

B **1.** *e;* **2.** *f;* **3.** *g;* **4.** *h;* **5.** *b;* **6.** *d;* **7.** *c;* **8.** *a.*

C 1. *Carnicería;* **2.** *Peletería;* **3.** *Jardinería;* **4.** *Tintorería;* **5.** *Librería;* **6.** *Fontanería;* **7.** *Cristalería;* **8.** *Albañilería;* **9.** *Carpintería.*

D 1. *e);* **2.** *b);* **3.** *a);* **4.** *f);* **5.** *d);* **6.** *c).*

E **-ción/-sión:** 1. *conexión;* **2.** *corrupción;* **3.** *crear;* **4.** *prohibir;* **5.** *perder;* **6.** *combinación;* **7.** *división;* **8.** *moderación;* **-tad/-dad:** 1. *obligatoriedad;* **2.** *potestad;* **3.** *libertad;* **4.** *simplicidad;* **5.** *igualdad;* **6.** *crueldad;* **7.** *gravedad;* **8.** *maldad;* **-miento:** 1. *desprendimiento;* **2.** *adelantamiento;* **3.** *abastecimiento;* **4.** *reconocimiento;* **5.** *pensar;* **6.** *salvar;* **7.** *enfriar;* **8.** *recibimiento;* **-eza:** 1. *rareza;* **2.** *fuerza;* **3.** *riqueza;* **4.** *maleza;* **5.** *duro;* **6.** *limpieza;* **7.** *puro;* **8.** *pereza,* **-cia/-nza:** 1. *inteligencia;* **2.** *creencia;* **3.** *demente;* **4.** *esperar;* **5.** *preferencia;* **6.** *competencia;* **7.** *asistencia;* **8.** *convenir;* **-ismo:** 1. *realismo;* **2.** *pesimismo;* **3.** *nervioso;* **4.** *activo;* **5.** *terror;* **6.** *periodismo;* **7.** *idealismo;* **8.** *optimismo.*

F 1. *conexión;* **2.** *movimiento;* **3.** *belleza;* **4.** *honestidad;* **5.** *esperanza / pereza;* **6.** *recibimiento;* **7.** *calentamiento;* **8.** *competitividad;* **9.** *rivalidad.*

Unidad 3

A 1. *b: chistoso;* **2.** *c: ruidosa;* **3.** *d: letal;* **4.** *a: artificial.*

B 1. *e);* **2.** *f);* **3.** *j);* **4.** *i);* **5.** *k);* **6.** *l);* **7.** *a);* **8.** *d);* **9.** *c);* **10.** *h);* **11.** *g);* **12.** *b).*

C 1. *Brillante;* **2.** *Sorprendente;* **3.** *Obediente;* **4.** *Agobiante:* **5.** *Hirientes;* **6.** *Alarmantes;* **7.** *Combatiente;* **8.** *Fertilizante;* **9.** *Corriente;* **10.** *Creciente;* **11.** *Independiente;* **12.** *Pudiente.*

D 1. *Lluvioso;* **2.** *Nacional;* **3.** *Lógico;* **4.** *Imaginativo;* **5.** *Filosófico;* **6.** *Musculoso;* **7.** *Repetitivo;* **8.** *Destructivo;* **9.** *Ventoso;* **10.** *Predecible;* **11.** *Aceptable;* **12.** *Asqueroso;* **13.** *Audible / Oíble;* **14.** *Visible;* **15.** *Manual;* **16.** *Nuboso;* **17.** *Ganador;* **18.** *Explosivo.*

E 1. *amenazador;* **2.** *ingenioso;* **3.** *calurosa;* **4.** *juvenil;* **5.** *atractiva;* **6.** *ruinoso;* **7.** *emotivo;* **8.** *valiosos;* **9.** *paternal;* **10.** *aceptables.*

Unidad 4

A 1. *bigotito;* **2.** *ratoncito;* **3.** *callejuela;* **4.** *sueldazo;* **5.** *montonazo;* **6.** *tipazo;* **7.** *copita;* **8.** *lagrimones;* **9.** *cuadernillo;* **10.** *llavecita;* **11.** *tazón;* **12.** *cochecito;* **13.** *bocazas;* **14.** *ventanilla;* **15.** *casucha.*

B 1. *bastonazo;* **2.** *puñetazo;* **3.** *portazo;* **4.** *tijeretazo;* **5.** *latigazo;* **6.** *rodillazo;* **7.** *martillazo;* **8.** *vistazo;* **9.** *codazo;* **10.** *flechazo;* **11.** *guantazo;* **12.** *ladrillazo.*

C 1. *un martillazo;* **2.** *latigazo;* **3.** *codazo;* **4.** *flechazo;* **5.** *vistazo;* **6.** *portazos.*

Unidad 5

A 1. *ha florecido;* **2.** *ha dulcificado;* **3.** *ha endulzado;* **4.** *falsear.*

B 1. *Electrificar;* **2.** *Bromear;* **3.** *Palidecer;* **4.** *Golpear;* **5.** *Aterrizar;* **6.** *Dulcificar;* **7.** *Florecer;* **8.** *Parpadear;* **9.** *Aterrar.*

C 1. *florecen;* **2.** *electrificar;* **3.** *aterrizar;* **4.** *bromeando;* **5.** *aterran;* **6.** *parpadea;* **7.** *golpeó;* **8.** *ha dulcificado;* **9.** *palideció.*

D 1. *adelgazar;* **2.** *emborrachar;* **3.** *enrojecer;* **4.** *aterrar;* **5.** *amueblar;* **6.** *embotellar;* **7.** *arrinconar;* **8.** *oscurecer;* **9.** *alargar;* **10.** *enloquecer;* **11.** *empeorar;* **12.** *abrillantar.*

E 1. *f);* **2.** *c);* **3.** *b);* **4.** *a);* **5.** *g);* **6.** *d);* **7.** *e).*

F Semilibre. Posibles opciones. *Nuestro país se ha modernizado en los últimos años gracias al tesón de nuestros gobernantes; Juan puso un anuncio en el periódico para amenizar fiestas; El jefe llamó la atención a sus empleados por alargar tanto el tiempo del desayuno; Esta última semana se ha intensificado la búsqueda de la desaparecida; Lo mejor para fortalecer el corazón es hacer ejercicio; En veterinario fue denunciado por falsear un certificado; Le han recomendado que vaya al médico para que le analicen la sangre.*

G *La casa está empaquetada ¿quién la desempaquetará? el desempaquetador que la desempaquete buen desempaquetador será; El fregadero está atascado ¿quién lo desatascará? el desatascador que lo desatasque buen desatascador será.*

Unidad 6

A 1. *b);* **2.** *g);* **3.** *f);* **4.** *e);* **5.** *c);* **6.** *h);* **7.** *a); e);* **8.** *d).*

B 1. B; **2.** C; **3.** A.

C **Utensilios:** *sartén, paño de cocina, cacerola, fuente, cazo, cuchara de madera, sopera;* **Verbos:** *cortar, partir, poner en remojo, calentar, hervir, freír, escurrir, cocer, retirar, añadir, revolver, vertir, servir, adornar, refreír, dorar, añadir, espolvorear, remover, quemarse.*

D 1. *agrio;* **2.** *amargo;* **3.** *ácido;* **4.** *dulce;* **5.** *picante;* **6.** *insípido.*

E **Carne:** *costillas de cordero, lomo de cerdo, pechuga de pollo, jamón de york, jamón serrano, solomillo de ternera;* **Pescado:** *boquerones, trucha, merluza, bacalao, dorada, atún;* **Legumbres:** *lentejas, garbanzos, acelgas, coliflor, alcachofas, alubias;* **Embutidos:** *morcilla, chorizo, salchichón;* **Mariscos:** *gambas, percebes, langostinos, ostras, mejillones.*

Unidad 7

A 1. *a;* **2.** *c;* **3.** *e;* **4.** *f;* **5.** *g;* **6.** *d;* **7.** *b;* **8.** *l;* **9.** *ñ;* **10.** *n;* **11.** *i;* **12.** *k;* **13.** *m;* **14.** *h;* **15.** *j.*

B 1. *camello, conejo, caballo, rana, ratón, oveja, burro, oso, cocodrilo;* **2.** *camello, conejo, caballo, ratón, oveja, mono, burro, oso, ballena;* **3.** *tiburón, ballena;* **4.** *camello, conejo, caballo, ratón, oveja, burro, paloma, pavo;* **5.** *paloma, pavo;* **6.** *camello, conejo, caballo, ratón, mono, burro, oso;* **7.** *serpiente, cocodrilo;* **8.** *serpiente, mono, cocodrilo;* **9.** *oveja.*

C 1. *mosquitos;* **2.** *arañas;* **3.** *avispas;* **4.** *moscas;* **5.** *hormigas;* **6.** *mariposa.*

D 1. *Álamo;* **2.** *Plátano;* **3.** *Pino;* **4.** *Roble;* **5.** *Higuera;* **6.** *Olivo.*

Unidad 8

A 1. *D*; **2.** *E*; **3.** *C*; **4.** *B*; **5.** *A*.

B 1. *Del 2,1% al 2,5%*; **2.** *A la gran sequía que se padeció en el campo el invierno anterior;* **3.** *En la mitad norte de la península;* **4.** *La conducción de aguas desde Villanueva al parque natural de Montañés;* **5.** *El estadounidense Tom Fish.*

C 1. *c)*; **2.** *e)*; **3.** *f)*; **4.** *b)*; **5.** *i)*; **6.** *a)*; **7.** *d)*; **8.** *g)*; **9.** *h)*.

D Libre.

E 1. *bancos;* **2.** *fueron apresados;* **3.** *juez;* **4.** *caso;* **5.** *delito;* **6.** *armas;* **7.** *sucursal;* **8.** *atracadores;* **9.** *realizar;* **10.** *banda;* **11.** *sucursal;* **12.** *caja.*

F 1. *b)*; **2.** *f)*; **3.** *a)*; **4.** *g)*; **5.** *c)*; **6.** *h)*; **7.** *e)*; **8.** *d)*.

G 1. *además;* **2.** *hay;* **3.** *pérdidas;* **4.** *sin;* **5.** *aislante;* **6.** *apenas;* **7.** *casi;* **8.** *creciente;* **9.** *obligados.*

Unidad 9

A 1. *a: fontanero;* **2.** *i: electricista;* **3.** *c: soldador;* **4.** *f: médico;* **5.** *d: científico;* **6.** *j: peluquera;* **7.** *g: carpintero;* **8.** *h: albañil;* **9.** *b: electricista;* **10.** *e: albañil.*

B 1. *a)*; **2.** *g)*; **3.** *b)*; **4.** *i)*; **5.** *h)*; **6.** *c)*; **7.** *e)*; **8.** *f)*; **9.** *d)*.

C 1. *inmediata;* **2.** *experiencia;* **3.** *manuales;* **4.** *dedicada;* **5.** *puestos;* **6.** *empresas;* **7.** *venta;* **8.** *contrato;* **9.** *Incorporación;* **10.** *geográfica;* **11.** *Carné;* **12.** *en equipo;* **13.** *experiencia;* **14.** *solicitudes.*

D 1. *canillitas;* **2.** *lustrabotas;* **3.** *bolsoneros y carretilleros;* **4.** *rebuscadores.*

Unidad 10

A 1. *h)*; **2.** *b)*; **3.** *g)*; **4.** *e)*; **5.** *c)*; **6.** *d)*; **7.** *a)*; **8.** *f)*.

B 1. *Lágrimas de cocodrilo;* **2.** *Se me pone la carne de gallina;* **3.** *Que no es moco de pavo;* **4.** *duerme como un lirón;* **5.** *hay gato encerrado;* **6.** *Contrabando hormiga;* **7.** *frío como un pescado;* **8.** *Corre como un gamo;* **9.** *Risa de hiena;* **10.** *por si las moscas.*

C 1. *b)*; **2.** *c)*; **3.** *g)*; **4.** *h)*; **5.** *e)*; **6.** *f)*; **7.** *d)*; **8.** *i)*; **9.** *a)*.

D 1. *poner las cartas boca arriba;* **2.** *rascándose la barriga;* **3.** *por narices;* **4.** *ha montado un número;* **5.** *dejarle plantado;* **6.** *echa chispas;* **7.** *se ha dormido en los laureles.*

E 1. *darse con un canto en los dientes;* **2.** *se me hizo un nudo en la garganta;* **3.** *pone el cascabel al gato;* **4.** *se llevó el gato al agua;* **5.** *me he levantado con el pie izquierdo;* **6.** *puso de vuelta y media;* **7.** *Estoy hasta las narices.*

Writing for
Academic
Success

SAGE has been part of the global academic community since 1965, supporting high quality research and learning that transforms society and our understanding of individuals, groups, and cultures. SAGE is the independent, innovative, natural home for authors, editors and societies who share our commitment and passion for the social sciences.

Find out more at: **www.sagepublications.com**